国家社会科学基金青年项目（22CGL024）阶段性研究成果

相对贫困治理与乡村振兴系列丛书

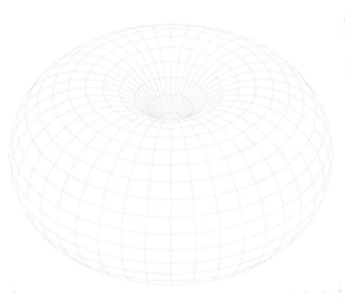

陈武 胡翔 李燕萍 著

创业孵化平台组织研究

中国社会科学出版社

图书在版编目（CIP）数据

创业孵化平台组织研究／陈武，胡翔，李燕萍著 . —北京：中国社会科学出版社，
2023.8

（相对贫困治理与乡村振兴系列丛书）

ISBN 978 – 7 – 5227 – 2275 – 7

Ⅰ.①创…　Ⅱ.①陈…②胡…③李…　Ⅲ.①企业孵化器—研究　Ⅳ.①F276.44

中国国家版本馆 CIP 数据核字（2023）第 133801 号

出 版 人	赵剑英
责任编辑	孔继萍
责任校对	季　静
责任印制	郝美娜

出　　　版	中国社会科学出版社
社　　　址	北京鼓楼西大街甲 158 号
邮　　　编	100720
网　　　址	http://www.csspw.cn
发 行 部	010 – 84083685
门 市 部	010 – 84029450
经　　　销	新华书店及其他书店

印刷装订	北京市十月印刷有限公司
版　　　次	2023 年 8 月第 1 版
印　　　次	2023 年 8 月第 1 次印刷

开　　　本	710 × 1000　1/16
印　　　张	16.5
插　　　页	2
字　　　数	271 千字
定　　　价	98.00 元

编委会名单

（排名不分先后）

主　编

　　李晓园

成　员

　　李晓园　江西师范大学二级教授、博士生导师

　　张立荣　华中师范大学二级教授、博士生导师

　　李燕萍　武汉大学二级教授、博士生导师

　　朱天义　江西师范大学副教授、硕士生导师

　　陈　武　江西师范大学副教授、硕士生导师

　　滕玉华　江西师范大学副教授、硕士生导师

　　胡　翔　湖北大学副教授、硕士生导师

推荐序

"十三五"时期，我国完成了消除绝对贫困的艰巨任务，创造了彪炳史册的人间奇迹，但是相对贫困仍然存在，全面建设社会主义现代化国家，最艰巨最繁重的任务在农村，实现共同富裕的重点和难点在农村，乡村振兴是全面建设社会主义现代化国家，实现共同富裕的必经之路。当前，农产品阶段性供过于求与供给不足并存，农民适应生产力发展与激烈市场竞争所需能力不足，农民和农村内生发展动力亟待跃迁，农村基础设施与民生领域欠账较多，城乡之间要素流动不畅，农村环境与生态亟待优化，乡村治理体系与治理能力亟待强化等依然严重制约乡村振兴的顺利实施。《相对贫困治理与乡村振兴系列丛书》直面相对贫困治理与乡村振兴中的问题，从县域政府治理、产业融合发展、居民生活亲环境行为等方面展开大量社会调查研究，揭示数字技术赋能相对贫困治理与产业发展的作用机理，探索提升乡村治理能力现代化、乡村产业持续发展和乡村人居环境持续改善的行动路径。研究成果具有重要的学术价值和实践意义。

县域政府是直接面向乡村的基层政府，是相对贫困治理与实施乡村振兴的核心力量，负有重要的领导、组织、服务与监管职能。数字技术正成为激活县域政府有效治理的新动能，为政府推动农村产业价值链重构和乡村人居环境治理质量提升，扎实推进共同富裕提供有力的新技术手段。《乡村振兴中的数字技术治理逻辑》一书从数字技术治理角度解构中国特色反贫困理论，系统梳理我国反贫困的历史演进、政策特征，并通过典型案例解析，总结地方脱贫攻坚经验与模式；基于扎根理论，构建数字技术赋能乡村振兴的作用机理，并进行实证检验，探究乡村振兴中数字技术治理的理论与实践逻辑。

产业兴旺是乡村振兴的基础，是实现基层治理能力现代化的"牛鼻子"。随着国家系列政策不断释放,各类开发主体纷纷进场,康养、文旅、田园小镇,田园综合体、现代农业产业园等名目众多,政府面临着如何打造乡村产业振兴样板、企业如何解决获取土地最大化收益及管控投资风险等问题。普通农民群众又当如何迎接乡村振兴这一政策机遇?《数字化赋能乡村产业融合发展研究》一书为各类主体从宏观逻辑理解我国农业农村的发展规律提供了系统思路。该书着重从政策、市场、技术三个层面分析"十四五"时期乡村产业发展的现实条件与困境,采用扎根理论方法探索数字化赋能乡村产业融合发展的作用机理,并结合鲜活的实践案例提出数字技术赋能乡村产业生产、加工和流通过程管理的"可视数字环"和连接三产参与主体的"可视数字桥",提出乡村中小微企业数字化成长与乡村产业融合发展的未来研究框架。

据农业农村部发布的《中国乡村振兴产业融合发展报告(2022)》,全国乡村产业融合发展势头良好,产业规模初具,农业产业链和多种功能不断延伸延展,产业融合主体规模不断壮大。然而,受多种因素影响,欠发达地区县域政府培育的农业产业项目只有少数能正常对接市场,其他产业项目多处于封闭、停滞和同质化状态,是何原因导致欠发达地区县域政府培育农业产业的行动出现如此迥异的结果?《乡村农业产业培育中县域政府的行动逻辑》独辟蹊径,从政府系统与社会系统协同互动的角度构建分析框架,为解释上述疑惑提供了"对症良方"。该书从"情境—过程"分析视角,分别从欠发达地区县域政府培育农业经营主体、促进农业产业技术革新和建设农业市场流通体系三个方面论述了欠发达地区农业产业培育的内在逻辑关系,不仅为优化欠发达地区县域政府培育农业产业的行动策略提供理论工具,而且为规避乡村振兴战略实施中的政策执行偏差、拓新县域政府培育农业产业行动研究提供新分析范式。

乡村振兴,人才是关键。壮大乡村振兴发展人才队伍是突破"农村空心化"、撬动沉睡资源、推动特色产业发展的重要途径,中共十八大以来,我国开始加快探索依托创业孵化平台载体吸引和培育扎根乡村发展人才的新路子,创业孵化平台载体如雨后春笋般涌现于全国农村地区,形成了"繁荣"与"过剩"发展并存的局面,如何促进创业孵化平台载体从量变走向质变?《创业孵化平台组织研究》一书以"创业孵化平台组织构建机理与培育效果评价"为主线,探索出独特的创业孵化平台组织竞争力结构与培育路径，并设计出一套科学客观的发展质量评价指标体系，为推动创业孵化平台组织高质量发展和创新创业人才培育提供了新思路。

生态宜居是乡村振兴战略的总要求之一。农村居民是农村人居环境治理的主体，引导农村居民在生活中实施亲环境行为是推进生态宜居美丽乡村的关键。然而，当前公众在绿色消费、减少污染产生和分类投放垃圾等行为领域的积极性处于较低水平。《农村居民生活亲环境行为的发生机制研究》一书以国家生态文明试验区（江西）为案例，以农村居民为研究对象，从组态视角、行为主动视角、生产与生活环境政策交互视角对农村居民的生活亲环境行为的生成机制进行深入研究，揭示农村居民生活亲环境行为的发生机制，并提出相关建议。

时代在变迁，破解乡村发展困局当需引入新思维，开发新工具。总体而言，该丛书文献调研深入全面，立题指导思想明确，研究设计合理，研究方法适当，研究过程严谨，研究结论具有较强的科学性、针对性和较好的创新性，丰富了具有中国特色的乡村振兴理论体系。该丛书不仅可为优化乡村振兴战略相关政策提供理论分析工具，而且也将为读者从多学科、多方法视域理解中国乡村振兴理论与实践提供重要启示。

厦门大学公共政策研究院教授、院长

2023 年 2 月 23 日

总　　序

　　"大国小农"的基本国情农情一直是横亘在我国推进农业农村现代化、建设世界农业强国的一座大山，中国共产党矢志不渝地探索引领农业农村走向富强之路。《井冈山土地法》的颁布拉开了中国农业农村改革发展的序幕，历经几代人长期的艰苦奋斗，农业农村改革和现代化发展迈上了全新台阶，特别是 2020 年我国脱贫攻坚战取得了全面胜利，完成了消除绝对贫困的艰巨任务。当前，乡村振兴战略扎实推进，广大乡村正实现从"吃得饱"到"吃得好"，从"满足量"到"提升质"的飞跃，乡村"硬件""软件"持续提升。

　　以云计算、人工智能、生命科学等为代表的第四次工业革命深刻影响着人类发展。农业农村各个领域随着新技术革命的持续推进发生着颠覆性变革，呈现出新业态、新模式、新产业、新服务、新产品、新职业、新农人等乡村发展新图景，诸多乡村振兴理论与实践问题也亟待新的诠释与理论指导。《相对贫困治理与乡村振兴系列丛书》以此为出发点，深入探讨政府、居民、技术等多元化主体或要素与乡村振兴互融、互生、互嵌、互促的理论机理，以期为读者把握数字技术治理与乡村振兴规律，前瞻性地分析乡村振兴中的问题，提出更优的解决方案以供借鉴和启示。

　　乡村振兴是乡村的全面振兴，产业兴旺、生态宜居、乡风文明、治理有效和生活富裕是乡村振兴的总要求。其中产业兴旺是乡村振兴的基石，生态宜居是提高乡村发展质量的保证，乡风文明是乡村振兴的精神支持，治理有效是乡村振兴的基础，生活富裕则是乡村振兴的根本目标。本丛书不追求面面俱到，着重从实现产业兴旺、生态宜居、治理有效三方面，选取某一典型问题深入研究，探讨政府、居民、技术等多元化主体或要素与乡村振兴互融、互生、互嵌、互促的理论与实践方面的重点问题。本丛书共包括《乡村振兴中的数字技术治理逻辑》《乡村农业产业培育中县域政府的行动逻辑》《数字化赋能乡村产业融合发展研究》《农村居民生活亲环境行为的发生机制研究》《创业孵化平台组织研究》五册，主要研究内容为：一是聚焦治理有效，研究数字技术赋能地方政府相对贫困治理，促进乡村振兴的行动逻辑。着重探究地方政府相对贫困治理与乡村振兴中的数字技术治理的现实逻辑、理论逻辑与实践逻辑，揭示数字化赋能政府相对贫困治理与乡村振兴的作用机制，信实呈现数字技术赋能地方政府相对贫困治理与乡村振兴的经验与模式。二是围绕产业兴旺，研究政府、数字技术与乡村产业发展关系。一方面，从"情境—过程"分析视角解析县域政府培育农业产业的行动逻辑。另一方面，在全面把握我国乡村产业政策演变、现实条件与困境的基础上，对比世界发达农业国家经验，深刻揭示数字技术对乡村产业融合发展的赋能关系，试图丰富和拓展技术与乡村产业融合的内在规律。三是专注生态宜居，研究农村居民亲环境行为发生规律。综合实施地点、组态、行为主动和生产与生活环境政策交互视角，全面解析农村居民"公""私"领域节能行为"正向一致"和"负向一致"发生机制，心理因素联动对农村居民"公"领域亲环境行为的影响，农村居民生活自愿亲环境行为的发生机制和组态路径。提出建设生态宜居美丽乡村的前瞻对策。

各分册具有共同的逻辑框架。首先，溯源乡村振兴相关思想与理论，以时间为轴，系统地、完整地追溯和回顾乡村贫困治理、产业发展、政府治理、居民行为、创业孵化平台组织相关理论体系、政策体系，探讨相关理论或政策体系的演变，为后续进行案例剖析、理论解析奠定理论基础。其次，系统开展田野调查，综合运用访谈、问卷、座谈、现场考察、网络资料等方法系统性收集研究素材，力求基于科学、客观、真实的数据素材，采用科学契合的方法还原乡村振兴实践。再次，建构创新性的理论框架，基于理论思想溯源和田野调查，构建数字技术治理逻辑框架、基层政府农业产业培育行动逻辑框架、数字化赋能产业融合理论框架、农村居民生活亲环境行为理论框架、创业孵化平台组织培育与评价理论框架，丰富和发展乡村振兴理论体系。最后，构建前瞻性的政策工具箱，科学理论的价值在于指导实践，本丛书基于理论研究，从提升县域政府数字治理效能、促进乡村产业高质量发展、科学培育与评价创业孵化平台组织、养成居民生活自愿亲环境行为等方面提出相关政策建议，为促进乡村振兴提供理论指导和建议参考。

本丛书遵循马克思主义理论与实践相统一的基本原则，以新时代中国特色社会主义思想为指引，以植根乡村、振兴乡村为使命，基于公共管理、工商管理、应用经济、社会心理学等多学科视角，融合扎根理论、案例研究、比较分析、对比分析、数理统计等多种方法，围绕地方政府治理、产业发展、创业孵化和人居环境优化等内容展开研究，既丰富了具有中国特色的乡村振兴理论体系，也可促进国际乡村发展研究交流互鉴，呈现学科交叉、方法融合、理论互鉴等研究特色。

本丛书试图进行以下创新：一是构建数字技术赋能政府治理与乡村发展理论模型。数字乡村建设正在如火如荼地开展，数字技术已广泛嵌入乡村各个方面并引发深度变革。本丛书紧密结合乡村数字技术情境，构建乡村振兴数字技术治理模型（数字技术与相对贫困治理，数字经济与乡村创业）、数字化赋能乡村产业融合发展作用机理模型，探索乡村振兴中的数字技术治理规律，是对技术与乡村发展关系理论的深化。二是整合多学科理论与方法，构建县级政府促进乡村振兴行为理论框架。县级政府数量众多，是乡村振兴的重要执行主体和直接面向乡村的领导者。本丛书以县级政府为核心研究对象，构建了欠发达地区县级政府培育农业行动策略理论框架，丰富和发展了县级政府与农业经营主体培育、农业产业技术革新、农业市场流通体系建设方面的公共管理理论。三是基于心理与组织行为理论，从微观视角构建农村居民生活自愿亲环境行为理论框架。居民是乡村的主人，也是乡村振兴的主力军，激活他们的自愿行为对促进乡村振兴具有十分重要的现实意义。本丛书以居民生活自愿亲环境行为为对象，发现生产命令型政策、生产技术指导型政策、生活经济型政策和生活服务型政策对农村居民生活自愿亲环境行为存在差异化影响，为激励乡村居民自觉优化人居环境提供政策参考。四是基于资源依赖等理论，构建了创业孵化平台组织培育与评价理论框架。创业孵化平台组织是乡村初创企业诞生的重要载体，更是培育和壮大乡村企业规模与人才队伍的关键利器。本丛书以创业孵化平台组织为对象，发现了创业孵化平台组织实现自我成长与发展的培育路径，并为创新性地评价创业孵化平台组织发展成效提供了科学评价指标体系。

实现共同富裕的重点难点在农村，全面推进乡村振兴是新时代建设社会主义现代化国家的重要任务。这套丛书凝结了七位老中青学者深耕乡村发展研究的感悟与思考，期待其出版，为相关政府部门健全乡村振兴政策，推进乡村治理能力现代化提供助力；为社会大众深度认知乡村、热爱乡村、扎根乡村、建设乡村提供行动指引；为企业、社会组织积极参与乡村振兴建设提供路径参考；为广大学界同行研究乡村振兴理论与实践提供启示。

"路漫漫其修远兮，吾将上下而求索"，我们将"并天下之谋，兼天下之智"，围绕推动乡村振兴、实现共同富裕而展开更深入的研究，推出更高质量的研究成果，也热切期盼广大专家学者与实践界的同志们提出宝贵意见和建议。

2023 年 2 月 23 日

前　言

　　本书写作缘起于 2015 年我国开始大力推进大众创业、万众创新，以此着力培育和催生经济社会发展新动力，扩大就业、实现富民和激发全社会创新潜能与创业活力。中共十八大以来，习近平总书记多次强调，创新始终是推动一个国家、一个民族向前发展的重要力量。创新发展已然成为新时代主题，也是中国必须和必然要走上的发展道路。一直以来，中国共产党始终高度重视创新，崇尚创新，先后提出"向科学进军"（1956）、"科学技术是第一生产力"（1988）、"科教兴国战略"（1995）、"建设创新型国家战略"（2006）、"实施创新驱动发展战略"（2012）、"贯彻新发展理念"（2017），再到提出"加快实施创新驱动发展战略，塑造发展新动能新优势"（2022）的重大论断。中共十八大报告指出："科技创新是提高社会生产力和综合国力的战略支撑，必须摆在国家发展全局的核心位置。"中共十九大报告指出："创新是引领发展的第一动力，是建设现代化经济体系的战略支撑。"中共二十大报告指出："坚持创新在我国现代化建设全局中的核心地位。"一个国家是否强大不仅取决于经济总量、领土幅员和人口规模，更取决于它的创新能力。

　　贯彻新发展理念，构建新发展格局，加快新旧动能转换最为关键，创新创业平台成为促进新旧动能转换的核心载体之一。为此，2015 年 3 月，国务院办公厅发布了《关于发展众创空间推进大众创新创业的指导意见》，同年 6 月和 9 月，国务院分别发布《关于大力推进大众创业万众创新若干政策措施的意见》《关于加快构建大众创业万众创新支撑平台的指导意见》，2018 年 9 月，国务院发布《关于推动创新创业高质量发展打造"双创"升级版的意见》，2022 年 10 月，国务院办公厅发布《关于复制推广营商环境创新试点改革举措的通知》，至 2022 年 11 月，国务院共出台了 97 份促进"双创"发展的相关文件。密集出台的支持政策，促使创新创业平台的影响范围、影响程度、影响层次持续放大，使其在改善创新创业环境、优化营商环境、促进企业融通发展、创新创业国际合作、驱动高质量创新创业、激活市场活力、稳定就业、推动乡村振兴和共同富裕等方面发挥了关键性作用，新发展动能不断涌现。

创业孵化平台组织也从 2015 年的 4471 家增长到 2021 年的 9026 家，政府财政支持经费持续增长，数量的快速增长使创业孵化平台组织呈现"繁荣"与"过剩"发展并存的局面，社会层面出现了同质化严重、无盈利模式、依赖政府补贴、"二房东"、创业服务能力弱、资源投入与产出不均衡等质疑之声，产业发展层面则认为创业孵化平台组织已步入倒闭、兼并等"洗牌"和创业生态圈建设阶段。此种情境下，亟须我们从学理层面展开探究，一方面，借助理论探索尽可能全面展现创业孵化平台组织建构机理并进行科学评价，以此帮助社会大众对创业孵化平台组织形成客观认知，同时帮助管理者围绕管理能力这个核心整体提升创业孵化平台组织的服务能力，走出发展困境；另一方面，我国迈入了全面建设社会主义现代化国家关键时期，高质量发展是首要任务，而推动高质量发展需要更多新动能，创新发展是培育新动能的必由之路，通过理论探究，能够深度展现创业孵化平台组织促进创新发展的内在逻辑，为进一步健全和优化相关支持政策提供学理依据。值此之际，探究创业孵化平台组织建构与评价问题具有非常重要的现实意义与理论意义。

本书作为国家社科基金青年项目"创业集聚平台促进乡村特色产业高质量发展的路径与政策研究（22CGL024）"、国家社科基金一般项目"数字平台零工工作者职业可持续发展机制与路径研究（22BGL143）"和国家社科基金重大项目"驱动中国创新发展的创客与众创空间培育战略研究（15ZDC014）"的阶段性成果之一。综合运用案例研究、扎根理论、社会网络分析、数据包络分析、政策文本分析，围绕创业孵化平台组织（众创空间平台组织）建构与培育效果评价相关问题展开探究。本书的学术价值主要体现在提出并界定了创业孵化平台组织内涵，对其竞争力结构、生成与发展路径理论框架进行科学建构，从组织管理视角开发了创业孵化平台组织竞争力测量工具，提出并界定了创客资本，深化了创客特质理论，创新设计了一套科学的创业孵化平台组织培育效果评价指标体系。本书的应用价值主要体现在有助于社会准确认知创业孵化平台组织驱动创新发展的动力逻辑，有助于管理者更清晰地认知创业孵化平台组织和增强生态网络构建，为创业孵化平台组织运营团队建设和创业者选择决策行为提供参考，为政府部门科学客观评价创业孵化平台组织培育成效和优化政策提供行动依据。

感谢武汉东湖高新产业发展和科技创新局、湖北省经济与信息化委员会中小企业服务中心、深圳光明新区经济发展促进中心、深圳光明新区发展研究中心、中山市科技局等相关政府部门、事业单位及其相关领导的鼎力支持。感谢民建湖北省委、民建广东省委、民建中山市委、深圳大运软件小镇、深圳南山科技事务所、深圳机械行业协会、深圳新安商会、中德（欧）产业发展合作联盟、中国创客空间联盟、武汉光谷创客空间联盟、武汉众创空间服务联盟等社会组织、行业组织、科研机构在课题调研方面提供的大力协助。

感谢北京、武汉、深圳、中山、合肥、成都、南昌、厦门、株洲、杭州、宜昌等地的创业孵化平台企业和负责人、管理者、创业者等，课题组对他们进行了大量的实地考察和访谈，正是他们付出的宝贵时间和从产业实践角度的深度思考为本书撰写提供了宝贵的第一手资料，在此深表谢意。也特别衷心感谢付出宝贵时间参与问卷调查的所有管理者和创业者。

感谢武汉大学经济与管理学院陈建安、李锡元、龚红、杜旌、陶厚永、涂乙冬等老师，武汉理工大学谢科范，中南财经政法大学赵琛徽等老师，江西师范大学李晓园老师在本书撰写过程中提出的大量真知灼见，使本书得以日臻完善，充满智慧光芒。感谢李正海、梁燕、陶雅、林叶、刘宗华、杨济成、赵一君、沈夏珏、郑馨怡、王烁砾、李洋、李地婉、秦书凝、江依、齐伶园、许颖佳、毛雁滨、洪江鹏、史瑶、刘金璐等一直以来给予的帮助和支持。

本书在写作过程中参阅了大量的中外文献，正是这些学者的科学研究和知识积累为完成本书的撰写工作带来了巨大帮助，在此，谨向所有被引文献的学者们表示衷心感谢。

由于笔者有限的知识、能力和水平，书中难免存在纰漏，敬请各位读者给予批评指正，共同探讨创业孵化平台组织推进乡村振兴战略，加快创新驱动发展战略、人才强国战略实施议题，为贯彻新发展理念，加快构建新发展格局和推进中国式现代化共同努力。

2023 年 1 月 30 日于南昌瑶湖

目　　录

导　　论

一　研究缘由

（一）创业孵化平台组织有利于加快构建新发展格局

中共二十大报告明确指出："加快构建新发展格局，着力推动高质量发展。"主要通过弘扬企业家精神，支持中小微企业发展，支持专精特新企业发展，构建新一代信息技术、人工智能、生物技术、新能源、新材料、高端装备、绿色环保等一批新的增长引擎系列途径实现（习近平，2022）。政府、企业、大学、科研机构等主体构建的多元化平台（如技术创新公共服务平台、科创平台、数字化平台、工业互联网平台、创业孵化平台等）已然成为驱动实现上述目标的重要措施之一。

创业孵化平台组织[①]（产业组织实体为众创空间平台组织，简称众创平台）作为多元化平台中的一种，能够有效集聚包括科学家、企业家、思想家、发明家、创意者、设计者各类创新创业主体，这些创新创业主体集聚创业孵化平台组织形成的创客文化能够持续"感染"入驻主体塑造企业家精神，其产生的外溢效应也能够促进企业家精神的广泛传播。同时，这些主体也是新一代信息技术的创新革命者和践行者，促成新一代信息技术与新能源、新材料、绿色环保等各行各业融通发展，缔造出一批引领新时代潮流的中小微企业和专精特新企业，进而有利于加快新发展格局构建。创业孵化平台组织能够为这些主体的创新创业活动提供共创、共享、共通、共生的平台生态系统（陈武、李晓园，2022），自然成为加快

[①]　本书研究对象为创业孵化平台组织，其对应的产业组织实体为众创空间平台组织（简称众创平台），本书在后续相关章节研究过程中将综合使用创业孵化平台组织、众创空间平台组织、众创平台、众创空间概念。

构建新发展格局的中坚力量之一，故探究创业孵化平台组织的构建机理具有重要的理论与现实意义。

（二）创业孵化平台组织有利于创新驱动发展战略实施

创新驱动发展已经成为新时代主题，创新驱动发展是我国"十三五"规划提出的五大发展理念之首，也是贯穿全局的重大战略思想（刘延东，2015）。"十四五"规划和 2035 年远景目标纲要则提出坚持创新驱动发展，全面塑造发展新优势，坚持创新在我国现代化建设全局中的核心地位，把科技自立自强作为国家发展的战略支撑，面向世界科技前沿、面向经济主战场、面向国家重大需求、面向人民生命健康，深入实施科教兴国战略、人才强国战略、创新驱动发展战略，完善国家创新体系，加快建设科技强国。由此表明在创新发展时代，一个国家是否强大不仅取决于经济总量、领土幅员和人口规模，更取决于它的创新能力（刘延东，2015），一国的经济不再由其自然资源、工厂生产能力、军事力量，或者科学和技术主导（Florida，2014），更需要依靠科技创新为经济发展注入新动力。人们的思想、知识、技能以及创造力成为驱动经济发展的重要力量（习近平，2016）。创意和才能是当今经济环境中创造财富的关键（Florida，2010；陈武、李燕萍，2017）。中国经济发展进入新常态后，低成本资源和要素投入形成的驱动力明显减弱，其基本特点是速度变化、结构优化和动力转换，其中动力转换最为关键，决定着速度变化和结构优化的进程和质量（张高丽，2015）。

创业孵化平台组织是一种能够实现生态网络资源快速迭代与聚散，促进平台双边或多边进行互动，并满足创客、创业者的异质性需求和促进创新能力的提升（陈武、李燕萍，2017），能够促使创新发展理念转向强调经济系统、社会系统与自然系统的共生性和发展目标多元化（胡鞍钢、周绍杰，2014），强调"人人参与，人人受益"，关注均等创新机会及发展的包容性（李晓园、陈武，2014）。创业孵化平台组织也能够加速创新民主化，让大众认识到创新的主体不再是科学家、工程师等少数精英的"专利"，也不再是企业组织内部的封闭式创新，而是开放式的万众创新。为此，构建和发展创业孵化平台组织既是促进发展动力转换的重要载体，也是加快实施创新驱动发展战略的核心催化剂之一。

（三）创业孵化平台组织有利于乡村振兴战略实施

创业孵化平台组织作为集聚各类返乡创业者和促进乡村新创企业成长的重要平台载体，在乡村振兴中发挥着撬动乡村沉睡资源，盘活闲置资产、推动乡村特色产业发展，衔接城乡市场、带动农户持续增收，促进共同富裕等方面的核心作用。在我国出台的各项乡村振兴规划中明确提出了创业孵化平台组织建设对乡村振兴发展的重要作用，如2018年9月中共中央、国务院印发的《乡村振兴战略规划（2018—2022年）》明确提出通过面向科技特派员、大学生、返乡农民工、职业农民等建设3000个"星创天地"，打造农村版众创空间，降低创业门槛。2022年中央一号文件明确提出通过推进返乡入乡创业园建设，落实各项扶持政策，以此促进农民就地就近就业创业。2022年2月，国务院印发的《"十四五"推进农业农村现代化规划》明确提出依托各类园区、企业、知名村镇等，打造一批众创空间、星创天地等创业创新孵化载体支持农民工、大中专毕业生、退役军人、科技人员和工商业主等返乡入乡创业，鼓励能工巧匠和"田秀才""土专家"等乡村能人在乡创业。由此，可见在创业孵化平台组织与乡村振兴战略结合越发紧密的情境下，探索创业孵化平台组织构建机理与评价体系开发，有助于构建契合乡村环境的创业孵化平台组织，提升其对乡村创业组织、乡村创业文化、乡村创业产业、乡村创业人才、乡村创业生态的赋能效应。

（四）创业孵化平台组织处于从量变到质变的高质量发展转型期

2015—2022年，中国国务院共出台97份与"双创"相关的政策文件，2022年10月31日发布的《国务院办公厅关于复制推广营商环境创新试点改革举措的通知》提出更好支持市场主体创新发展，优化科技企业孵化器及众创空间信息变更管理模式。伴随着支持政策的相继出台，创业孵化平台组织从2015年的4471家增长到2021年的9026家，政府财政支持经费也持续增长（如图0-1所示）。数量的快速增长导致创业孵化平台组织呈现"繁荣"与"过剩"发展并存的局面（陈武、李燕萍，2018），陷入组织身份同质、文化疏离和结构洞资源塌陷等影响创业服务能力的发展困境。早在2018年，国务院便出台了《关于推动创新创业高质量发展打造"双创"升级版的意见》，明确提出建立众创空间质量管理、优胜劣汰的健康发展机制，引导众创空间向专业化、精细化方向升级，鼓励具备一定科研基础的市场主体建立专业化众创空间。从中共十九大到中共二十大，高质量发展已然成为新时代发展的重大命题，创业孵化平台组织正处于从量变到质变的高质量发展转型期，需要从同质化、依赖政府补贴、社会认同度低的发展困境中转向专业化、精细化、创业服务能力强的发展道路，转向更加贴合数字经济、数字创业、数字化转型等国家重大发展需求。为此，探究创业孵化平台组织构建与评价理论问题对推动其高质量发展具有重要意义。

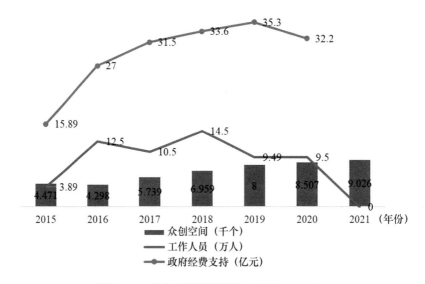

图 0 - 1　众创空间发展趋势（2015—2021）

注：数据来源 2016—2021 年的《中国火炬统计年鉴》和《中国创业孵化发展报告（2022）》。

（五）创业孵化平台组织构建机理与评价理论体系亟待深化

为应对混沌环境带来的挑战，组织需要通过不断变换形式来维持生存（Ciborra，1996）。周边生态环境的演变促使组织为了生存而不断进化，为此，创新进化理论和商业生态系统（Nelson、Winter，2002；Moore，1993）似乎为解释组织演化提供了良好的理论框架，自此"生态"（ecology）一词被广泛引入创新系统和商业领域的研究中。然而，当前创新生态系统（innovation ecosystem）的理论研究仍然处于起步阶段，主要集中在概念界定、功能、特征和模型建构方面（Cross，2013；Jackson，2011；

Zahra、Nambisan，2011）。关于生态网络（ecology network）的研究，现有研究主要以产业、产业集群和产业链为对象，分析产业生态网络（eco-industrial network）中企业之间的共生关系和合作模式（Grip 等，2010；刁晓纯、苏敬勤，2008；郭永辉，2014），也有研究从企业角度探究其生态网络的重构与生态演化机制（于永海等，2014；Krackhardt，1990）。

关于创业孵化平台组织如何建构竞争力，学者主要从产业经济学、技术与战略管理视角展开讨论。自 Rochet 和 Tirole（2003）将价格结构，以及后期 Armstrong（2006）将交叉网络外部性引入双边市场定义后，双边市场平台的交易属性成为研究平台竞争力的重要视角，故大部分学者在研究平台竞争力时将研究焦点放在平台架构创新、产品设计、平台价格设计层面（毕菁佩、舒华英，2016；Hagiu、Wright，2015），平台价格机制成为影响和测量平台竞争力的核心变量（Weyl，2010），用户数量的增减及平台价值的获取均与价格高度相关，这一基本假设前提使得价格设计成为影响平台竞争力的关键要素，亦影响到平台架构和产品设计。上述研究存在一定的局限性，一是创业孵化平台组织的相关内涵、特点尚未明晰。平台组织已然成为组织发展的新趋势（蔡宁伟，2015），然而关于平台组织及其竞争力的内涵与边界尚未达成共识，但不可否认的是平台组织是在互联网的驱动下出现的一种新型组织，如阿里巴巴、腾讯。基于互联网环境的平台组织必然会与传统组织存在明显的差异，并非由传统组织的扁平化就可以实现的，为此，创业孵化平台组织模式的内涵和特点是什么？需要进一步研究。二是创业孵化平台组织竞争力构建机制与培育路径机制亟待探明。创业孵化平台组织相关研究主要聚焦在内涵、功能、模式、特点、现状等层面（刘志迎等，2015；林祥等，2016），内容描述大同小异、多有重复、不够深入，主要分析国家或区域宏观层面的发展现状、问题与对策（汤小芳，2015），理论探讨较少，更未涉及创业孵化平台组织竞争力构建这一与推动自身实现可持续发展紧密相关的核心议题。三是仅从平台架构与价格角度测量平台竞争力尚无法全面体现平台组织与其广泛嵌入的社会经济、文化、制度、产业结构之间的关系（Zukin、DiMaggio，1990）。故需要从动态视角和新的时代情境，探索平台组织建构生态系统的能力逻辑和形成路径，进一步丰富创业孵化平台组织建构理论体系。

关于如何对创业孵化平台组织培育效果展开评价，产业实践表明，大量制度资源的投入下，却出现了创客参与度与持续活跃人数均不高、"有店无客"、创客人才不被社会认可、活动成为创业孵化平台组织吸引创客的主要方式、整体呈现为零散状态等现象（冯凯等，2016），这些现象引起了学术界和实践家关于创业孵化平台组织如何突破"庙"多"僧"①少困境地讨论，这就意味着建立科学客观的创业孵化平台组织发展质量评价维度及其指标体系具有十分重要的意义。但现有文献中关于创业孵化平台组织发展质量评价的研究鲜见，多数研究都是对孵化器的结果绩效展开评价且主要以传统孵化器为核心评价对象（范金、赵彤，2014）。

为此，本书对创业孵化平台组织构建机理和评价展开研究，一方面，对加强创业孵化平台组织的动态管理，为政府财政支持、奖励和惩罚提供决策依据，对防止创业孵化平台组织的"虚假繁荣"具有重要现实意义。另一方面，通过揭示创业孵化平台组织的内涵、特征、竞争力建构机理等可以进一步拓展和深化资源依赖理论、社会网络理论和平台组织理论体系。

二　主要内容

（一）技术路线

本书技术路线如图 0 - 2 所示，技术路线用于指导本书的选题、研究设计、研究程序、研究方法运用等过程。

（二）主要内容与章节安排

围绕"创业孵化平台组织（众创空间平台组织）构建机理与培育效果评价"主题，综合运用组织生态理论、社会网络理论和资源依赖理论，运用混合式研究设计着重探究以下五个方面内容：（1）界定创业孵化平台组织及其竞争力的内涵并归纳提炼其特征。（2）界定创客资本内涵并归纳提炼其特质。（3）探究创业孵化平台组织竞争力的构成要素及能力生成过程，并开发相应的测量工具。（4）揭示创业孵化平台组织竞争力的培育路径。（5）科学构建创业孵化平台组织发展质量评价指标体系并评价培育效果。基于上述主要研究内容，以技术路线图为基础，编排各章

---

①　本书"庙"指代创业孵化平台组织，"僧"指代创业者。"庙"多"僧"少寓意创业者数量无法满足创业孵化平台组织发展需求，特别是优质创业者极度稀缺。

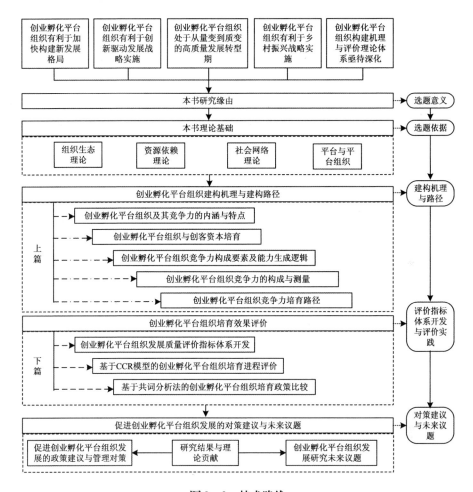

图 0-2　技术路线

节内容，具体章节内容如下：

第一章是关于创业孵化平台组织的理论基础，为主体研究奠定理论基础。本章认为，创业孵化平台组织的理论研究滞后于发展速度，着重于内涵、功能、分类、生态系统层面，关于孵化平台组织的演化逻辑、功能结构、建构机制、创新生态系统和驱动创新发展的路径机制等方面的理论探索亟待深入。

第二章是关于创业孵化平台组织及其竞争力的内涵与特征，为后续研究界定概念边界。本章发现，创业孵化平台组织具有能提供互动交流界面，可实现资源的快速集聚与迭代，能够推动生态网络的形成以及促进创新能力的提升，最终驱动创新发展的特点。据此，本章提出创业孵化平台组织是为促进双边或多边开展交流互动，以提升参与者创新能力并满足其异质性需求为目标而基于互联网背景构建的一种能够对资源进行快速聚散与迭代的生态网络。其竞争力是能够为平台组织和创客、创业者带来双重价值增值的创新创业服务网络资源。

第三章是关于创业孵化平台组织与创客资本培育。本章旨在揭示入驻创业孵化平台组织的创客形成的创客资本的内涵与特征，有助于深层次挖掘创客与经济社会发展、创业孵化平台组织社会资本积累之间的关系。本章得出以下结论：互联网、数字经济、分享经济等是创客发展的重要驱动力，创客可借助众创空间社会网络跳出时空局限，运用网络资源参与大众创新活动，并与社会网络形成价值共创关系，推动协同创新和平台生态系统构建。创意制造、开放协同、网络共生、边际非稀缺是创客资本的四个核心特征，成为创业孵化平台组织社会资本积累的重要来源。

第四章是关于创业孵化平台组织竞争力构成要素及能力生成逻辑。本章是创业孵化平台组织竞争力生成机理的核心，是指导后续研究的理论框架。主要研究发现：创业孵化平台组织竞争力包含身份建构、资源承诺、服务嵌入、价值主张和文化亲近 5 个构成要素；从身份建构要素到平台组织对创客、创业者的资源承诺形成需要经历认知嵌入、情感嵌入和行为互动三个阶段，并且不同阶段对创客、创业者发挥影响力的竞争力要素有所不同。

第五章是关于创业孵化平台组织竞争力的构成与测量。本章旨在为后续实证研究开发测量工具。本章得出以下结论：中国情境下的创业孵化平台组织竞争力是一个包含身份建构、文化亲近、资源承诺、服务嵌入、价值主张的二阶五因子结构，测量量表具有良好的信度和效度。回归分析结果显示创业孵化平台组织竞争力对创业者参与度具有显著的正向促进作用，为此，本书提出创业孵化平台组织若要克服发展中面临的"庙"多"僧"少问题，需要通过建构独特的结构洞资源，鲜明的身份和文化特质，脱离"熟悉陷阱"的服务路径完成社会归类，以此彻底摆脱因同质化、依赖政府补贴等造成的竞争优势丧失问题。

第六章是关于创业孵化平台组织竞争力培育路径。本章是创业孵化平台组织竞争力建构路径机理的核心。主要研究发现：在"繁荣"与"过剩"的竞争情境中创业孵化平台组织需要重点突破组织身份同质、文化疏离和结构洞资源塌陷三大难点。为此，创业孵化平台组织可经由园区共生、需求驱动和联盟协同三种路径，采取价值共创方式将合法性资源、制度资源、联盟资源、社会资本等嵌入创业孵化平台组织生态圈，以实现组织身份、文化和结构洞资源的整合重构，来推动平台组织身份建构、文化亲近和资源承诺等竞争力培育。

第七章是关于创业孵化平台组织发展质量评价指标体系开发，为科学评价创业孵化平台组织培育效果奠定基础。本章通过分析 14 省市创业孵化平台组织绩效评价政策文本和 22 家创业孵化平台组织负责人的访谈资料，构建了一套包含 6 个一级指标、19 个二级指标和 54 个三级指标的创业孵化平台组织发展质量评价指标体系，为从管理建设、能力培育、品牌塑造 3 个层面科学评价创业孵化平台组织发展质量提供了可供借鉴的评价指标。

第八章是关于创业孵化平台组织培育进程评价。本章是以客观的统计年鉴数据评价创业孵化平台组织培育效率，为改善创业孵化平台组织培育进程提供经验证据。本章研究发现，创业孵化平台组织发展规模基本饱和，发展效率逐步下降；资源投入增长迅速，其有效性降低；收入不断上升，但创业团队及企业获得投资的难度亦呈上升趋势；管理能力和技术水平不足成为抑制创业孵化平台组织发展效率的最核心要素。研究结论对众创空间"繁荣"与"过剩"的争论提供科学依据，夯实了推动创业孵化平台组织转型升级的理论基础。

第九章是关于创业孵化平台组织培育政策比较。本章是从政策文本角度进一步评价创业孵化平台组织培育效果，为优化发展政策提供经验证据。本章发现不同区域政策文本在服务意识、平台建设、财税政策等方面的政策价值取向基本相同，差异化层面则表现为将区域资源禀赋纳入政策文本表达，以此凸显优势并形成社会影响力。

第十章是关于促进创业孵化平台组织发展的对策建议与未来议题。本章是综合研究结论和创业孵化平台组织未来发展趋势，提出对策建议。综合全书研究结果，本章提出创业孵化平台组织具有独具一格的内涵与特征，创业孵化平台组织面临"身份—文化—资源"三重发展瓶颈等 6 个基本结论和理论贡献。从政府可通过阶梯式政策组合工具引导东部资源向西部流动，激活高校资源助力创业孵化平台组织发展等五个方面设计促进创业孵化平台组织发展的政策建议。从创业孵化平台组织需要在快速增长阶段需要摒弃单方"索取"思维，创业孵化平台组织应通过将自身专业特色与区域产业融合的方式实施战略布局等七个方面设计驱动创业孵化平台组织发展的管理对策。最后从创业孵化平台组织与平台参与者间的交互机制，创客资本与孵化网络场景交互机制等四个方面提出丰富创业孵化平台组织理论体系的未来研究议题。

三 研究思路与方法

（一）基本思路

本书以习近平新时代中国特色社会主义思想为指导，立足创新驱动发展战略、人才强国战略、乡村振兴战略、"双创"战略的新时代背景。以"创业孵化平台组织（众创空间平台组织）构建机理与培育效果评价"为主线，遵循是什么（何为创业孵化平台组织）—为什么（为何要构建和评价创业孵化平台组织）—怎么办（如何构建和评价创业孵化平台组织）的逻辑思路，基于组织生态理论、资源依赖理论和社会网络理论，一方面，从内涵与特征、竞争力结构与培育路径、竞争力量表开发角度探究创业孵化平台组织构建机理。另一方面，从评价指标体系构建、培育进程评价、培育政策评价角度探究创业孵化平台组织培育效果。最后，综合研究结果提出促进创业孵化平台组织高质量发展和培育创业人才的政策建议。

（二）研究方法

本书将定性方法与定量方法相结合，具体方法如下：

1. 文献研究

文献研究法主要通过国内外文献数据库，如 CNKI、CSSCI、Web of Science、EI、Elsevier、Wiley、Taylor & Francis、Google Scholar 等数据库，搜集、鉴别和整理与本书相关的文献。本书查阅、整理了与众创空间、创客空间、平台、平台组织、社会网络、案例研究、企业竞争力、组织生态等方面的文献。对上述文献进行系统性的梳理、归纳，结合现有研究的理论基础、局限性，勾勒本书研究框架、研究设计及理论模型。

2. 社会网络分析

社会网络分析是由社会学家基于图论、数学等方法演变而来的一种方法，适用于描绘和测量行动者之间的关系，以及由关系渠道形成的各种无形或有形的东西。通过分析网络关系，能够将大规模社会系统的宏观结构与微观网络、个体间关系结合起来。社会网络分析既是工具，也是关系论的思维方式，管理学或社会学领域中的问题亦可借鉴此方法进行解释。本书采用 Bibexcel 软件计算关键词共现系数，结合 Ucinet 软件描绘关键词之间的网络关系，进而从社会网络视角探索创业孵化平台组织和创客资本的内涵与特点。

3. 案例研究

当研究者需要解决的问题处于如下三类情境中时，案例研究方法最为合适。第一类情境，针对具体情境，需要研究者解释"怎么样"，以及"为什么"的问题。第二类情境，研究对象无法被研究者控制。第三类情境，实际研究问题来源于当前的现实社会背景，且受到研究者的关切（Yin，1994）。本书重点探究创业孵化平台组织为什么要，以及如何培育竞争力，研究问题兼具探索性和解释性的双重特征，案例研究方法特别适用于此类问题的分析。故本书拟采用案例研究方法，探究创业孵化平台组织竞争环境识别与竞争力培育路径。

4. 扎根理论

当现有理论不足以解释某种现象，需要运用质性研究工具对现象进行抽象概念和理论深化时，扎根理论方法特别适用。与只讨论变量间关系的经验研究和经验性资料欠缺的宏大理论不同，扎根理论深深扎根于田野材料，通过不断的归纳和演绎，搭建起连接现实世界和理论世界之间的桥梁，最终完成理论框架的建构。其核心是收集和分析资料。从资料中获取和发展概念的过程称为编码，包括开放式编码、主轴式编码与选择式编码（Strauss、Corbin，1998）。本书采用扎根理论方法，通过对访谈、会议、档案等资料进行开放式编码、主轴式编码与选择式编码三个程序来构建创业孵化平台组织竞争力要素的构成、生成及培育路径模型，挖掘创业孵化平台组织特征和创客资本特征，构建创业孵化平台组织发展质量评价指标体系。

5. 问卷调查

问卷调查法是研究者把研究的问题汇编成问题表格，通过现场填答、网络填答方式收集研究资料的一种方法。本书运用以下三种问卷收集数据：（1）开发编制《众创空间培育访谈提纲》非结构化访谈问卷，用于从众创空间创始人、负责人处获取众创空间概况，核心竞争力来源，校友网络结构与案例，创业导师队伍规模、结构与来源，众创空间资金结构，帮助创客和创业者转化创意的方式，与国内外其他众创空间、孵化器、科研机构的合作交流模式，众创空间吸引创客和创业者的关键要素，促进众创空间往专业化方向发展的措施等访谈资料，每轮访谈时间均在 30 分钟以上。（2）开发编制《众创空间竞争力结构》开放式调研问卷，用于从众创空间创始人、负责人处获取众创平台竞争力的要素特征数据，被试者完成问卷的时间均在 15—30 分钟内。（3）基于开放式问卷研究结果，开发《众创空间平台组织竞争力量表》，以众创平台运营管理人员为调研对象，获取众创平台竞争力相关问卷数据。

6. 数理统计分析

一是采用 SPSS21.0 软件和 Mplus7.4 软件对创业孵化平台组织竞争力测度量表展开探索性因子分析（EFA），验证量表的信度，并对创业孵化平台组织竞争力结构变量之间的关系进行描述性统计分析、相关分析、回归分析。二是应用 Amos21.0 软件对创业孵化平台组织竞争力结构进行验证性因子分析（CFA），验证量表的结构效度、区分效度和聚合效度。三是使用 Deap2.1 软件，采用数据包络分析方法（DEA）对创业孵化平台组织发展效率展开评价。四是运用 ROSTCM6.0 软件对支持创业孵化平台组织发展政策的有效性进行评价。

四 研究的重点、难点与创新

（一）重点和难点

1. 重点。（1）构建和阐释创业孵化平台组织竞争力的结构与生成机理。（2）识别和刻画创业孵化平台组织竞争力的培育路径。（3）科学、客观评价创业孵化平台组织的培育效果。

2. 难点。（1）准确界定创业孵化平台组织、创客资本内涵。（2）开发出具有良好信效度的创业孵化平台组织竞争力测度工具。（3）科学构建创业孵化平台组织培育效果评价指标体系。

（二）创新之处

1. 基于中国"双创"情境，深化了创业孵化平台组织及其竞争力和创客资本的内涵与特征。一方面，随着互联网经济、平台经济、分享经济和"双创"战略的兴起，以海尔为代表的传统企业组织的平台化转型和以众创空间为代表的创业孵化平台组织便成为学术界和产业界关注的焦点。然而，基于传统企业组织演变而来的平台组织概念受到了学者的质疑，在互联网环境下，何为平台组织尚存争议。为此，本书采用社会网络分析方法，基于组织生态理论界定了创业孵化平台组织及其竞争力的内涵，并归纳了相关特点，从社会网络角度丰富了平台组织内涵。另一方面，本书突破了既往研究从行为论、角色论、特质论视角对创客内涵的泛化界定和浅层表象理解，从内在本质角度回答了创客与经济社会发展的内在逻辑，也更系统地阐述了创客资本的生成机理，是对创客内涵的深度拓展。同时，从创意制造、开放协同、网络共生、边际非稀缺四个创客资本核心特征层面展现了创客通过创业孵化平台组织社会网络与外部社会环境的互动逻辑，是对创客特质理论的深化。

2. 整合社会网络与资源依赖理论，构建了创业孵化平台组织竞争力结构与生成理论模型，并识别出竞争力培育新路径。运用扎根理论分析提炼了创业孵化平台组织竞争力要素的构成，依据资源依赖理论和社会网络理论逻辑推理了创业孵化平台组织竞争力的生成过程。基于多案例研究，构建了由园区共生、需求驱动和联盟协同三种创业孵化平台组织竞争力培育的新路径理论框架。本书清晰地描绘了助力创业孵化平台组织集聚和迭代资源的前因和边界条件以及影响创客、创业者参与度的新机制，从组织管理视角拓宽了以往产业组织经济学致力于从平台架构创新、定价设计层面构建异质性资源方式获取平台竞争优势的研究视野。

3. 开发了有别于产业经济、战略与技术管理领域的平台组织竞争力测量工具。综合质化与量化方法开发了包含身份建构、文化亲近、价值主张、服务嵌入和资源承诺的二阶五因子结构的创业孵化平台组织竞争力测量工具。从实证研究方面弥补了产业经济学、战略及技术管理领域采用经济学方法、案例研究、质性研究推导或描述平台竞争过程研究的缺陷。

4. 构建了科学、客观的创业孵化平台组织培育效果评价指标体系，并展开了立体式的评价。本书提出了发展质量概念，并构建了一套包含 6

个一级指标、19 个二级指标和 54 个三级指标的创业孵化平台组织发展质量评价指标体系，从动态视角丰富了现有采用静态评价指标的研究成果。从客观统计数据和政策文本两个层面分别回答了社会对创业孵化平台组织野蛮生长下的"过剩"问题和大量政策制度的实施效果问题。

五　研究成果价值与效益

（一）理论价值

1. 提出并界定了创业孵化平台组织内涵，对其竞争力结构、生成与发展路径理论框架进行科学建构

一是已有关于平台组织内涵的研究都是基于传统企业组织模式演变而形成的新概念，如 Ciborra（1996）在分析 Olivetti（意大利电信公司）公司的组织结构变迁时，将平台组织界定为一种能在新兴的商业机会和挑战中构建灵活的资源、惯例和结构的组织形态；纪婷琪等（2015）基于对海尔组织的平台化转型过程分析，提出平台型组织是一个可快速聚散内外部资源的、快速变现价值的生态圈。除此之外，学术界尚未有其他学者提出平台组织概念，本书以众创空间平台组织为研究对象，界定创业孵化平台组织及其竞争力的内涵和特征，进一步丰富平台组织的边界条件研究。

二是构建了创业孵化平台组织竞争力结构与生成理论框架。区别于聚焦组织中薪资、晋升机会、身份管理、员工品牌资产建构（翁清雄、吴松，2015；Bravo 等，2016；Kashive、Khanna，2017）等与组织内部员工吸引力的研究。本书聚焦创业孵化平台组织与组织外部创业者的相互作用要素，从而深刻认识到组织只是社会网络中的一个节点，其生存和发展不仅仅取决于组织内员工的能力，也取决于与组织外部环境的交换能力，内部平台组织可以从小微和用户搭建的网络效应中获得大笔有形和无形的收益，创业孵化平台组织也能在服务创业者的过程中为其带来丰富的有形（校友资源）和无形（声望）的收益，并实现生态网络扩张。创业者是否愿意加入某个平台组织取决于平台组织的资源禀赋和网络效应，资源禀赋和网络效应是推动平台组织影响创业者参与度边界条件发挥作用的重要因素。本书回答了创业孵化平台组织生存和发展需要何种竞争力？竞争力构成要素又是什么？从理论和实践层面深化人们对创业孵化平台组织生态网络建构能力的构成要素新认识，并为管理者提升创业者参与度提供理论和

实证依据。

三是从嵌入性视角构建了创业孵化平台组织竞争力的发展路径理论框架。本书从制度嵌入、结构嵌入、关系嵌入、文化嵌入角度阐释了在"庙"多"僧"少发展情境中的创业孵化平台组织培育身份建构、文化亲近等竞争力的路径机制，提出平台组织需要综合运用联合共赢方式、"价值捕获"策略，围绕创业者的"需求侧"，经由园区共生、需求驱动和联盟协同三种路径拉拢"供给侧"资源，进而突破组织身份同质、结构洞资源塌陷和文化疏离难点。本书将研究视线从关注平台架构创新、产品设计、平台价格设计层面，转移到关注如何通过建构身份、文化、服务来激发平台组织的吸引力、网络效应。

2. 从组织管理视角开发了创业孵化平台组织竞争力测量工具

现有研究主要从经济学、战略管理学视角，通过价格、用户基数、平台产品质量、互补者数量等数据测量平台组织竞争力，测量指标粗糙且为静态和截面数据（McIntyre、Srinivasan，2017），存在较多争议。本书从组织管理视角开发了平台组织竞争力测量工具，并构建和检验竞争力结构作用模型，从微观层面进一步丰富测量指标，为后续研究提供测度工具。

3. 提出并界定了创客资本，深化了创客特质理论

本书突破了从行为论、角色论、特质论视角界定创客内涵较为泛化和理解限于浅层表象的局限，从创客产生与发展的外驱力和创客网络行为结果效应方面深度刻画了创客资本演化过程，这不仅从内在本质角度回答了创客与经济社会发展的内在逻辑，也更系统地阐述了创客资本的生成机理，是对创客内涵深度的拓展。归纳出创意制造、开放协同、网络共生、边际非稀缺四个创客资本核心特征，展现了创客通过创业孵化平台组织社会网络与外部社会环境的互动逻辑，揭示了创客特质与其他社会要素有机组合，促进微观、中观和宏观层面社会创新的机制，是对创客特质理论的深化。

4. 创新设计了一套科学的创业孵化平台组织培育效果评价指标体系

基于"社会认知—社会情感—社会评价"的动态逻辑创新设计了一套创业孵化平台组织发展质量评价指标体系，是对静态评价指标体系的丰富和拓展。采用 DEA 模型，基于《中国火炬统计年鉴》统计数据对中国31 个省、市、自治区创业孵化平台组织发展过程中的资源配置使用效率、

规模效率、管理效率进行了比较研究，为创业孵化平台组织发展"过剩"问题提供理论解释。采用共词分析方法为支持创业孵化平台组织发展政策的有效性提供理论依据。

（二）实践价值

1. 有助于社会准确认知创业孵化平台组织驱动创新发展的动力逻辑

诸多研究表明社会对创业孵化平台组织的认知水平整体偏低，特别是在政府大量制度资源的投入下，社会普遍关注创业孵化平台组织产生的经济社会效益。在此背景下，本书综合社会网络与资源依赖视角阐释了创业孵化平台组织集聚、扩散、配置、开放、共享创新创业资源的逻辑机理，清晰地描绘了创业孵化平台组织通过整合高校、社会、产业、空间等资源构建生态网络的方式，以及透过网络效应推动科技与经济融合，助推创客群体培育以扩大创新创业源头，引导社会资本投向新技术、新产品、新业态等驱动创新发展的路径，也帮助社会从个体视角准确认知了创客、创业者与创业孵化平台组织之间的互动逻辑。

2. 有助于管理者更清晰地认知创业孵化平台组织和增强生态网络构建

著者调研发现创业孵化平台组织创始团队和政府政策推动单位都对创业孵化平台组织的认识存在一定的局限性，如深圳某负责人提道："中科院告诉我们新区该如何做创客空间，当时提出我们不能天花乱坠的自己来运营创客空间，而是交给市场、协会、制造业或者正在创新孵化的工程技术平台的企业来做。"导致创业孵化平台组织呈现出"繁荣"与"混乱"并存的局面，容易出现资源塌陷、文化疏离、身份同质等发展问题。为此，本书提出创业孵化平台组织需要综合运用园区共生、联盟协同和需求驱动路径，与政府、企业、创业者、同行等形成较强的制度、结构、文化、关系等多维嵌入结构，并通过价值共创方式推动身份、文化、结构洞等资源的整合重构，实现文化亲近、资源承诺等竞争力培育。本书所阐释的创业孵化平台组织的内涵与特征，可帮助管理者深刻理解这一新型组织。此外，本书研究结论能够帮助管理者认识到构建生态网络需要具备的能力构成要素及其形成过程，可以有效避免管理者走"弯路"和核心竞争力的弱化。一方面，管理者在不了解生态网络建构能力要素的情境下，容易出现"盲目求多"的现象，最终演变成五脏俱全的"麻雀"（综合型），导致能力分散、特色不明显的窘境。另一方面，网络资源的管理需要结合自身实际情况分阶段整合，若管理者缺乏对构建生态网络所需能力的形成过程的认知，易导致"要素错配"的现象，引起"成本—效益"失衡，而在激烈竞争中落败。

3. 为创业孵化平台组织运营团队建设和创业者选择决策行为提供参考

创业者"获得感"的高低是组织"捕获"创业者的重要杀手铜，这表明运营团队的能力和素质是影响创业孵化平台组织绩效、生态网络效应强弱的关键要素之一。本书提出具备资源链接能力、创业帮扶能力、团队建设能力、趋势判断能力；具备良好服务意识、专注、坚持、喜欢分享等特质的专业化管理人才是建设优质创业孵化平台组织运营团队的重要人才力量，需要以准确把握构建创业孵化平台组织生态网络应具备的能力结构为前提。创业孵化平台组织对新创企业成败起着一定"催化"作用，这需要创业者谨慎选择适合新创企业特点的创业孵化平台组织，本书认为创业者可以遵循"认知—态度—行为"的理论框架，从品牌、文化、服务、资源维度选择与自身价值观高度匹配的创业孵化平台组织。

4. 为政府部门科学客观评价创业孵化平台组织培育成效和优化政策提供行动依据

本书设计了一套综合过程和结果两个方面的创业孵化平台组织发展质量评价指标体系，注重推动创新供给侧改革、服务创新源头，关注创新人才、创新环境和创新能力的长期导向，有效克服了从结果绩效角度评价创业孵化平台组织发展情况不够客观、科学和全面的局限。为政府部门从管理、能力、品牌三个维度，社会影响力、创新创业服务内容、创新创业服务能力、创新创业服务成效、创新创业服务环境、特色服务与品牌建设六个层面优化创业孵化平台组织培育政策提供了重要行动依据。

（三）社会影响和效益

与本书研究相关的成果产生了较强的社会影响并取得了良好社会效益，具体而言：《驱动中国创新发展的创客与众创空间培育战略研究（系列论文）》获第十二届湖北省社会科学优秀成果奖二等奖，《基于扎根理论的众创空间发展质量评价结构维度及指标体系开发研究》获第九届科技进步论坛暨第五届中国产学研合作创新论坛二等奖，同时入选《科技进步与对策》高被引论文，武汉大学学术创新奖二等奖。发表在《管理评论》《科学学研究》《经济管理》等国家自科基金委认定 A 刊和国家社科基金资助期刊的成果转载和引用较好，《创客导向型平台组织的生态网络要素及能力生成研究》被人大复印报刊资料《创新政策与管理》（2017年第 9 期）全文转载，入选《经济管理》双语精品工程出版论文，《嵌入性视角下的平台组织竞争力培育——基于众创空间的多案例研究》入选《经济管理》双语精品工程出版论文，《驱动创新发展的动力模式演变》入选广东省"科技创新治理"学术研讨会论文集，《中国众创空间研究现状与展望》被"武汉众创空间服务联盟"创办的《双创时代》（创刊号，2018 年第 1 期）杂志全文转载。依托国家社会科学基金重大项目成功举办了首届"创新发展·创客·众创空间"论坛，起到了促进学术思想传播和产业实践互鉴的作用。

第 一 章

创业孵化平台组织理论基础[*]

第一节　理论基础

一　组织生态理论

组织生态理论（Organizational Ecology Theory，简写"OET"）。巴纳德基于理性系统视角提出组织就是有意识地协调两个或两个以上的人的活动或力量的一个系统（Barnard，1948）。自然系统视角将组织视为一种重要资源，其参与者寻求共同与差异化并存的多重利益，特别强调组织与其他社会集体的共同属性（Scott、Davis，2015）。开放系统视角把组织界定为相互依赖的活动与人员、资源和信息流的汇聚，强调个体拥有多重归属和身份（Scott、Davis，2015），三种组织视角为组织生态学概念的提出和界定创业孵化平台组织内涵奠定了坚实的基础。

组织生态学理论源自达尔文自然选择理论，由迈克尔·哈南（M. T. Hannan）与约翰·弗里曼（J. H. Freeman）在 1977 年提出，组织生态学理论重点探讨组织种群的创造、成长及死亡的过程及其与环境转变的关系（Hannan、Freeman，1977）。生态论认为环境会以组织形态与环境特征之间的适应为基础，有差别地挑选存活的组织（Scott、Davis，2015），新的组织形态一定建立在现有资源、知识和技术结构的基础之上，受到创立时环境的制约（Romanelli，1991），竞争稀缺资源的一般社会过程影响组织和组织形态的生存和成长，组织生态学融合了自然系统视角和开放系统视角的组织观点，从生态学视角阐释组织与环境间的关系，

＊　本章部分内容发表在《中国科技论坛》2017 年第 5 期，第 12—18 页，作者为李燕萍、陈武。

能够揭示组织发展的动态过程，弥补静态研究和截面研究所无法揭示的关系。

组织生态学为探寻新型组织如何创建？组织为什么会倒闭？政治、文化、社会等因素如何影响组织的结构？生态圈中的组织如何共同寻求和达成稳定格局？提供了丰富的理论洞见。组织生态理论的目标是解释社会条件如何影响新组织和新的组织形式产生和成长的速度、组织形式改变的速度以及组织和组织形式消亡的速度（Hannan、Freeman，1993）。在社会网络分析中，将组织生态学与社会网络理论结合起来会让研究结果更加富有成效（Parkhe 等，2006），运用生态学来研究组织与平台也是当前研究的热点（Adner、Kapoor，2010；Boudreau，2010；Zhu、Iansiti，2012）。因此，组织生态学理论能为解释互联网、分享经济等新时代情境中产生的新型组织提供重要的理论逻辑。故本书将从组织生态理论视角来拓展平台与平台组织的研究视野。

二 资源依赖理论

资源依赖理论（Resource Dependence Theory，简写"RDT"）由 Pfeffer 和 Salancik 于 1978 年提出，他们认为存活是组织最核心的目标，为此，组织需要对外部关键资源供应组织采取适当方法来降低对其的依赖程度，并通过某种措施对这些关键资源供应组织施加影响，以保持稳定（Pfeffer、Salancik，1978）。RDT 包含四个假设：（1）生存是组织的核心；（2）组织需要其自身通常难以生产的资源来维持生存；（3）组织必须与其他组织等具有依赖关系的环境因素互动；（4）掌控他与其他组织关系的能力是组织生存的基础。核心假设为组织无法自给，组织维持生存的前提是需要其通过交换获得环境中的资源。通常由三个方面决定对其他组织的依赖程度：一是组织生存与关键资源的相关性程度；二是组织之间有多少程度上能够自行决定资源的使用；三是在多大程度上能够获得该种资源的替代性资源。

本书结合互联网、"双创"环境中的创业孵化平台组织发展实际，从 RDT 与兼并重组（M&As）、联合（jonint ventures）、政治行为（political action）三方面的关系进行阐述。

（一）RDT 与兼并重组

组织是理解企业与企业、企业与社会之间关系的基本单元（Pfeffer，1987），RDT 为解释企业为什么要兼并其他企业提供了一个外部视角（Haleblian 等，2009）。Pfeffer 认为组织发起兼并行为主要有 3 种原因：一是通过兼并核心竞争者减少竞争行为；二是通过兼并实现对输入、输出资源之间的相互依赖关系的管理（Pfeffer，1976）；三是通过兼并实现业务多元化，进而降低组织对与之存在交易关系的组织的依赖（Pfeffer，1976）。实证研究亦表明企业较为热衷于兼并与其存在交易关系的业务合作企业（Galbraith、Stiles，1984）。

（二）RDT 与联合

RDT 为组织之间的联合也提供了重要的理论洞见，例如战略联盟、研发联盟、市场联盟。RDT 主要用于解释组织间的联合关系是如何影响组织获取资源，并降低外部环境带来的不确定性和对其他组织的依赖（Auster，1994；Pfeffer、Salancik，1978），与兼并不同，联合关系只能提供部门组织所依赖的资源（Hillman 等，2009）。

（三）RDT 与政治行为

Pfeffer 认为在大社会系统中，企业很难做到降低不确定性和相互依赖关系，故企业会采取其他方式降低不可预见的环境带来的不确定性和相互依赖性（Pfeffer、Salancik，1978）。组织会试图通过政治手段重塑政府规章来改变外部经济环境，以此创造一个对自己更有利的环境。虽然 RDT 中的"环境创造"易被管理学者忽视，但已有研究却支持了 Pfeffer 的论断，一是政治行为与企业面临的环境依赖程度相关；二是面临相同环境的企业会选择相同的政治行为；三是与政策环境具有较高联系的企业绩效更高（Hillman 等，2009）。

自 2015 年以来，创业孵化平台组织正在经历从"野蛮生长"到"回归理性"的"洗牌"过程，诸多众创平台实践家表示创业孵化平台组织将会经历一轮"倒闭""兼并"潮流，已然出现类似无界空间全资收购 Fourwork，优客工场与洪泰创新空间签署战略合作等兼并、联合现象，此外众多众创空间通过创客空间联盟、众创空间服务联盟等自发建构的组织维持竞争力，同时通过联盟力量向政府表达诉求，进而影响政府政策发展方向。因此，资源依赖理论在 M&As、联合、政治行为方面的理论洞见为从组织管理视角拓展新时代情境中的平台组织现象奠定了良好的理论基础。

三 社会网络理论

社会网络理论（Social Network Theory，简写"SNT"）。社会网络是由某些个体间的社会关系构成的相对稳定的系统（Wellman、Berkowitz，1988）。当前该理论早已超越了个人间关系范畴，经济组织和社会团体等已被涵盖（张宝建等，2011），也被广泛应用于企业组织结构、企业战略联盟、中小企业的成长与发展等领域（姚小涛、席酉民，2003）。强弱联结、社会资本、结构洞是社会网络理论的三大核心理论，联结是社会网络理论最基本分析单位，能够深度描绘个体、企业所特有的社会关系对其获取资源的发生机制；社会资本是个体或团体通过与外界的联系所增加的资源总和，社会资本数量决定了其在网络结构中的地位（Coleman，1988）；结构洞是一个网络中最有可能给组织带来竞争优势的位置，处于关系稠密地带之间的稀疏地带（Burt，2009），若一个网络的结构洞较为丰富，则关系稠密地带会因某些组织或个体出于自身目的而产生联结，网络结构的改变会为组织自身带来形成较强竞争优势的新资源（姚小涛、席酉民，2003）。

由于互联网、分享经济、"双创"等新时代情境中平台组织的发展与经济、制度、文化、产业结构存在广泛的嵌入关系（Zukin、DiMaggio，1990；陈武、李燕萍，2017），且中国创业者的创业过程亦受到社会网络和中国式"关系"的影响（Burt、Burzynska，2017）。故本书重点运用社会网络理论中的强弱联结和结构洞观点，解释组织的嵌入关系和个体的嵌入关系对其行为的影响过程。因为，社会结构影响经济生活，组织和经济产出受到嵌入关系的影响（Uzzi，1997），嵌入关系对经济行动的影响普遍存在（Granovetter，1985），例如市场渠道、企业迁移、创新创业选择、组织兼并与适应等均受到嵌入关系的影响（Moorman 等，1992；Palmer 等，1995；Portes、Sensenbrenner，1993；Sehumpeter，1950）。关于嵌入关系的研究已然相当丰富，现有研究指出关系嵌入（relational embeddedness）是通过社会联结的对称性、密度、强度、规模等来描绘行动者之间的社会性黏着关系（Gulati、Gargiulo，1999）。结构嵌入（structural embeddedness）主要探讨两个或两个以上的行动者和第三方之间的关系所折射出来的社会结构以及这种结构的形成和演进模式，描绘网络参与者在网络中所处的位置（Granovetter，1992）。制度嵌入（institutional embeddedness）是通过正式/非正式制度嵌入获得政府等管制机构地认可和支持来减少规范和管制约束，将组织活动与规则框架、管制规范以及认知理解类似的制度模式进行关联（Nee、Ingram，1998）。文化嵌入（cultural embeddedness）是被群体共享的，且对其经济战略和目标制定起约束作用的软环境，影响着企业的经济关系和行为（Zukin、DiMaggio，1990）。本书选择从嵌入性视角分析创业孵化平台组织的竞争策略，将经济、制度、文化、产业结构要素纳入组织演化情境，比单纯通过价格、产品、技术架构等方面解释平台竞争机制，能够提供更多的理论洞见。

四　理论机制

OET、RDT 和 SNT 可从以下四个方面对本书研究问题提供理论机制：

一是创业孵化平台组织在短期内发展迅速，与中国政府近年来密集出台的推动大众创业、万众创新的创新发展政策和互联网的快速发展不无关联（陈武、李燕萍，2017），而制度环境、经济社会环境、资源环境又成为制约创业孵化平台组织发展的"瓶颈"。组织生态理论为探寻新型组织如何创建？组织为什么会倒闭？政治、文化、社会等因素如何影响组织的结构？生态圈组织如何共同寻求和达成稳定格局？提供了重要的理论逻辑，这为本书探究创业孵化平台组织的创建、成长、死亡、结构、生态圈奠定了理论基础。

二是政府、创客联盟、投资机构与企业等均是创业孵化平台组织构建生态圈所依赖的外部资源供应组织，捕获上述资源需要创业孵化平台组织不断地改变或开拓社会网络中的联结关系，通过结构洞的改变来降低创业孵化平台组织对外部资源的依赖，进而增强创业孵化平台组织对外部资源供应组织的控制，以此途径强化创业孵化平台组织的社会资本并构筑竞争优势，最终提升组织的生存、发展能力。此外，创业孵化平台组织生态系统演化需要特定的耗散要素条件（张玉利、白峰，2017），现有研究尚未探明这些耗散要素。因此，资源依赖理论和社会网络理论为阐释创业孵化平台组织生态网络耗散结构要素条件，以及生态圈建构能力的形成和发展奠定了重要的理论基础。

三是创业者异质性需求的满足受制于自身的能力、创业环境、搜寻成本等因素，故结构洞会在创业者需求与其形成最佳匹配度的资源或信息之间形成。此时，创业孵化平台组织可以充分运用自有的生态圈资源，成为创业者需求与异质性资源、信息之间的弱联结桥梁，推动其实现创业者与供给侧资源供应组织之间的双重"捕获"，进而破解创业孵化平台组织遇到的发展"瓶颈"，并增强对创业者的吸引力。因此，资源依赖理论和社会网络理论为揭示创业者为寻求创业资源而将自己嵌入到创业孵化平台组织生态网络过程的边界机制提供了理论逻辑。

四是"双创"环境中成长起来的创业孵化平台组织广泛嵌入于经济、社会、文化、制度当中，故其生存与发展过程必然受到上述因素的影响，如制度嵌入对初创创业孵化平台组织的合法性的影响，文化嵌入对创客、创业者认同的影响等。为此，创业孵化平台组织需要充分运用嵌入性结构对竞争力培育的作用，然而，鲜有研究从嵌入性视角分析创业孵化平台组织竞争力的培育路径。因此，社会网络理论为本书从关系、制度、社会等层面探究嵌入性结构与创业孵化平台组织竞争力培育之间的关联提供了重要的理论支撑。

第二节   创业孵化平台组织相关研究

伴随着"双创"的蓬勃发展，支撑"双创"发展的创业孵化平台组织——众创空间，备受瞩目。从"创客"2015年年初首次被写入政府工作报告，到国家明确将"大众创业、万众创新"作为创新发展新动力，"众创空间"已成为中国经济新常态热词，并引起国内外学者的广泛关注。

国外创客空间的实践时间虽然较长，但相关研究却明显不足。相反，国内相关研究较多，却因众创空间是"双创"研究领域中的新对象，相关研究呈现出碎片化、重现象描述、轻理论等特点。具体来说，有研究从创业（吕力等，2015）、互联网（刘志迎等，2015）和生态系统（陈夙等，2015；张玉利、白峰，2017）等视角对其概念和内涵展开阐释，尚需结合经济新常态和第四次工业革命的特点加以诠释；有研究认为众创空间的特点主要体现在创新 2.0（王佑镁、叶爱敏，2015）、创业和互联网时代（刘志迎等，2015）等方面，但未将众创空间建构主体的角色、动机与作用包含其中，而建构主体又是众创空间发挥作用的关键；也有研究着重突出了众创空间在企业战略管理（吕力等，2015）、高校教育（李瑞军、吴松，2015）、大学科技园（费坚、赵海涛，2015）和推动经济发展（刘佳薇等，2015）等方面的作用机制与功能，却鲜有研究涉及其内在运行机制和外在拓展功能，而内在运行机制又关系到各个子模块间的契合关系，影响众创空间的效率和进化能力，外在拓展功能则关系到众创空间的创新能力和竞争力；还有研究从创客教育（付志勇，2015）、实践（陈夙等，2015）和创新 2.0（王佑镁、叶爱敏，2015）等角度建构并描述了众创空间创新生态系统的结构，但分别从国家、区域、产业方面探讨不同类型众创空间的结构与功能差异的研究尚处空白，且众创空间创新生态系统驱动创新发展的路径也尚未探明。鉴于众创空间既是"双创"领域的前瞻性课题，又是推动"双创"实践正在兴起的民主化创新平台，更是驱动创新发展的重要动力。因此，本书围绕"演变规律—功能组合—构建类型—驱动路径—创新发展"这条主线，在回顾和整合国内外相关研究成果的基础上，探析众创空间研究现状，并提出众创空间未来研究框架。

一　众创空间的演化过程

（一）创客向创客空间演变

欧美广泛普及的 DIY 文化是创客诞生的文化基因，戴尔·多尔蒂（Dale Dougherty）最早提出创客的概念，把通过创造与分享将想法变为现实的人称为"创客"（Dougherty，2011）。创客的创造力和影响力伴随着创客群体的壮大而不断增强，创新创业活动也日渐增多，进而演变为在全球范围颇具声势的"创客运动"（胡贝贝等，2015）。

从 20 世纪 50—80 年代，黑客文化、反主流文化、车库文化推动硅谷创新文化逐步形成，亦成长为创客运动的文化基因，并不断影响着硬件、制造业领域的创新模式（徐思彦、李正风，2014）。创客运动的兴起，逐渐形成了创客运动的载体——创客空间，美国麻省理工学院 Fab Lab（微观装配实验室）的建立，标志着创客空间的兴起。旧金山创客空间 Noisebridge 创始人 Mitch Altman 认为创客空间是个体能得到社区成员支持其通过黑客行为来探索热爱东西的实体空间，激光切割、3D 打印、数控机床等各类生产工具通常是一个典型创客空间的硬件配置，开源硬件，如 Arduino 单片机等亦被广泛采用（徐思彦、李正风，2014）。

（二）传统孵化器向创客空间演化

1987 年，中国第一家孵化器东湖创业服务中心成立，开启了中国孵化器发展的新纪元，发展至今历经四个阶段（王路昊、王程韡，2014），分别是：（1）学习模仿阶段（1987—1994 年），主要是借鉴国外孵化器的发展经验来推动科技体制改革以促进科技成果产业化，政策工具主要涉及科技人员、高校院所和高技术产业等创新主体，孵化器形式主要有高新区、大学科技园、科技企业集团等。（2）自我发展阶段（1995—2004 年），基于产权制度改革、国企改革、科学发展观等宏观政策背景，中国开始突出强调构建技术创新体系，出现了海外科技创业园、留学人员创业园、企业家孵化器等类型的孵化器。（3）自主创新阶段（2005—2012 年），随着经济全球化进程加速，中国提出加强自主创新能力，建设创新型国家，积极推进城镇化建设，推动现代服务业、战略性新兴产业、创意产业的发展，鼓励农民工返乡创业。由此逐步产生了村官创业园、可持续发展示范区等新型孵化器，尤其是 2010 年上海新车间的出现，标志着以创客空间为代表的各类民营孵化器开始崭露头角。（4）创新驱动发展战略阶段（2012 年以后），创新成为适应经济新常态、推动产业结构转型升级的第一动力，并迎来了互联网创业大潮，众创空间成为顺应这一时代的产物。从孵化器的发展演化脉络来看，在创客空间出现之前，中国孵化器是由政府政策驱动发展的产物，随着分享经济理念的发展，西方创客运动的传播，由民营主导的孵化器逐步发展，于 2015 年"创客""众创空间"写入中国政府工作报告后，孵化器呈现出国有与民营并举且快速发展的新局面，英国智库 NESTA 也认为中国创客空间的兴起和发展在 2015 年李克强总理考察深圳柴火创客空间，强调国家发展创客运动的重要性之后达到了巅峰时期（Saunders、Kingsley，2016）。

（三）创客空间向众创空间演化

众创空间与创客空之间共性与差异并存，从创新到创业的角度来看，众创空间 = 创客空间 + 创业孵化（王佑镁、叶爱敏，2015）。创客空间、传统孵化器和众创空间的差异如表 1-1 所示。

表 1-1　　　　　创客空间、传统孵化器、众创空间异同比较

比较视角	创客空间	传统孵化器	众创空间
外延视角	未强化创业孵化功能，即不着重强调商业化	不具备大众化的特点，缺乏全方位的创业服务体系	门槛更低、更便利的创客成长和创业服务平台；融创业培训、投融资对接、工商注册、法律财务、媒体资讯等于一体的、全方位创业服务生态体系
功能视角	出于兴趣与爱好，而努力把头脑中的想法转变为现实，能否实现商业价值，不一定是创客的目的	传统孵化器主要采取一对一询价机制，为创业企业直接提供服务	众创空间在线下平台的基础上搭建线上平台，创业者可自由匹配服务，而相关服务可能并非完全由众创空间直接提供，入住企业之间会形成跨边网络效应而实现共生依赖
环境视角	产品自制造和个人自生产	/	具有资源、技术与知识的选择性、开放性和共享性
精神视角	多元、分享和跨界	/	具有浓厚的协作性
战略定位	战略目标是帮助创客将创意转化为现实	战略目标是推动技术转移，定位于服务创新落地，服务于企业硬件建设	战略目标是推动创新供给侧改革，定位于服务创新源头，关注创新环境、创新人才、创新能力、创新要素聚集，构建创业生态系统

资料来源：根据王节祥等（2016）、王佑镁和叶爱敏（2015）和 14 家众创空间访谈资料整理。

　　由表 1-1 可知，创客空间的本质在于创客依靠兴趣驱动进行 DIY，却不太关注商业价值的实现（王佑镁、叶爱敏，2015）。企业孵化器是对创业企业家在创业活动中所需要的各种人才和资源进行调剂的援助项目（Mian，1996）。而众创空间有别于创客空间的最大特点在于通过创新创意的自造与分享，最终直接指向创业孵化，科技部也着重强调众创空间是在各类新型孵化器的基础上打造的一个开放式的创业生态系统，现有的孵

化器、创客空间是目前众创空间主要的两种业态（王子威，2015），由此表明众创空间本质上是一种新型孵化器，是其他类别孵化器的综合形态。

众创空间的发展与互联网和产业的紧密融合相关，新型孵化器的出现进一步加剧了创客空间的演变。"创客空间 + 新型孵化器"模式便演变为众创空间，众创空间既强调为创业者提供工作空间，也强调为创业者提供一种全要素、低成本、专业化的创业服务，是新型创业服务平台的统称。综上所述，本书提出如图 1 – 1 所示的众创空间演化进程。

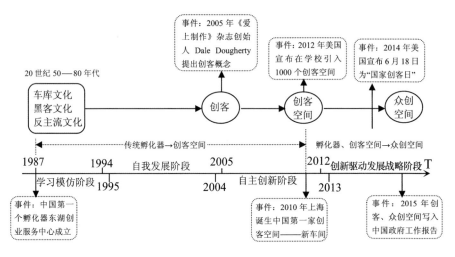

图 1 – 1　众创空间演化进程

二　众创空间的内涵、特点和功能

（一）众创空间的内涵与特点

众创空间的内涵因考察视角的不同而有所差异，如表 1 – 2 所示。中国国务院 2015 年发布的《关于发展众创空间推进大众创新创业的指导意见》将众创空间界定为顺应网络时代创新创业特点和需求，通过市场化机制、专业化服务和资本化途径构建的低成本、便利化、全要素、开放式的新型创业服务平台；科技部 2015 年发布的《关于印发〈发展众创空间工作指引〉的通知》认为众创空间是顺应新一轮科技革命和产业变革新趋势、有效满足网络时代大众创新创业需求的新型创业服务平台；刘志迎等（2015）从移动互联角度，认为众创空间是创新者基于由企业搭建的或者自发形成的互联网平台实施创新活动并且通过互联网进行创新成果的展示或出售，需求者通过互联网搜寻和获取创新成果并加以利用的一种新型创新模式；英国智库 NESTA（2016）则把众创空间定义为提供一个免费或付费的开放空间以及一定的设施，任何人可以到这里来进行创造；Oliver（2016）认为众创空间是为追求个人技术项目兴趣的人提供共享资源的物理空间。对众创空间研究视角的不同也使这些研究呈现出不同的特点。创新 2.0 背景下的众创空间具有 DIY 导向、资源可及、开放共享和属性多样特点（王佑镁、叶爱敏，2015）；生态系统角度则着重突出众创空间的"众""新"、无边界等特性（陈凤等，2015）；移动互联视角强调参与式创新民主化（刘志迎等，2015）；创新创业角度强调开放式创新、市场驱动、需求导向的特点（顾瑄，2015）。

表 1－2　　　　　　　　　　众创空间的内涵

角度	内涵	代表文献
移动互联视角	创新者基于由企业搭建的或者自发形成的互联网平台实施创新活动并且通过互联网进行创新成果的展示或出售；需求者通过互联网搜寻和获取创新成果并加以利用的一种新型创新模式	刘志迎等，2015
新科技革命视角	顺应新一轮科技革命和产业变革新趋势、有效满足网络时代大众创新创业需求的新型创业服务平台	科技部，《关于印发〈发展众创空间工作指引〉的通知》
生态系统视角	在特定地理空间集聚的众多创业活动所形成的复杂创业生态系统	陈凤等，2015
综合视角	将创新工厂、创客空间等孵化模式集成化、市场化、网络化、专业化，进而实现线下线上、创新创业、孵化投资之间的融合，最终为个体创业者和小微企业提供全要素、低成本的综合服务平台	吕力等，2015
	众创空间的内涵包括服务于全民创业，伟大想法走向伟大公司的助推器，建设创新生态系统的基础，创业服务的多样性等方面	王德禄，2015
	顺应网络时代创新创业特点和需求，通过市场化机制、专业化服务和资本化途径构建的低成本、便利化、全要素、开放式的新型创业服务平台的统称	国务院，《关于发展众创空间推进大众创新创业的指导意见》

续表

角度	内涵	代表文献
功能视角	提供一个免费或付费的开放空间以及一定的设施，任何人可以到这里来进行创造 为追求个人技术项目兴趣的人提供共享资源的物理空间	NESTA，2016； Oliver，2016

资料来源：根据刘志迎等（2015）相关文献整理。

（二）众创空间功能

众创空间的主要功能是通过创新与创业相结合、线上与线下相结合、孵化与投资相结合，以专业化服务推动创业者应用新技术、开发新产品、开拓新市场、培育新业态。现有研究表明，在经济社会发展层面：众创空间能够促进创业资源集聚并实现大众创业（陈夙等，2015），引发创业大潮（刘佳薇等，2015），形成经济发展的新动力。在高校层面：众创空间能够推动大学科技园向企业治理模式转型（费坚、赵海涛，2015），促进大学生全面发展并提高创业成功率（李瑞军、吴松，2015）。在企业层面：能够促成企业形成竞争优势和降低创新成本（吕力等，2015），并在更加广泛的层面上实现协同创新（王佑镁、叶爱敏，2015）。众创空间的功能体现出创新生态系统理论所倡导的协同整合，实现跨界互补的要求。

（三）众创空间服务模式

众创空间的"新"主要体现在创业快捷便利、成本低，服务种类更健全，创新更加开放，以改变世界为目标等方面（刘佳薇等，2015）。"创客空间 + 新型孵化器"的众创模式，使中国众创空间呈现出活动聚合型、培训辅导型、媒体驱动型、投资驱动型、地产思维型、产业链服务型、综合创业生态体系型七种模式，如表 1 - 3 所示，但后期研究学者提出了"集体玩"型、"自己玩"型、专业型、兴趣型、综合型、创业型等八种类别（林祥等，2016），对比分析发现后期类别的划分只是在概念上的进一步抽象，内容上相同。同时分析发现上述各类众创空间模式的创新元素都聚焦于创新创业服务，缺乏产业融合、技术复合、孵化器、技术供给等创新元素，而创新生态系统应涉及市场中的不同物品、软件工程、经济要素、信息系统和工业组织等（Katz、Shapiro，1994），多功能系统的有机结合才能形成功能齐备的创新生态系统。此外与创新发展路径紧密相关的商业模式、生产组织方式、创新资源集聚和创新氛围构建等方面的服务模式尚未形成。

表1-3　　　　　　　　众创空间服务模式与创新要素

典型代表	主要服务	服务模式	创新要素
北大创业孵化营	系统培训、实践指导、集中孵化、长期服务链、创业社交	培训辅导型	培训辅导
IC咖啡	高科技产业链社交平台，定期行业交流会、科技讲座、社交平台、主题沙龙、行业路演等	活动聚合型	活动服务
36氪	媒体平台、免费办公空间、融资服务及其他相关创业配套服务	媒体驱动型	宣传、信息、投资等
Binggo咖啡	循环式培养计划和资源整合、全程孵化	投资驱动型	融资服务
创客总部	组合投资支持、全程创业辅导、关键合作对接、日常运营支持、多元化办公空间	产业链服务型	产业链服务
虫洞之家	传统企业立体式对接、传统行业互联网招拍挂模式、创业项目传播	综合创业生态体系型	金融、培训辅导、招聘、运营
We work	联合办公租赁空间运营商	地产思维型	办公租赁

资料来源：综合投中研究院发布的《众创空间在中国发展现状、七大模式、三大案例》研究报告整理。

三　众创空间创新生态系统的模型构建

（一）基于创客教育视角的众创空间创新生态系统

此类众创空间创新生态系统衍生于创新、创业生态系统，且高校和用户是该类生态系统的最主要构建者，由开放资源、合作社群、协作空间、创意实践四个维度构成（付志勇，2015）。

合作社群涵盖学习共同体、跨学科团队和创意社群三类要素。学习共同体是由学习者及助学者共同构成的团体；创客实践强调以多学科技能来解决复杂的创新问题；以用户为主体，汇聚来自于设计界、工程界等各类用户和群体，多学科交叉创新来源于上述群体之间的知识分享与创意碰撞等。创意实践包含非正式学习、创客英雄之旅、正式课程教学和开放式创新活动四个要素。非正式学习是正式课程之外的自发性、自组织和更灵活的学习活动；迭代开发是创客旅程中体验式学习方式的重要特点；正式课程基于创业实验室、创客空间模式，将校内外商业与技术资源进行联合，并与孵化器、创新创业专家开展协同合作；基于开放式创新模式应对挑战是创客的特色，以内在兴趣驱动来进行创作。开放资源包括开源硬件与软件、项目库与媒体和设计工具三类要素，其核心是知识分享，期望以公共协作方式加速创新迭代，创客可以根据自己的兴趣、能力和可用的设备筛选项目，为创客提供"协作、设计、测量、分析工具"四类。协作空间涵盖共创空间、共同工作空间和生活实验室三类要素，帮助设计师、用户等通过虚拟或启发性物理空间载体，在非正式情形下拥有均等相遇机会，实现生产者与用户共同创造，共同探索市场机遇、行为、趋势，共同评估概念、服务和产品。

（二）基于实践视角的众创空间创新生态系统

自中国提出大力发展众创空间以来，政府、企业、高校、科研院所、国家高新开发区等主体协同构建了诸多功能更完善、系统更复杂、创新创业能力更强的众创空间创新生态系统。典型的众创空间生态系统主要有：海尔众创意，目标是吸引全球热爱生活、热爱创意的设计师、创客、用户共同创造出互联网时代引领用户需求的产品和服务；华强云＋产业运营系统，以构建"创意、研发、销售、融资、制造、服务"一体化的产业加速体系为目标，通过全面整合来自政府、华强集团、其他机构的产业资源，为创业企业生命周期提供全方位的加速服务；腾讯众创空间硬件创业生态，其运营模式为"孵化平台＋创业投资＋产业资源"，以智能科技、物联网和"互联网＋"领域的创业企业为重点培育孵化对象而打造的创业生态和创客空间；梦想小镇，以产城融合的理念、"互联网＋"的思维、"店小二"式的服务，帮助无资金、无土地、无办公楼、无地位但有激情、有能力、有想法、能无中生有的"四无四有"创业者实现创业创新梦想，如表1-4所示。

表1-4　　　　　　　　　中国众创空间创新生态系统实践

地区	建构主体	形式	功能定位	资料来源
青岛	U、R、S	海洋U+众创空间	为创客提供与海洋创业项目相关的实验开发工具，并且可通过拆分标准化技术，向外发布创意项目或者技术需求	《中国海洋报》2015年8月26日第003版
青岛	E、C	海尔众创意	吸引全球热爱生活热爱创意的设计师、创客、用户共同创造出互联网时代引领用户需求的产品和服务	http://idea. haier. com/aboutus. shtml
厦门	G、U、E、R、D、S	海洋众创空间	重点孵化与海洋技术领域相关的创业者，并推动海洋科技成果产业化	中国商情网：http://www. askci. com/news/2015/11/09/104218igg6. shtml
深圳	E、D	华强云+产业运营系统	以构建"创意、研发、销售、融资、制造、服务"一体化的产业加速体系为目标，通过全面整合来自政府、华强集团、其他机构的产业资源，为创业企业生命周期提供全方位的加速服务	《人民日报海外版》2015年9月16日第007版
深圳	G、E、D	腾讯众创空间硬件创业生态	其运营模式为"孵化平台+创业投资+产业资源"，以智能科技、物联网和"互联网+"领域的创业企业为重点培育孵化对象而打造的创业生态和创客空间	腾讯网：http://tech. qq. com/a/20150624/027186. htm
北京	G、E	优客工场	以构建众创空间等创业服务平台为载体，打造全球领先的创业企业服务资源、高效整合与综合管理平台	新华网：http://news. xinhuanet. com/house/cq/2015 - 06 - 12/c_1115588813. htm

地区	建构主体	形式	功能定位	资料来源
杭州	G、E、D、R	梦想小镇	以产城融合的理念、"互联网＋"的思维、"店小二"式的服务，帮助无资金、无土地、无办公楼、无地位但有激情、有能力、有想法、能无中生有的"四无四有"创业者实现创业创新梦想	《杭州日报》2015年5月26日第A03版
杭州	G、E、D、R	云栖小镇	阿里云计算公司与西湖区合作共建阿里云计算创业创新基地，以集聚和帮助在云上创业创新的企业和团队为目标，打造完整的云计算产业生态	《杭州日报》2015年6月24日第A07版

注："G、U、R、E、D、S、C"分别表示"政府、高校、科研院所、企业、各类开发区、各类社会组织、用户"。

资料来源：根据《杭州日报》等相关文献整理。

学术界则聚焦实践案例的理论建构，如陈凤等（2015）以杭州梦想小镇为例，构建了包含众创精神、创客生态圈、资源生态圈、基础平台与众创政策四个空间结构的众创空间创业生态系统，并分别代表众创空间创新创业生态系统的文化特质与内在动力、活力源泉、资源基础和支撑体系。

（三）基于创新2.0视角的众创空间创新生态系统

基于创新2.0模式，刘志迎等（2015）构建了"社区—研发—市场"模式的众创概念模型，王佑镁和叶爱敏（2015）则以"创客→众创空间↔市场"模式构建众创空间生态系统。两种模式的众创空间创新生态系统在本质上具有内在一致性，用户既是创新者，也是需求者，创客、研究者、学习者、用户、企业等参与者透过众创空间相互交织，实现知识的获取和分享、创意产品的展示和出售，由此形成一个循环的众创空间生态系统。此类众创空间生态系统遵循如下运行机制：创客通过知识社区、众创空间获取和分享知识；创客可借助众创空间或互联网平台为创新需求发布渠道，并以某种特殊的利益机制激励大众广泛参与，以此降低创新风险或获得解决方案；创客研发完成的创新成果的出售亦可通过线上/线下市场，需求者亦可在线筛选、吸收和利用海量创新成果（刘志迎等，2015）。

（四）基于知识管理视角的众创空间创新生态系统

众创空间扶持创新创业的过程，亦是知识资源在不同主体之间的整合、加工、传递、演化、利用和创新的过程，承担着多创新主体与多范围创新网络之间的对接功能（裴蕾、王金杰，2018），具有鲜明的生态学特点。为此，众创空间知识生态系统具有服务性和自组织性的特点，由精神空间、物理空间和虚拟空间共同构成（肖志雄，2016），需要通过实体环境优化、扁平化管理、激活中介等措施优化众创空间知识生态系统（张肃、靖舒婷，2017）。

综合教育、实践、创新 2.0、知识管理等视角，本书构建如图 1-2 所示的众创空间创新生态系统，该系统涵盖了已有创客教育、创意实践、创新 2.0 模式、知识生态系统的功能要素，同时使四种类型的生态系统之间形成协同互补网络结构，即开展创客教育的过程中可以更加紧密地连接实践，在实践的过程中进行创新创业；反之，在实践、创新、创业的过程中也可以开展创客教育。图 1-2 所示的众创空间创新生态系统同时具备创客人才培育和创意、创新、创业实践的功能。

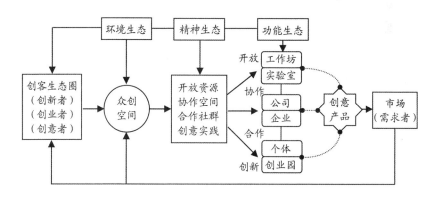

图 1-2　众创空间创新生态系统

四　众创空间发展策略

众创空间的飞速发展，导致其出现了同质化、依赖政府补贴等生存发展难题，为破解上述问题，已有研究从教育、政策评价、政企共生关系等视角提出了相应的发展策略。

（一）教育视角

发展高校众创空间，需要混搭多元化技术，如信息、快速原型等技术，同时需要配合优质的课题项目和物理空间，并完善师生等共生协作共同体，关注学习效果和产权保护等（杨绪辉、沈书生，2016），亦有研究认为通过引导和聚集各类资源和主体要素，并通过控制制度、关系、成员等生态系统耗散结构条件，可构建线下与线上动态耦合的"双螺旋"高校创客空间（芮正云、蒋豪，2017）。国外学者则从课程设置、共享模式与创客教育和创新能力培养间的关系角度提出高校众创空间构建策略，例如构建众创空间就必须认同人人都是创客的理念，众创空间的领导者必须将这一理念贯彻到不同教育背景的教育工作者心中（Boamah，2017）。

（二）绩效评价视角

绩效评价主要通过分析政策文本、构建评价指标体系等方式评价众创空间扶持政策或发展效应。如采用内容分析法构建政策评价框架，对众创空间扶持政策的协调性、差异性、结构性等进行评价。雷良海和贾天明（2017）采用内容分析法发现上海市众创空间扶持政策关注创新创业产出，而对处于前期和发展期的创业扶持力度较低，服务型政策运用明显偏低。也有研究以全国各省市政策文本为分析数据评价政策实施效果，如李燕萍和陈武（2017）采用扎根理论从品牌塑造、能力培育、管理建设层面构建了包含6个一级指标和19个二级指标的众创空间发展质量评价指标体系。而苏瑞波（2017）则采用共词分析法对比分析了上海、北京、江苏、广东、浙江五省的众创空间发展政策之间的异同，发现了政策目标与着力点之间的差异。

（三）政企共生关系视角

在工业园区或产业集聚区转型升级过程中，众创空间是推动转型升级路径链条的起点，成为构建创新网络与创业资源的持续动力，并可促进区域经济形成独具特色的竞争力优势（刘亮、吴笙，2017）。创客空间只有不断与产业发生对接关系，才能阻滞其创新网络塌缩，研究发现创新网络中违信行为的扩散与创客空间产业对接强度正相关，创客空间需要通过构建合作创新网络促进其实现可持续发展（赵雷等，2017）。

（四）创客参与意愿视角

研究发现创客持续参与意愿与众创空间提供的技术支持、经济支持和社会支持显著相关，众创空间要实现可持续发展，需要从技术、经济和社会层面提升创客对自主权、竞争力和关系的需求（Han 等，2017）。而在价值网络当中，创客与创客空间之间经历了资源链接与用户群、知名度扩张，价值获取与产品化应用，价值传递与配套硬件扩展三阶段的协同演化过程（黄紫微、刘伟，2016），通过提升创客与创客空间之间的价值匹配程度来提升资源配置效率。

五　众创空间研究述评

自 2015 年以来，众创空间取得了飞速发展，然而众创空间实践领先于理论研究，现有研究以内涵、功能、分类、生态系统为主，基于某种特定的现象，展开较为浅层次的描述性分析，挖掘现象背后本质的理论研究则较为鲜见。故本书从众创空间演化逻辑、功能结构、建构机制、创新生态系统和驱动创新发展的路径机制等方面提出如图 1－3 所示的未来研究框架。

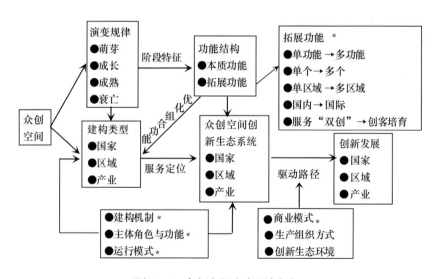

图 1－3　众创空间未来研究框架

注："＊"未来需要重点破解的难点。

（一）众创空间演化逻辑

1. 基于案例的演化逻辑模型建构。自 2010 年中国第一家众创空间——上海新车间诞生以来，历经 7 年的发展，中国北京、上海、深圳、武汉、南京等地出现了各式各样的众创空间。据科技部火炬中心发布的《中国创业孵化发展报告（2022）》显示，截至 2021 年年底，以科技企业孵化器、众创空间为代表的全国各类创业孵化载体迅猛发展，数量已达 15253 家，其中，科技企业孵化器 6227 家，众创空间 9026 家，数量稳居全球第一。然而，因视角单一、方法单一、区域单一等原因，鲜有研究能够深入地揭示众创空间的演化规律。如萌芽阶段的众创空间应采取何种生存发展逻辑？其功能网络结构的侧重点如何？建构方式、运行机制如何？未来需要通过多案例研究众创空间从"萌芽→成长→成熟→衰亡"的演变过程模型和理论，这对指导众创空间在不同发展阶段选取最佳生存策略等方面具有十分重要的意义。

2. 基于案例的中层理论建构。中国已有较多众创空间生态系统建设实践，政、产、学、研、用、国家高新区和自主创新示范区等众多主体已参与众创空间的构建，共同促进众创空间发展，也开始有关于某个主体参与众创空间建构过程的案例研究，如基于单个企业案例研究了阿里百川众创空间平台发展策略与演进逻辑（王节祥等，2016）。上述研究在产业实践和理论拓展方面均有一定的贡献，但对理论建构的贡献略显不足。未来需要采取多案例、多区域、多方法、多角度、多阶段的方式深入研究政产学研用在众创空间建构中的角色和作用，例如，政府在众创空间建构中所扮演的协调者角色和发挥引导、协调、监管作用；企业在众创空间建构中所扮演的主导者角色和发挥支撑载体作用等，以此构建众创空间演化发展的中层理论，有助于拓展创新管理理论、平台理论等。

（二）众创空间建构过程中的影响因素及成因

中国众创空间建构过程中的政出多门现象依然存在，如科技部门聚焦众创空间的创新能力，教育部门则关注众创空间推动大学生创业的能力，由此导致产学研用等合作主体目标不一致。支柱型产业和大型企业的低效参与也是众创空间平台孵化能力提高过程中遇到的发展"瓶颈"，导致众创空间呈现出规模小、分布不均衡（东强西弱）、生存能力弱（过度依赖政府补贴）等问题（陈武，2020）。而技术创新的复杂性与单一组织资源与能力的有限性，需要众创空间开展多元化合作，同时需要具备垂直资源的整合能力和专业化的运营管理能力。因此，未来需要基于创新生态系统、资源依赖、社会网络、生命周期等理论着眼于研究影响众创空间内部跨边网络和外部社会网络结构形成的要素；影响众创空间垂直整合群体资源和专业化管理团队建构的因素；影响众创空间跨区域发展和众创空间之间开展协同合作的因素。上述研究一方面可以使众创空间要素研究更加规范化和理论化，另一方面也能够更好地为众创空间产业实践提供理论指导。

（三）众创空间的功能结构与运行机制

1. 众创空间功能结构研究。当前由于单一案例、单一视角、单一区域内的研究导致众创空间的功能研究呈现出碎片化、区域化、普适性低等特点，主要集中于探讨众创空间在促进经济社会发展的宏观功能作用且欠缺学理探究，如推动经济发展、提升大学生创业能力等（李瑞军、吴松，2015；顾璒，2015），却忽视了众创空间创新能力和竞争力提升的路径研究。而众创空间在产业实践过程中更加关心如何集聚创客资源？如何更好的为创客提供服务？如何形成良好的创新生态？因此，未来需要基于共享经济、平台理论和开放式创新理论等从多角度、多区域探究众创空间如何从单一区域合作拓展到多区域合作？如何从单一功能拓展到多元功能？如何从国内合作拓展到跨国合作？如何从主要服务创新创业拓展到创客培育？探究上述问题将有助于众创空间构建协同创新网络，促进众创空间的功能结构多元化和网络化，使其竞争力和创新能力获得双重提升。

2. 众创空间运行机制研究。艾媒咨询（iiMedia Research）发布的《2016 年中国孵化器发展现状专题研究报告》显示，诸多众创空间因团队经营能力、经验不足，无特色、品牌作支撑，纯复制类型导致竞争力不足，缺乏依托大企业、高校丰富资源和经验的优势而面临生存和发展困境。现有文献极少从理论层面深入阐释众创空间的运行机制问题，未来需要重点研究众创空间的管理机制、合作机制、服务机制、创客培育机制、资源整合机制、入驻项目筛选机制等，以便更有效地解决众创空间生存发展"瓶颈"。

(四) 众创空间创新生态系统与驱动中国创新发展的路径

1. 创新生态系统构建研究。实现创新发展需要推动跨领域跨行业协同创新，加快政产学研用深度融合，着眼于打破各创新主体间的壁垒，推动创新要素资源的有效汇聚，实现信息、人才、技术和资本等创新要素活力的充分释放。研究显示制约众创空间发展最为突出的三大"瓶颈"分别是：众创空间或"有店无客"或人员参与度很低，长期保持活跃参与人数相对都不太高（许素菲，2015）。因此，构建一个具备创新资源有效集聚和优化配置的众创空间创新生态系统可以在创客与其需求的信息或资源的结构空洞之内填充弱联结，将有助于众创空间更好地服务创客开展创新创业活动。

2. 驱动创新发展路径研究。经济新常态背景下，众创空间已成为驱动中国创新发展战略的重要支撑，也是推动创新供给侧改革和提升原始创新能力的重要载体。当前关于众创空间在产业、区域和国家层面驱动实体经济发展的路径机制尚未清晰，如众创空间创新生态系统的商业模式如何影响创业企业与市场对接效率。因此，未来需要重点探究众创空间是如何聚集和提升创新发展所需的智力资本、人力资本、创客资本、创意资本等，对于深化和发展上述资本理论也具有极为重要的作用。

第三节　平台与平台组织

一　平台与平台组织的内涵

学术界与平台相关的概念主要涉及平台（platform）、平台组织（platform organization）、平台化组织、平台型组织（platform – type organization）和平台生态圈（platform ecosystem），如表 1 – 5 所示。平台研究始于对技术平台、软件平台的考察，如 Gawer（2014）分别从工程设计和经济学视角分析了技术平台的创新能力和竞争力，有研究将平台视为连接交易的界面，适应形式情境的元组织，可在产品族中拓展的要素和部件（Armstrong，2006；Boudreau，2010；Shankar、Bayus，2003；Tiwana 等，2010）。已有平台研究经产业组织经济学家（Parker、Van Alstyne，2005；Shapiro、Varian，1999）、战略和技术管理学者（李雷等，2016；Gawer，2014；Hagiu，2014；Hoopes 等，2003）的发展衍生出平台组织、平台生态圈等概念。相关研究认为，平台组织是在互联网环境下，可以通过不断激发网络效应而灵活地安排和变换组织形式的一种组织类型，能够更加方便快捷地聚散资源，通过满足多方需求而实现获利（纪婷琪等，2015；Cennamo、Santalo，2013；Ciborra，1996）。平台组织可以基于价值共创理念构建自己的异质性生态圈，平台生态圈能够促进平台实现低成本地获取最大化价值（Ceccagnoli 等，2012；Cusumano、Gawer，2002；McIntyre、Srinivasan，2017），并助推平台获得持续的竞争优势进而实现长期发展。

表 1-5　　　　　　　　平台、平台组织的相关概念内涵与比较

概念	内涵	特点	代表性文献
平台	平台是协调公司之间或者个体之间无法通过其他渠道完成交易的界面，通常有两个或两个以上的独特"双方"；平台以模块为基础，其他公司可以在模块上建立相关的产品或服务（Gawer，2014；Hagiu，2014）	形式情境、价值交换、群体互动、多元交互、可拓展性、模块化	Gawer，2014；Hagiu，2014；Ciborra，1996；Shankar、Bayus，2003；Armstrong，2006；Boudreau，2010；Tiwana 等，2010
	平台是一种惯例与结构形式情境的元组织（meta - organization）（Ciborra，1996）		
	当在产品族中，平台功能可以实现应用程序拓展和被共同使用时，平台亦可视为要素组（Shankar、Bayus，2003）		
	平台亦是部件，使得借助网络效应在不同产品族中实现功能拓展和被使用成为可能（Armstrong，2006；Boudreau，2010）		
	平台是不同用户群体互动和促进价值创造交换的界面（Cennamo、Santalo，2013）		
	平台是指在市场（产品线）、软件工程（软件系列）、经济（通过双边市场将不同用户联系在一起的产品和服务）、信息系统和产业组织方面的不同事物（Tiwana et al.，2010）		

续表

概念	内涵	特点	代表性文献
平台组织	平台组织是一种可以根据外部环境迅速变换成任何组织形式的一种组织（Ciborra，1996）	敏捷性、聚散资源、价值变现、适应性	Ciborra，1996；纪婷琪等，2015；李雷等，2016；秦志刚，2016；Cennamo、Santalo，2013
	平台化组织是现代企业组织为了顺应市场、人才、技术的新趋势而形成的新型组织形态，其子类型会因市场环境而有所不同，在内部治理机制和组织结构方面的差异较大（秦志刚，2016）		
	平台型组织是一个可快速聚散内外部资源的、快速变现价值的生态圈（纪婷琪等，2015）		
	平台企业是指连接了两个或多个特定群体，通过一系列机制不断激发网络效应，在满足各群体需求的前提下，巧妙地从中获利的组织（李雷等，2016）		
平台生态圈	平台生态系统是指平台的异质性模块和平台采集（Cusumano、Gawer，2002）	异质性、模块化、空间耦合	Cusumano、Gawer，2002；Ceccagnoli 等，2012；李雷等，2016
	平台生态系统是指平台和生产增强平台价值互补要素的平台网络互补者（Ceccagnoli et al.，2012）		
	不同的社会性和经济性行动主体基于自发感应和响应，根据各自的价值主张，以平台企业所构建的机制、技术和共同语言为依托，为了资源共享、价值共创而进行互动的松散耦合型时空结构（李雷等，2016）		

续表

概念	内涵	特点	代表性文献
众创空间	顺应网络时代创新创业特点和需求，通过市场化机制、专业化服务和资本化途径构建的低成本、便利化、全要素、开放式的新型创业服务平台的统称（国务院，2015）	低成本、便利化、全要素、开放式、"众、微、新"、自组织、自愿参与、趣味相投、群策群力	陈凤等，2015；刘志迎等，2015
	顺应新一轮科技革命和产业变革新趋势，有效满足网络时代大众创新创业需求的新型创业服务平台（科技部，2015）		
	人们在自由组织和参与的虚拟社区或实体空间里共同工作，通过线上和线下交流互动，共同创意、研发、制作产品或提供服务、筹资和孵化的自组织创新创业活动，由此形成的大众创新空间（刘志迎等，2015）		
	众创空间是众多创业活动在特定地理空间的集聚，所形成的复杂创业生态系统（陈凤等，2015）		

　　近年来，随着平台经济的崛起，平台作为一种创新型商业模式，正在逐步改变传统价值链和产业链的生态环境（丁宏、梁洪基，2014）。平台能够连接双边网络用户的产品和服务（Eisenmann 等，2006），能够在实现用户价值增值的同时，也为平台企业创造巨大的商业利润，由此，涌现了大量的平台和平台企业，例如 Google、51job、Windows、淘宝、腾讯等。随着平台竞争环境的加剧，诸多学者将研究焦点聚集在平台竞争策略方面，从经济学、战略管理和技术管理视角探讨了平台竞争策略。

二 产业组织经济视角下的平台

自 20 世纪 80 年代经济学家提出网络效应（network effects）概念后，平台网络便被比喻成能够促进双边或多边用户进行交易的"导管"（Evans，2003；Rysman，2009），且把网络效应分为直接网络效应（direct network effects）和间接网络效应（indirect network effects）。当网络参与者的利益取决于其能够接触到的用户数量时，便产生了直接网络效应（Arthur，1989；Farrell、Saloner，1985）；而间接网络效应的发生则需要网络双边用户均可以从对方的规模、特点方面获益（Evans、Schmalensee，2008）。

而近年来，产业组织经济学家更加关注双边市场中的间接网络效应，试图解释在对兼容技术需求相互依存的情境中，平台竞争的发生机制是什么？他们的基本假设前提是平台通过网络效应可以获得用户的积极反馈，并且平台用户越多越会激发第三方提供更多的互补产品（Cusumano、Gawer，2002；Gupta 等，1999），也就是说，平台用户基数或者活跃用户数会显著影响互补产品开发者的选择。例如游戏视频行业，平台的用户基数越大，对游戏产品开发者的价值越高，因为此类平台提供的潜在市场更大（Venkatraman、Lee，2004），反之，平台互补产品的可获得性亦会影响用户的选择偏好。因此，此类平台的网络更具有动态性，也更容易出现"赢者通吃"的局面。

综上所述，可以看出产业组织经济模型的基本假设是平台网络之间的竞争由用户和互补者同时决定。故平台企业提供的价格成为经济学模型的关键变量（Clements、Ohashi，2005），研究发现平台企业会对平台一边采取价格补贴方式来吸引另一边用户的加入，例如，电视平台向广告商收取费用，对用户则可采取收费或免费策略，研究发现如果电视平台间的差异化程度以及广告对用户造成的干扰充分大或者充分小时，对用户采取收费模式反而能够带来更多的社会福利（卢远瞩、张旭，2015）。产业组织经济构建的网络效应概念为从社会网络理论角度理解平台竞争提供了全新的视野，其代表性研究成果如表 1-6 所示。

表1-6 　　　　　　　　**产业组织经济视角下的代表性研究**

作者	期刊	研究类别	主要观点
Caillaud、Julian, 2003	TheRAND Journal of Economics	理论研究	提出了一个平台服务商最优定价策略模型，平台通过补贴一边而从另一边获利
Parker、Van Alstyne, 2005	Management Science	理论研究	在网络市场中，平台企业通过赠送产品获得利润
Stremersch, et al. , 2007	Journal of Marketing	实证研究（定量）	间接网络效应低于预期，直接网络效应是间接网络效应的触发机制，反之则不成立
Rysman, 2009	Journal of Economics Perspectives	理论研究	定价策略决定着平台企业的成败
卢远瞩、张旭, 2015	经济学（季刊）	实证研究（定量）	构建了一个包含广告数量、收视费用和节目质量的平台竞争模型，付费模式下的节目质量仍可能低于免费模式的情形

三　战略管理视角下的平台

以经济学提出的网络效应为基础，战略管理学者专注于构建获取企业竞争优势以及早期市场领导者能够充分利用动态正反馈带来利益的战略计划，在解释影响企业成败的基本层面上，试图从以网络市场竞争结果为主导的市场性结构解释转移到以企业为主导的因素或行动层面。将战略与经济融合在一起的研究较为关注平台企业构建大型网络的价格策略以及后期利用网络当中获得积极反馈的作用机制，而战略领域的研究则更加关注其他驱动平台获得竞争优势的因素，如平台企业规模、进入时机、平台特点与质量（Mcintyre，2011；Schilling，2002；Sheremata，2004；Tellis 等，2009）。

由于平台增长会潜在影响用户对产品的选择性偏好，故企业更愿意为成为未来平台主导者而向潜在用户发出信号（Chintakananda、Mcintyre，

2014），因此，部分学者将研究焦点集中在平台企业如何确定最佳的进入时机，以便最大限度地吸引早期用户并形成具备增长潜力的信号，此类研究的观点主要是：介入时机越早，平台企业构筑早期基础用户的机会越佳，未来的生存能力越强。然而，近期研究却提出了相反的观点，平台企业进入越早，未必对平台发展有利，较晚进入的竞争者反而超越了早期处于领导地位的平台企业（Suarez 等，2015），上述研究表明盲目获得的先发优势未必对平台发展有利（McIntyre、Subramaniam，2009）。为此，战略研究焦点转为新出现的平台如何与在位平台企业竞争，而在位企业如何通过已有的用户基数维持自身的竞争优势（Eisenmann 等，2011；Sheremata，2004）。如 Eisenmann 等（2011）研究发现以革命性技术或采用成功的平台包络战略或网络外部性较强的时候，新进入者可以超越占主导地位的平台企业。此外，亦有学者认为，由于受到网络效应的影响，早期进入者具备一项可以用较为劣质产品或服务来吸引早期用户的优势（Cowan，1990；Wade，1995），持相反观点的学者认为平台产品质量决定着平台企业的成败，占主导地位的平台企业都倾向于提供最优质的产品（Liebowitz、Margolis，1994；Liebowitz、Margolis，1995）。

　　近年来，战略管理视角下的平台研究开始采用经验数据检验平台网络的动态性特征，关注点为平台互补者如何选择平台，两者间的关系如何影响平台领导力（McIntyre、Srinivasan，2017）。如 Boudreau 和 Jeppesen（2015）从互补者视角发现类似在线数字平台（online digital platforms）等新平台环境下的免费互补者的增长情况与付费平台类似，Cennamo 和 Santalo（2013）从网络视角发现平台企业可能从应用程序的扩展数量和种类或者获得排他性协议中受益，但若同时采取这两种策略则会适得其反。此外，国内学者则从消费者偏好视角分析了媒体平台价值竞争与广告投放量决策之间的关系，研究发现厌恶广告的消费者比例和由广告商引起的网络外部性强度会显著影响媒体平台中广告量的供求关系（程贵孙等，2016）。战略管理视角平台研究为理解网络市场情境中的平台竞争提供了有益的洞见，其代表性研究成果如表 1 – 7 所示。

表1-7 战略管理视角下的代表性研究

作者	期刊	研究类别	主要观点
Venkatraman、Lee, 2004	Academy of Management Journal	实证研究（定量）	平台的网络结构（密度重叠和嵌入性）和技术特点（支配和新颖）会影响平台产品生产者和互补者之间的沟通协调关系
Lee、Lee、Lee, 2005	Management Science	理论研究	过分强调网络总规模可能会忽视本地网络动态性在决定市场结果方面的重要性
Afuah, 2013	Strategic Management Journal	理论研究	网络结构（结构洞、联结等）和网络行为（机会主义、声誉等）能够显著影响用户和供应商的网络价值，而不仅是网络规模
Fuentelsaz、Garrido、Maicas, 2015	Journal of Management	实证研究（定量）	平台企业可以通过影响预期、兼容性和对等性，策略性的利用网络使其对自己有利
Boudreau、Jeppesen, 2015	Strategic Management Journal	实证研究（定量）	免费的互补者能够促进平台增长，但无法激发网络效应
刘林青等, 2015	中国工业经济	实证研究（案例）	构建起焦点企业赢得平台领导权的"方向盘模型"
程贵孙等, 2016	系统管理学报	实证研究（定量）	发现企业通过平台包络战略构建竞争优势的机制

四 技术管理视角下的平台

经济学家试图了解平台网络效应的产生机制，战略管理者则尝试回答平台发起者如何通过价格设计、产品设计和进入时机选择，实现平台用户基数的增长。与之不同的是，技术管理学者则将研究聚焦于平台架构设计（platform design）与网络效应之间的关系。

早期研究将平台看成一个可以进行添加或删除等修改操作的系统（Simon，1991），而近年来技术管理研究者开始从工程设计角度描绘平台，将其视为可以促进技术创新的一种标准化后的系统模块（modular system）（Baldwin、Clark，2000；Baldwin、Woodard，2009；Langlois，2002），故技术管理视角把平台定位为一种促进创新的技术架构（technological architecture）（Gawer，2014）。基于以上观点，任何平台基本架构体系中，定然包括一组具有较低多样性的稳定的核心组件和一组具有较高多样性的外围部件（Baldwin、Woodard，2009）。

由此可知，技术管理视角的研究关注平台企业如何实现平台界面的最优化设计，以此满足实现快速创新的系统要求。故平台所有者的决策关系到平台的成败，例如，是否将平台界面对外开放，会影响吸引第三方互补者参与平台价值共创的能力（Baldwin、Von Hippel，2011；Eisenmann 等，2008；Lee、Mendelson，2008）。围绕平台开放与封闭平衡问题，产生了诸多较有影响力的成果，如 Boudreau（2010）提出放开平台界面，互补者参与创新的积极性会显著增强，但过度开放又会导致平台收入和利润流失（Eisenmann et al.，2008）。技术管理视角下的研究为我们进一步扩展了解释平台企业激励来自第三方互补者参与平台创新的逻辑机制，其代表性研究成果如表 1 - 8 所示。

表 1 - 8　　　　　　　　　技术管理视角下的代表性研究

作者	期刊	研究类别	主要观点
Gawer、Cusumano，2008	Sloan Management Review	理论研究	提出了构建平台领导权的四类策略：企业范围、技术设计、与互补者的关系、内部组织结构
Tee、Gawer，2009	European Management Review	实证研究（案例）	发现产业结构能够推动平台生态圈中的价值创造和价值捕获
Boudreau，2010	Management Science	实证研究（定量）	提出了开放技术平台的两种路径（授权进入或放弃控制权），并研究了两种路径对平台创新的影响
Fuentelsaz、Garrido、Maicas，2014	Strategic Management Journal	实证研究（定量）	平台技术发生激进式变革后，互补资产价值取决于平台环境因素
Gawer，2014	Research Policy	理论研究	将平台定义为演化中的组织（e-volving organizations）或元组织（meta - organizations），并构建了平台创新（技术架构）与平台竞争力（经济学）之间的交互模型

五　组织管理视角下的平台组织

目前，从组织管理视角对平台组织开展的研究相对鲜见，国外研究文献中只有 Ciborra 于 1996 年在 Organization Science 上发表了一篇以 Olivetti 电信公司为例的组织平台化演变的论文。国内研究亦处于起步阶段，主要以理论研究和案例研究论文为主，在中国知网以"平台组织"为关键词、篇名进行检索（2022 年 11 月 5 日），发现共有 86 篇文献，其中期刊论文 57 篇，CSSCI 来源期刊文献 29 篇，博硕士论文 6 篇。

理论研究层面，主要探究了从科层组织走向平台组织，分享经济、互联网背景下平台组织的产生动因与发展模式（王志强，2022）。研究认为分工深化、市场扩展、信息技术进步以及互联网的发展催动产业组织不断演化，新型组织不断涌现（周德良、杨雪，2015），如数字平台组织（李春利等，2021）；亦有研究认为互联网思维正在重塑企业的管理思维、市场及业务边界，平台组织和自组织成为组织发展的新趋势（蔡宁伟，2015）。自组织具有去层级、共享发展成果、去中心、员工由客户管理等先发优势，通过重塑主人翁精神等途径解决企业内生发展动力问题，而平台组织则通过规模效应、病毒营销等方式超越组织边界，实现全链条资源整合，为企业提升发展层面获得后发优势（蔡宁伟，2015）。此外，部分学者研究平台管理思维与平台组织模式之间的关系，提出平台思维能够帮助企业摒弃精英式创新模式，满足全员参与创新的需求，可以通过部分功能向外或向内市场化、全面功能向内或向外市场化四种模式构建全员参与创新的平台组织（陈威如、徐玮伶，2014）。

案例研究层面，主要研究传统企业组织的平台化转型及其治理模式。如以海尔为例，研究了海尔从"正三角"型组织到"倒三角"型组织，再到"平台型组织"演化历程，比较了每种组织类型的特点，提出平台组织能够更好地促进个体价值的实现（纪婷琪等，2015）。亦有研究从小微创业视角，分析海尔的平台化转型及平台组织管理机制、治理策略，研究发现组织适应能力能够透过多样性的小微群落得到强化（井润田等，2016；张敬博等，2022），"超模块化"复杂自适应系统能够以客制化方式提供所需的创业支持（王凤彬等，2019）。阿里巴巴亦是中国情境中平台组织研究的热门案例，研究表明"吸引—管理—维持—发展"的非价格治理策略可能更加适用于平台组织的用户治理（梁晗、费少卿，2017）。

组织管理视角下的平台组织研究为我们从微观层面了解企业组织演化进程提供了新的理论视野，其代表性研究如表1-9所示。

表1-9   组织管理视角下的代表性研究

作者	期刊	研究类别	主要观点
Ciborra, 1996	Organization Science	实证研究（案例）	以 Olivetti 公司为例，描绘了组织平台化的演变历程，并首次提出了平台组织的概念
王凤彬、王骁鹏、张驰，2019	管理世界	实证研究（案例）	提出"超模块化"复杂自适应系统
梁晗、费少卿，2017	中国人力资源开发	实证研究（案例）	提出了四种平台治理策略：技术型、制度型、战略型、交易型，以及"吸引—管理—维持—发展"的平台组织用户治理模式
井润田等，2016	管理学季刊	实证研究（案例）	以海尔为案例，构建了平台组织、机制设计与小微创业模型
周德良、杨雪，2015	管理学刊	理论研究	分析了分工经济演进以及互联网、信息技术进步的发展与平台组织产生的关系
蔡宁伟，2015	清华管理评论	理论研究	对平台组织与自组织进行了区别，提出了平台组织的发展方向
陈威如、徐玮伶，2014	清华管理评论	理论研究	分析了平台管理思维对于传统组织变革的重要性，并构建了平台组织运营模式

六 平台竞争策略

综合产业组织经济、战略管理、技术管理视角的相关研究成果，本书梳理了平台企业发起平台网络竞争的五类核心策略。

（一）定价策略（pricing strategy）

双边市场中的平台企业通过控制价格总水平来合理分配用户，从而实现双边用户同时满足平台企业需求的策略即为定价。合理定价决定着双边市场用户的选择和平台价值增益，垄断市场中的用户需求弹性与平台价格正相关（Rochet、Tirole，2003），对用户的收费方式、单归属或多归属用户，以及组间交叉网络外部性的强弱决定了平台的均衡价格（Armstrong，2006），平台单边交叉网络外部性较强时，低价格甚至负价格对用户会有较强的吸引力。垄断情况下的平台会向某一方用户采取倾斜定价（刘启、李明志，2009；Bolt、Tieman，2008）。

（二）差异化策略（differentiation strategy）

平台或平台企业通过提供差异化服务或产品的方式来影响用户，即差异化策略。双边用户只会选择单边平台进行交易的前提条件是平台两端的服务或产品的差异性较大（Armstrong、Wright，2007），但若服务或产品仅有单边差异性，则另一端用户会有多边平台选择偏好，影响差异化策略的效果。

（三）成本转移策略（switching cost strategy）

成本转移是指用户从一个平台转移到另外一个平台所必须支付的成本，包括违约、学习、搜索、资产重置等成本（丁宏、梁洪基，2014）。平台构建初期，为获取利润往往需要锁定用户，而锁定用户的重要方式之一便是增强用户黏性，提高用户转移成本是平台企业常用的策略之一。主要通过培育用户习惯，专门设计契合用户偏好的个性化产品或服务等方式来影响用户转移成本。双边市场价格受到优质用户和被俘获用户的影响，当被俘获用户越多，市场需求弹性越小，即使平台提高价格，所造成的用户流失也较少（Rochet、Tirole，2003）。

（四）排他性策略（exclusive strategy）

平台通过排他性策略实现双边市场垄断，在位企业为阻止潜在竞争者进入市场，主要方法是让已有的服务或产品无法与竞争者提供的服务或产品兼容，用户成为在位企业的沉淀成本，潜在竞争者的基础用户被阻断，成为市场进入障碍（Fudenberg、Tirole，2000）。若平台采取排他性策略，则双边用户会在交叉网络外部性效应的作用下全部被平台所"捕获"，最终促成双边市场垄断，此类"赢者通吃"策略使得双边市场平台企业之间的竞争受到限制。

（五）分而治之策略（divide – conquer strategy）

在用户多归属条件下，对平台一边采取免费甚至补贴方式，以此吸引大量用户在平台一边集聚，当用户量达到平台爆发阈值时，另一边用户将会通过付费方式购买平台服务，此种即为分而治之策略（Caillaud、Jullien，2003）。通过价格歧视将用户间外部性内部化，进而提高平台收益（Weyl，2009；Weyl，2010），此种市场让利行为的双边协调机制，能够鼓励用户通过平台进行交易，进而使平台在另一边获利。

七 平台与平台组织研究述评

虽然产业组织经济学家、战略管理学者、技术管理学者以及较少的组织管理学者对平台、平台组织的生存发展策略进行了多角度的探究，取得了丰硕的研究成果，但仍然存在一些不足之处。

（一）网络效应是产业组织经济学家解释平台竞争策略的核心构想，然而网络效应经常被假定为具有二元性，即在一个既定的研究情境中，网络效应会出现或者不存在，而且绝大多数研究以高科技企业为研究对象，测量指标比较粗糙。此外，大多数研究只关注间接网络效应，将平台企业与平台互补者之间的关系视为一个"黑箱"，并且把平台竞争结果的影响因素归因为互补者的数量（Srinivasan、Venkatraman，2010）。故产业组织经济学视角未能提供平台企业是如何进行平台战略设计来促成平台成功。

（二）战略管理学者尝试将平台网络竞争结果与平台企业行为、网络效应的运用策略进行关联，以此解释市场结构并不是影响平台竞争结构的核心要素。然而，从已有的研究成果来看，平台进入时机、平台质量与产品特点等影响平台竞争结果的研究结论尚存争议（Zhu、Iansiti，2012），正向与反向结果同时存在，临界值并未清晰，且多数研究专注于单边用户平台，极大地限制了从平台互补者视角了解平台竞争机制。此外，采用静态或截面数据是多数研究的主要手段，平台与互补者之间的动态演化对平台竞争结果的影响未受重视。

（三）聚焦平台领导力问题，以案例研究和理论研究为主导是技术管理领域的主要研究方法（Gawer、Henderson，2007），故缺乏实证研究对平台企业的决策行为、互补者的选择偏好行为进行测量是技术管理领域的局限性之一。此外，技术管理视角将平台看成一种生态系统，却将其限定为一定时期内处于稳定状态，但在互联网环境下，技术变革速度预示着平台架构必须不断地进行自我调整，才能维持竞争优势（Gallagher、Park，2002），故已有研究无法呈现平台的动态演变过程。

（四）组织管理视角对平台组织的研究刚刚兴起，理论、案例、实证研究均不足，尚未形成组织管理视角下的平台组织理论体系。虽然，已有研究提出了赢者通吃策略，非对称倾斜定价策略，分而治之的用户培育策略，成本转移策略，排他性策略等平台竞争策略。然而，产业组织经济、战略管理、技术管理领域尚未解决的研究问题，为组织管理研究者提供了绝佳的研究机遇，当前处于分享经济、互联网环境中，面临更大不确定性和动态竞争环境的平台组织广泛嵌入于经济、制度、文化、产业结构中（Zukin、DiMaggio，1990；陈武、李燕萍，2017），组织管理学者可以更加细致地观察当前情境中的平台组织动态演化过程，弥补其他三类研究视角均未涉及的组织演化问题。

第 二 章

创业孵化平台组织及其
竞争力的内涵与特点*

　　平台是一种在促成双边或多边达成交易过程中获利的第三方链入系统（Eisenmann 等，2006）。伴随着大众创业、万众创新的蓬勃发展，"互联网＋"、"＋互联网"、平台经济、分享经济已成为引领创新创业和组织转型升级的"风向标"，平台的作用及其产生的网络效应备受学术界和产业界的关注（李燕萍、陈武，2017；Boudreau、Jeppesen，2015；McIntyre、Srinivasan，2017）。百度、腾讯、阿里巴巴、Facebook 等互联网公司逐步进入了以零售、石油、银行等传统行业为主导的资本市场前列。同时以这些互联网公司为代表的平台模式亦成为传统产业组织在互联网时代转型的参照模式，因为组织平台化具有促进企业敏捷应对动态市场环境变化，在低成本条件下进行试错和快速创新，易于实现规模扩大和业务迅速增长等新竞争优势（Candelon，2016）。如海尔提出企业平台化战略，海尔认为"正三角"科层制组织结构无法快速响应用户的声音，而"倒三角"组织结构虽然解决了责任节点问题，却又遇到无法及时匹配资源、统一经营目标等协同合作困境，而平台组织能够实现价值链创新、协作关系创新和资源配置创新（纪婷琪等，2015）。但也有质疑海尔并不是平台型公司的学者认为，平台是一种网络关系，主要提供网络的底层技术和基础，与自身的产品无关，即一个独立的商业想法可以在平台上自由实现，而海尔并非如此（赵玉亮，2016）。由此说明，关于平台组织的内涵与边界在学术界

---

　　* 本章部分内容发表在《科学学研究》2018 年第 5 期，第 593—600 页，作者为陈武、李燕萍。

和实践界尚未达成共识，但普遍认同平台组织是在互联网的驱动下出现的一种新型组织，如阿里巴巴、腾讯。基于互联网环境的平台组织必然会与传统组织存在明显的差异，并非传统组织的扁平化就可以实现的，众创空间就是基于"双创"和"互联网＋"背景下诞生的新型组织，但众创空间是平台还是平台组织尚存争议。根据相关定义来看，众创空间具备平台组织和促进独立商业想法自由实现的特点。为此，本书将从理论和实证方面分析众创空间平台组织模式，此类平台组织模式的内涵和特点是什么？这是研究平台组织和界定边界的首要问题，也是从社会网络视角研究平台组织的关键。

近年来，关于平台研究的热度逐步升温，平台组织的研究则刚起步。如 Cennamo 和 Santalo（2013）研究发现不断强化平台网络效应的"赢者通吃"策略并不能保障平台普遍获得成功，因为战略的运用可能会由于潜在的冲突而改变网络效应，平台竞争力需要通过重要战略的权衡来塑造。Boudreau 和 Jeppesen（2015）认为在平台互补者没有受到价格系统约束且无任何回报的情况下，平台互补者会随着平台的增长继续发展，然而吸引到的平台互补者对平台的可持续发展的效应为零，甚至无法激发网络效应，即平台的网络效应呈现出"海市蜃楼"现象。亦有学者从资源依赖理论视角探究了焦点企业从平台边缘到核心逐步获取平台领导权的路径，并提出了由系统性价值主张、去物质化、扩网和聚核四个关联行动构成的企业赢得平台领导权的"方向盘模型"（刘林青等，2015）。从已有的研究看，以双边市场理论和资源依赖理论为基础，研究以网络技术为基础的产业平台（如游戏视频产业）提供了全新的视野，特别是双边市场理论的应用更为广泛（Armstrong，2006；Boudreau，2010；Eisenmann 等，2006）。

本书选择众创空间这一新型创业孵化平台组织为研究对象，源于近年来众创空间发展呈现出爆发式的增长，然而快速增长所引发的同质化竞争、专业化程度低、产业生态链缺失等问题开始逐步凸显（李燕萍等，2016），出现了诸如深圳地库咖啡倒闭等震动产业界的"寒潮"事件（李燕萍等，2017），中国情境下的众创空间为研究平台组织提供了天然的实验场所。同时，平台化凸显组织的动态演变过程，传统组织正处于转型升级阶段，而众创空间已然成为"互联网＋"背景下传统组织开展平台设计和平台化变革的重要参照，因而更具有研究价值和现实意义。

由表 1 – 5 可知，与平台相关的研究主要围绕"平台网络效应"探究其如何实现生存和快速发展，如"赢者通吃策略"和"快速长大策略"，强调平台应快速且最大化地吸引互补者、用户，并通过锁定用户的方式来削弱竞争对手具有相同的能力（Lee 等，2006）。尽管平台研究相关的成果较多，但也存在过分关注某一产业中平台的外生和恒定因素、互补者和平台的双边关系，忽视了企业应采取何种战略来设计平台使之更易获得成功（McIntyre、Srinivasan，2017）。而平台设计的前提需要把握平台组织的边界，平台依托于平台组织而存在，而平台组织又是嵌入在社会网络当中，如研究平台领导权的获取方式和路径（Gawer、Cusumano，2008；Qian 等，2016），就需要把握平台组织与其所嵌入的网络间的关系。

同时，平台通过模块化的方式为用户交互提供界面，模块化的方式使平台更具灵活性，也决定了平台吸引用户需要更多弹性资源作支撑。平台组织可以通过其构建的社会网络为平台提供各类资源，即平台组织能够吸引、集聚和调配资源，形成资源生态圈以保障平台的发展。

综上所述，平台、平台组织和平台生态圈的相关研究为探索众创空间平台组织模式奠定了良好的理论基础。鉴于众创空间是中国情境下的新组织形式，学术界对其是否是平台或平台组织尚存争议，故本书通过分析文献、访谈和网络资料得出相关研究结论，并与已有的相关研究进行比较分析，由此，提炼和概括以众创空间为代表的互联网时代新型组织的内涵和特点。

第一节　社会网络分析设计

一　社会网络分析资料来源

研究资料由文献、访谈和网络资料三部分构成。（1）文献资料来自中国知网数据库。选取中国社会科学引文数据库（CSSCI），以"众创空间""创客空间"为关键词、标题、摘要和主题，四个条件的关系为"或"的关系，时间节点为 2016 年 12 月 1 日。筛选过程为阅读所有文章的标题、摘要和部分内容，对论文的相关性进行初步判定，选取中国学者针对"众创空间"和"创客空间"的相关研究，剔除与本书主题不相关的文献。众创空间的相关研究于 2015 年兴起，尚未形成系统的理论研究体系（李燕萍等，2016），最终，收集到 89 篇 CSSCI 文献。（2）访谈资料是通过一对一的深度访谈和召开调研座谈会两种途径获取。运用两种方式实施深度访谈：一是研究员依照访谈提纲深入众创空间现场与负责人开展半结构化访谈；二是通过 QQ 或微信等实时互动工具开展半结构化访谈，共访谈了 30 家众创空间，通过整理访谈记录共形成约 2.6 万字的访谈资料。（3）网络资料通过随机从互联网抽取 5 家众创空间官方网站及其相关新闻报道资料，共计形成约 0.6 万字的文档材料，用于验证和补充访谈资料。

二 社会网络分析过程

由社会学家基于图论、数学等方法演变而来的社会网络分析方法，适用于描绘和测量行动者之间的关系，以及由关系渠道形成的各种无形或有形的东西。通过分析网络关系，能够将大规模社会系统的宏观结构与微观网络、个体间关系结合起来（魏巍、刘仲林，2009）。社会网络是社会行动者及其间的关系的集合，由多个节点和节点间的连线组成，行动者构成节点，可以是个人、组织等（Brass 等，2004）。社会网络分析既是工具，也是关系论思维方式，管理学或社会学领域中的问题亦可借鉴此方法进行解释。本书从社会网络视角探索已有文献中众创空间与创客、创新、创业之间的网络关系，揭示众创空间的特点与功能，并与平台和平台组织的特征进行分析比较。

（一）共现分析

共现分析是通过单词或短语共同出现的频次来探寻所研究主体之间的联系（He，1999），本书采用 Ochiia 系数（ $I_{ij} = C_{ij} / \sqrt{C_I * C_J}$ ， I_{ij} 表示共现系数， C_{ij} 表示关键词 i 和关键词 j 同时出现的次数）研究不同关键词之间的关系。首先，运用 Bibexcel 对出现 3 次以上的关键词进行共现分析，计算得出共现矩阵。其次，结合 Ochiia 系数计算式得出关键词共现系数表，如表 2 - 1 所示。根据共现分析结果发现，创客文化、图书馆服务、创客运动、创客、创客教育的共现系数累计值大于 3.00，这表明"创客""创客空间"兴起后，大多数学者（多为教育工作者）都在探索创客的起源与文化以及如何根据已有的资源开展创客培育，这也说明创客和创客培育是众创空间平台组织发展的关键。随着中国"双创"的全面展开，学者的关注点开始逐步转向众创空间与创新、创业和国家创新发展战略间的关系，同时，"互联网+"、创新能力、创新2.0、商业模式等关键词的共现系数累计值在1.5—2.5之间，差异较小，这表明学者对众创空间的研究侧重点有所不同，但上述关键词都与创新发展密切相关。

（二）社会网络分析

将 Bibexcel 运算得出的共现矩阵导入 Ucinet 软件，最终形成关键词社会网络分析图，如图2-1所示。图中虚线框内的节点处于网络中心，包括众创空间、创客空间、创客教育和创客。从众创空间的内向中心度（其他网络节点指向众创空间节点）来看，创客、创客空间、创客教育、创客运动、"互联网+"、创新创业教育都与众创空间有直接关系，这说明众创空间是开展创客教育、创客运动的重要空间载体。从众创空间的外向中心度（众创空间节点指向其他网络节点）来看，创新能力、创新发展、大众创新是众创空间的外向直接关系，这又说明众创空间具有提升创新能力、推动大众创新和创新发展的重要作用。

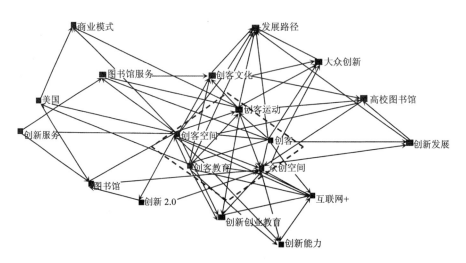

图2-1 关键词社会网络分析

表 2 - 1　　关键词共现系数

共现系数

关键词	1	2	3	4	5	6	7	8	9	10	11	12	13	14	15	16	17
创客 (1)	1.00	0.49	0.51	0.08		0.21	0.11	0.11				0.14	0.14	0.14		0.14	
创客教育 (2)	0.49	1.00	0.30	0.09				0.35			0.15	0.15	0.30		0.15	0.15	
创客运动 (3)	0.51	0.30	1.00			0.26	0.13	0.13		0.14	0.17					0.33	0.33
创客文化 (4)	0.08	0.09		1.00		0.15	3.00			0.17		0.19				0.19	
图书馆 (5)					1.00				0.18			0.20			0.20		
大众创新 (6)	0.21		0.26	0.15		1.00										0.26	
图书馆服务 (7)	0.11		0.13	3.00			1.00	0.22	0.22								
互联网＋ (8)	0.11	0.35	0.13				0.22	1.00			0.26		0.26				
创新服务 (9)					0.18				1.00					0.29			
高校图书馆 (10)			0.14	0.17						1.00							
创新创业教育 (11)		0.15	0.17					0.26			1.00						
创新 2.0 (12)	0.14	0.15		0.19	0.20							1.00					
创新能力 (13)	0.14	0.30						0.26					1.00				
创新发展 (14)	0.14								0.29	0.29				1.00			
美国 (15)		0.15			0.20										1.00	0.33	0.33
发展路径 (16)	0.14	0.15	0.33	0.19		0.26								0.33	0.33	1.00	
商业模式 (17)			0.33														1.00
合计	3.07	3.13	3.30	4.87	1.58	1.88	4.46	2.11	1.40	1.60	1.58	1.68	1.70	1.76	1.68	2.40	1.66

注：表格中空白格处数据结果均为 "0"。

综上分析可知，众创空间是一种能够为双边或多边提供服务的界面，组织或个体能够运用众创空间已有的社会网络开展各种创新、创业活动，也可以提供产品和服务，如高校可以将众创空间作为培育创新创业人才的重要手段之一，个体可以运用众创空间资源开展创意实践，企业可以将研发过程延伸至众创空间，如微软公司在中国构建的微软加速器（北京）和微软黑科众创空间（深圳）。因此，众创空间既具有多元交互、可拓展性等平台特点，也具有资源聚散、适应性等平台组织的特点。

组织生态理论重点关注组织形态与环境特征之间的关系。图 2 - 1 显示的网络清晰地展示了众创空间平台组织的生态网络架构，众创空间处于生态网络的中心，创客、创客运动、创客教育、图书馆、"互联网 +" 等构成外部环境支撑资源，创新能力提升、创新发展和大众创新等构成国家宏观发展战略。从组织生态角度看，众创空间的产生和发展与国家制度环境、经济环境、人文环境、科技环境等密切相关，最终影响到了众创空间的组织形态。中国着力构建众创空间的初衷之一就是推动全民参与创新创业，充分释放全社会的创新活力，这就要求众创空间必须是一个开放、包容的平台，资源可以通过这个平台实现自由流动、敏捷聚散、空间耦合和价值变现，这充分体现出其具有平台组织的特点。

三 访谈资料编码分析

开放式编码就是重新分析、凝练、概括和归纳原始资料中的原始语句，用相应的标签代表资料中的行动或事件。本书主要运用扎根理论中的开放式编码过程，扎根研究已不再强调严格的扎根理论三级编码过程（Corbin、Strauss，2008），重要的是研究是否提出了新颖的理论，理论是否能有效地解释研究现象，是否有足够的资料作为支撑分析已有的质性资料。本书的主要目的是探索众创空间的核心功能。

半结构化访谈内容主要围绕众创空间的核心功能网络要素与参与者间的关系展开，主要包括："主要从哪些方面体现众创空间核心竞争力？""创业者、创新者、创客受到众创空间吸引的重要因素有哪些？"等。表 2 -2 为开放式编码得到的 5 个众创空间核心功能范畴，分别是互动空间、资源集聚、资源迭代、创新能力培育与生态圈。表明众创空间能够为创客提供重要的工作互动空间，以众创空间为核心节点的生态网络能够为创客链接网络中的关键资源，并为其创新创业过程提供资源迭代，加快创新能力培育。

从组织生态角度看，受分享经济、大众创业、万众创新、"互联网＋"行动计划、用户异质性需求等时代和制度环境的影响，众创空间需要具备表 2－2 所示的核心功能，即需要符合国家创新发展战略导向，能够为大众提供自由交互的空间，能够敏捷链接和配置资源。时代和制度环境则决定了众创空间的组织形态，一方面能够根据自身资源和外部环境构造小型生态网络（深耕某个行业）；另一方面能够嵌入其他生态网络（如加入众创空间联盟或行业协会等）。由此，众创空间表现出明显的形式情境、价值交换、群体互动、多元交互、可拓展性、模块化等平台特征，以及敏捷性、聚散资源、价值变现、适应性等平台组织特征。

表 2－2　　　　　　　　　　开放式编码与典型引证

序号	核心功能	典型引证观点
1	互动空间	"成都创客坊是由志愿者和科技爱好者共建的一个开放、免费的非营利性质创客社区，主要服务于西南地区的创客，帮助创客搭建物理交流平台，实现创业孵化、创新创意转化和提升创新意识。"（FT） "车库咖啡是全球第一家创业主题咖啡厅，为早期创业团队提供价格低廉的办公环境和最畅通的交流合作平台。"（WL） "去创吧在自身为创新创业者提供服务的同时，通过系列主题活动为创新创业者营造了众智众筹众帮的氛围，助力了大量创新创业者间的抱团取暖。"（FT）
2	资源集聚	"启明星空创客空间拥有 6 名国家火炬创业导师，聘请淘米科技汪海兵、PPTV 聚力传媒姚欣、乐行天下周伟、卷皮网黄承松、夏里峰、番茄假期余汉勇、米折网柯尊尧等知名企业家担任大学创业导师。"（FT） "众创空间能够为创客提供领导资源、社群资源、场地资源、工具资源和其他资源。"（FT） "我们看中的就是空间可以享受微软提供的云计算、大数据、物联网等技术服务，它能帮助我们完善关键技术，接轨国际市场。"（WL）

序号	核心功能	典型引证观点
3	资源迭代	"我（众创空间）先帮你（创客）梳理商业模式，我更了解我的投资人，我能够帮助他直接对接，我能够帮助他一直跟踪，更多的深层次的服务能够做到什么样子，相应的服务应更精准些，对于创业者来说，创业者要找个投资人很容易，但是要找到最佳的投资人是比较难的。"（FT） "我认为众创空间能够吸引创客广泛参与的重要元素是你的服务体系以及通过服务体系能带给创客在产品、技术、运营、管理、融资等方面的资源及专业服务。"（FT） "我们会根据创业团队提出的需求，帮助他们寻找到最合适的创业合伙人。"（FT）
4	创新能力培育	"东科创星孵化器通过'选、育、投、荐'，帮助早期创业者快速成长，逾两千名创业者在东科创星平台受益。"（FT） "光谷微创新实验室针对有创新创业需求的大学生创业群体，聚焦数字制造方向，提供从创意激发到产品原型制作、评估全要素服务体系。"（FT） "人才培养平台，以学科交叉激发创新思维，以各类项目推动创新实践，以优秀团队网聚创新人才。"（FT）
5	生态圈	"黑科创客空间是链接企业、政府、社会、高校的一体化的生态圈服务平台。"（FT） "科技寺致力于打造亚洲最具国际特色的创业交流平台，布局从中英文创投媒体、跨国科技活动、国际化社区、众创空间到创业投资的全产业链，线上与线下结合的创业生态系统。"（WL） "我们借助烽火科技这个大的平台和品牌效益，为入驻团队提供市场资源，形成良好的产业生态链，使得入驻团队健康发展。"（FT） "优创空间是服务于青年群体的创业、工作和生活的生态圈，不仅能够为创业者提供一站式的办公、居住、交流、培训、融资、导师、人才、技术、展示等平台，为创业者提供优质的工作环境、创业氛围和孵化服务，是创业者寻找创业帮助，实现青春梦想的生态系统。"（WL） "3W从国内第一家众筹咖啡馆起步，进而构建完成集咖啡馆、创业空间、基金、人才招聘、培训、传播等业务为核心的创业服务生态圈。"（WL）

注："FT"表示资料来源于访谈；"WL"表示资料来源于网络。

第二节　众创空间平台组织的特征与内涵界定

一　众创空间平台组织特征

根据以上分析可知，众创空间与平台和平台组织具有诸多相似性，主要体现在如下四个方面：

（一）提供互动交流界面

众创空间是一个双边或多边开展交互活动的界面，个体间（创客、创新者、创业者）或组织间（企业、高校、科研机构、社区、政府）可以借助已有的众创空间生态网络提供产品、创意或服务。即平台组织提供了社会网络中的双方或多方交流互动的界面，如图书馆构建的用于创客教育的众创空间平台。参与者可以在平台发布或分享自己的创意，也可以提供自己的创意产品或服务，符合价值交换、群体互动、多元交互等平台特征。

（二）快速资源集聚与迭代

众创空间是各种创新创业资源的"集散地"，并能够快速便捷的实现资源耦合，满足用户需求。由此可知，众创空间具备平台组织的重要功能之一就是为平台参与者快速精准地集聚和匹配资源，并在参与者的创新过程中对资源进行迭代，最大限度地满足参与者的异质性需求。

（三）推动组织形成生态网络

众创空间能够结合现实情境，如用户需求的改变、政策变迁等，迅速变换网络形态，便于最大限度地激发网络效应。平台组织能够链接创新创业过程中所需要的人、财、物、组织等相关资源，并以平台组织为核心形成相互连接的生态网络，一方面能够促进平台从边缘走向核心，形成平台领导力，进而提升可持续发展能力；另一方面能够集聚独特的社会网络资源，增加平台的控制能力、机会发现能力并降低竞争风险。众创空间也具有敏捷聚散和配置资源、适应性等平台组织特征。

（四）促进创新能力提升并推动创新发展

从社会网络分析可知，众创空间的目标是促进创新能力的提升，如帮助创客将创意转化为产品，企业可以在众创空间发布创新需求，集中社会力量助力创新研发，进而提升企业创新能力。个体和企业创新能力的提升将整体推动中国产业结构转型升级，为实现创新发展战略提供重要驱动力。平台和平台组织构建的重要目标是帮助企业或组织在激烈的市场竞争环境中不断进行创新变革，保持或获取竞争优势，从这个意义上来看，众创空间与平台和平台组织有共同之处。

二　众创空间平台组织内涵

基于上述众创空间平台组织的特点，本书提出众创空间平台组织是指为促进双边或多边开展交流互动，以提升参与者（个体、组织和企业）创新能力并满足其异质性需求为目标，而基于互联网背景构建的一种能够对资源进行快速聚散与迭代的生态网络。一方面，平台组织已不再是某个组织内的封闭式创新网络，如传统组织转型而来的平台组织（如海尔组织平台化战略）不再局限于企业内部员工的创新，而是通过整合企业产业链吸引外部创新者参与创新。另一方面，平台组织也并不是纯粹的开放式的创新网络，如创客项目需要经过评审才可以入驻众创空间，平台组织可以将多个封闭的创新网络相连，构建成一个更大范围的创新生态网络。

三　众创空间平台组织竞争力内涵

核心竞争力是为组织获得竞争优势的关键资源（Campbell、Sommers Luchs，1997），是组织中集体学习协调多种生产技能和整合多种技术的能力（Prahalad、Hamel，2006）。从资源基础观角度看，持续竞争优势是组织特有的，能够为组织带来价值增值和竞争对手无法模仿且不可替代的内部资源（Cappelli、Crocker - Hefter，1996；Foss、Knudsen，1996）。Le Deist 和 Winterton（2005）在总结竞争力的概念后，发现主要有行为学派（美国）、功能学派（英国）、多维整体学派（法国、德国等）三类方法定义竞争力。经对比分析后，发现多维整体学派提出的概念框架更有助于识别特定组织的竞争力（Le Deist、Winterton，2005）。

本书采用 Le Deist 和 Winterton（2005）提出的多维整体概念框架（如图 2 - 2 所示），定义众创平台竞争力的内涵，源于该框架同时包含了建构主义和诠释主义方法，能够综合考虑组织情境和参与主体的影响（Fischer 等，1993）。结合众创平台的内涵与特点，可知众创平台认知能力是获取知识的能力，如政策、团队搭建、服务体系、融资等知识；功能能力是获取技术的能力，如信息技术、特定领域技术等；社会能力表现为行为和态度，如服务行为、创客文化等；元能力是处理不确定性环境和应变学习能力，如满足创客个性化需求、应对政策环境变革。

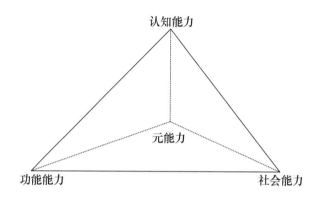

图 2 - 2　竞争力整体模型框架

资料来源：Le Deist 和 Winterton（2005）。

结合本书归纳提炼的众创平台特点，以及认知、功能、社会、元能力四个维度的能力结构，本书将众创空间平台组织竞争力定义为：众创平台所特有的能够为平台组织和创客、创业者带来双重价值增值的创新创业服务网络资源构筑能力。

第三章

创业孵化平台组织与创客资本培育*

创客（maker）自 2015 年"闯入"政府工作报告以来，备受学者关注，特别是以美国设立国家"创客日"和中国实施的"大众创业、万众创新"战略事件推动了全球范围的创客运动。关于创客的兴起，精神论认为创客源起硅谷"车库"文化；实践论则认为美国 MIT 比特原子研究中心发起的 Fab Lab 创新项目是创客的起源（李燕萍等，2016）；历史论从互联网兴起、数字制造的发展、第三次工业革命到来等时代背景阐释创客的起源（Anderson，2012），人们普遍认为创客的发展与"互联网＋"、分享经济、平台经济、数字经济的发展密切相关（Niaros 等，2017）。

为此，诸多研究聚焦于创客与创新、创业、平台间的逻辑关联，创客特质所引发的社会影响力能够将各种社会实践要素有机组合，促进微观、中观和宏观层面的社会创新（Unterfrauner、Voigt，2017），如创客可通过创客空间推动新资本主义精神（分享、开放、免费）实现更广泛地传播，形成公民驱动型社会变革，加快智慧城市建设（Niaros 等，2017），草根创客能够带动社会目标、经济目标、环境目标三者间的和谐发展，激发更多的个体和社区参与社会创新（秦佳良、张玉臣，2018），由创客构成的网络社群从结构维、关系维、认知维方面为创客空间积累更加坚实的社会资本，促进宽领域的技术创新和社会利润增加（李振华、任叶瑶，2018），创客转化而来的"偶然创业者"、技术公民行为加快了知识溢出和创新扩散速度，降低其他主体获取知识的边际成

---

* 本章部分内容发表在《科技进步与对策》2021 年第 7 期，第 1—9 页，作者为陈武、陈建安、梁燕、李燕萍。

本，最终促进社会福利和公共投资效率的提升（Halbinger，2018）。上述研究虽然揭示了创客与经济社会发展的关系，但是并未回答创客所呈现的能力的本质是什么？基于此，本书拟基于社会网络理论，通过挖掘创客资本（maker capital）的内涵与特征来阐释创客能力本质，这也是研究创客资本的首要问题。

一方面，"互联网+"、平台经济、分享经济等的发展，促使我们逐步迈入了零边际成本社会，"共享"是这一社会形态的核心特征（Rifkin，2014），互联网技术进一步催生网状经济，促使生产者间、消费者间、生产者与消费者间、合作伙伴之间、行业之间的鲜明界限被消除，所有主体常常在共同的平台价值网络当中开展价值共创、相互供需产品或者服务，此种情境中的知识、观念、信息、文化、科技等生产要素具有无形且重复使用而没有追加成本的特征，称之为边际非稀缺资源，即边际使用成本为零的资源，对它们的需求增加没有资源约束，产量由需求决定（王建国，2016），创客独有的个性与行为特质决定其创造的新观念、新思想、新工艺、新技术等属于边际非稀缺资源范畴。另一方面，创客研究不应忽视与其在平台组织中紧密互嵌的社会网络关系（Wang 等，2015），社会网络理论指出社会情境下的人由于彼此间的纽带关系而以相似的方式思考和行事，创客因众创空间而形成了具有相似行为和特征的创客网络社群（Rifkin，2014），源于随着众创空间等创业孵化平台组织的发展，为促进创客开展创新、创业活动创造了良好的环境。创业孵化平台组织构建的密集线上与线下平台社会网络，能够激发创客开展超越时空界限的协作（Holm、Van，2015），创客可以通过平台无偿的分享获取信息、物品等（Rifkin，2014），极大地促进了创客社交的广度/深度边际（Svensson、Hartmann，2018），助推新思想的快速扩散，且能够显著提升个体的创意质量（Björk、Magnusson，2010）。从中可知创客与众创空间社会网络具有相互依存关系，而社会网络理论能够刻画创客、众创空间所特有的社会关系对其获取资源的发生机制，即创客资本的形成、积累与众创空间网络位置、网络资源之间的内在关联。同时，创客是爱自己所做的东西，并通过创造与分享将想法变为现实的人（Hatch，2013）；创客是集生产者、消费者、设计者、供应者于一体的载体（陈武、李燕萍，2017），具有分享、学习、参

与、乐玩、给予、创意制造、善用工具、系统支持与变革等个性特征
（Peppler、Bender，2013），由此，可见创客是边际非稀缺资源的重要生
产载体，也是社会网络构建的关键参与者，他们通过社会网络分享和获
取设计、工艺、品牌、信息等众多非稀缺产品，最终体现为由创客所特
有的资本要素构成。综上分析，可知创客资本是一种重要的边际非稀缺
资源，且此类资源的形成、积累、交换等与众创空间社会网络具有紧密
的互赖关系，故本书从社会网络角度挖掘创客资本的内涵与特征具有鲜
明的时代特征和较好的理论契合度。

第一节　创客资本界定动因

社会网络是由某些个体间的社会关系构成的相对稳定的系统，强弱联
结、社会资本、结构洞是社会网络理论的三大核心理论，联结是社会网络
理论最基本分析单位，能够深度描绘个体、企业所特有的社会关系对其获
取资源的发生机制；社会资本是个体或团体通过与外界的联系所增加的资
源总和，社会资本数量决定了其在网络结构中的地位；结构洞是一个网络
中最有可能给组织带来竞争优势的位置，处于关系稠密地带之间的稀疏地
带（Burt，2009）。社会网络是创客赖以生存和发展的重要载体，共享、
开放、协作的网络规范即增加了创客进行知识共享的意愿（Peppler、
Bender，2013），也帮助创客从网络获取他人的创意来改进自己的创意，
进而不断增强自身的资本。为此，本书从社会网络视角探究创客资本的内
涵与特征。

一　创客资本与人力资本、社会资本

人力资本由舒尔茨于1961年在解释经济增长中的"增长余值"问题
时提出，人力资本指劳动者所具有的知识、技能及其劳动能力（Schultz，
1961），鼓励个体增加教育、培训等投资，提升生产技能，侧重于如何提
高个体的综合素质，聚焦于个体，由此可见人力资本要素涉及知识、技
术、信誉、能力等，是一种能够创造社会价值的活动资本（Becker，
1975）。社会资本通常针对组织而言，个体无法直接占有或者运用社会资
本，必须通过嵌入社会网络建立起连带关系，才能使用或发挥社会资本的

作用，以获取稀缺资源得利，为此，社会资本依赖于社会网络发展，是一种可以促进生产活动和创造人力资本的社会行动资源（Coleman，1988）。

那么，与之相比创客资本有何不同？人有物质需求、精神需求和灵魂需求三个层次（Ayranci、Semercioz，2011），物质需求与衣、食、住、行密切相关；精神需求表现为社交需要、认同需要、安全需要等；灵魂需求则突破了精神需求所强调的表面满足感，是一种内心深处的归属感（顾建平等，2017）。创客具有分享、学习、参与、希望进行创新、不怕冒险、纯粹的梦想等特质（Hatch，2013），创客群体蕴含的创客精神凸显为自强进取与个性开放、协作分享与融合创新、重工尚器和民智国强（陈武、李燕萍，2017）。可见，创客资本体现出创客更为灵性的一面，灵性是一种个体素质，鼓励个体不断超越自我，朝着目标奋斗，直至人生价值的实现（Pandey，2016），对创客而言，灵性是其不可或缺的一种精神心理和态度，激励着创客通过其所拥有的知识、技能探索人生的意义与价值，让生命更具有目标性，可以通过不断的互动和参与来获得（Zohar、Marshall，2004）。与学者从精神论、特质论、实践论、角色论、行为论层面对创客的诠释不谋而合。

综上，可知创客资本是一种属于精神与灵魂需求相统一的，体现创客人生信仰、价值观、人生观、个人素质的新型资本，是人力资本与社会资本的子集，但它的发展又与人力资本、社会资本密切相关，是一种能够激发创客去实现自己的梦想，分享自己的创意协助他人完成创意制造，共同传承和发扬创客精神的一种"整合型"资源。

二　分享经济与平台组织

分享经济是个人、组织或者企业将社会海量、分散、闲置资源通过社会化平台与他人分享，进而获得收入的经济现象（马化腾等，2016），实现了闲置资源的平台化、协同化的集聚、复用与供需匹配。分享经济时代驱动经济发展的重要力量中，军事力量、工厂生产能力、自然资源、科学和技术构成逐渐变弱，人们的思想、知识、技能以及创造力成为核心要素（Florida、Television，2005），当前已从工业时代强调资金、土地、劳动力等生产要素转到强调企业家精神、数字制造、创客等创新要素上来。众创空间等创业孵化平台组织的崛起进一步推动分享经济的发展，源于创业孵化平台组织创造了一个具有高弹性的创造性支持环境，能够加速资源的聚散与迭代，帮助创客将创造性的想法变为现实，同时满足了创客在社交环境中完成产品的开发，以及在互动过程中产生新的创意（van Holm，2017），此外，创业孵化平台组织可以助推创客完成社会化转型，并且类似开放社区一样，可以自由分享创新和想法（Franke、Shah，2003）。海尔实施的企业平台化、员工创客化战略生动地诠释了创客资本与分享经济、平台组织的关系，海尔创建的海创汇平台透过线上线下价值链创新、资源配置创新和协作关系创新的"共创、共赢"机制，促使员工创客自我驱动、自我演进，支持其开展创新或小微创业，员工个体的高层次精神与灵魂需求得到满足的同时，平台组织亦获得发展。

综上，可知创客资本的出现是时代发展的必然性与个体成长客观规律共同作用的结果，如图3-1所示，创新发展时代，互联网等信息技术的发展，工匠精神、企业家精神、创客文化、大众创新万众创业、共享理念的广泛传播不断加剧社会变革，新生代、千禧一代个体更愿意接受新生事物，崇尚自由和追求生活的意义，渴望通过创新、创业行为追求独立、成就感等灵魂需要，获得更高的人生价值和社会价值（Zohar、Marshall，2004）。此种情境中的创客，会通过不断的学习提升技能，通过共享帮助他人和影响社会，通过创新改变未来，创客蕴含的此种内在驱动力，已然超越了人力资本与社会资本的范围。为此，界定创客资本内涵具有重要的理论意义与现实意义。

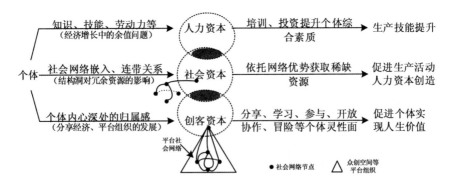

图3-1　创客资本、人力资本、社会资本比较

第二节　创客资本内涵与特征研究设计

一　资料来源

因本书综合社会网络与扎根理论方法，故分析资料分别涉及数据库文献（社会网络分析资料）、访谈、网络资料（扎根理论分析资料）。

（一）数据库文献资料

中文文献选取中国社会科学引文数据库（CSSCI），英文文献选取 Web of Science、Elsevier、JSTOR、Emerald、EBSCO、Wily、Taylor & France 等英文数据库，因本书以关键词为分析数据，故以"创客""maker"为关键词开展检索（不限定时间范围，截至 2019 年），初步获取 138 篇、293 篇中、英文文献。随后，按照以下方式筛选文献：一是删除重复论文、会议论文、书评、新闻评论等非学术期刊论文和非社会科学论文；二是通过阅读论文标题、摘要及内容，删除与研究主题明显不相关的论文，共剔除 11 篇中文文献和 272 篇英文文献，最终获得 148 篇重要文献（127 篇中文文献，21 篇外文文献）。

（二）访谈资料

访谈资料主要通过一对一的深度访谈和半结构化访谈问卷两种途径获得，访谈问题包括：创客是一类什么样的个体？创客有哪些特点？创客与创新者、创业者有何区别？创客分享创意的动机与途径是什么？创客通过何种途径实现创意制造？针对上述问题，本书共访谈了 21 位由创客、政府官员、高校教师（创客研究与高校双创基地负责人）、众创空间负责人构成的访谈对象，访谈资料共计约 0.8 万字。统计发现，有 18 位受访对象认为创客与创业者不同，他们认为创业者未必有创意，也不强调分享，创业者是生存的需要，较多考虑个人收益，需要较高的创业能力，而创客则出于兴趣和爱好，更具初心、情怀和匠人精神，更多考虑社会价值的实现，两者的目的和动机不同，这一比率显著超过 70%［$x^2(1) = 5.536$，$p = 0.019$］。14 位受访对象认为创客与创新者不同，他们认为创新者专注创新思想和创新行为，不强调分享和实践，而创客更注重将想法付诸实践，并乐于分享自己的创意，这一比率显著超过 50%［$x^2(1) = 4.263$，$p = 0.039$］，初步可见创客所独有的分享等个性特质。

（三）网络资料

主要从互联网随机搜集和整理相关新闻媒体资料，搜索关键语句包括："创客与创业者、创新者的区别""创客是一群什么人""创客是什么"等，共计整理约 1.9 万字文本材料，用于验证和补充访谈资料。

二　关键词社会网络分析

社会网络分析是社会学家基于数学和图论演变而来的一种计量方法，可用于刻画、测量行动者之间的关系，社会网络分析兼具关系论思维方式和工具功能，适用于解释管理学和社会学领域中的相关问题。本书从社会网络视角，基于既有文献中的关键词探究创客与众创空间、创新、众创等之间的网络关系，揭示创客资本特征，进而为归纳创客资本内涵奠定理论基础。

（一）关键词共现分析

共现分析是通过单词或短语共同出现的频次来探寻所研究主体之间的联系，本书采用 Ochiia 系数（ $I_{ij} = C_{ij} / \sqrt{C_I * C_J}$ ，I_{ij} 表示共现系数，C_{ij} 表示关键词 i 和关键词 j 同时出现的次数）研究不同关键词之间的关系。第一步，将关键词导入 Bibexcel 软件，通过计算出现 3 次及以上的关键词之间的共现关系，得到共现矩阵；第二步，运用 Ochiia 系数处理共现矩阵，获得关键词共现系数表，如表 3 - 1（国内文献）、表 3 - 2（国外文献）所示。

依据表 3 - 1 共现分析结果，借鉴相关研究成果，发现关键词共现系数累计值在 1.5 以上的包括创客、创客空间、众创空间、创新 2.0、大数据、大众创新、"互联网 +"、协同创新、众创。表 3 - 2 共现分析结果显示创客与创客空间、创新、商业扩散、协同创新、用户创新、消费者创新存在较高的共现关系。关键词共现分析结果表明创客的发展与互联网、平台经济、数字经济的发展密切相关，创客通过众创空间社会网络与其他网络主体建立起价值共创关系，这一关系既需要创客向所嵌入社会网络注入创意资源，也帮助创客从社会网络中获取所需资源，最终实现价值共创网络内的协同创新和商业扩散，表现为创客成长与创客资本的积累。由此，说明创客的创新活动受到网络资源的影响，创客资本的增长与创客所嵌入的社会网络具有相关关系。

表3－1

关键词共现系数（中文文献）

关键词	共现系数																				合计
	1	2	3	4	5	6	7	8	9	10	11	12	13	14	15	16	17	18	19	20	
STEM教育 (1)	1.00	0.12	0.09																		1.21
创客 (2)	0.12	1.00	0.46	0.44	0.19		0.18	0.11	0.10		0.18	0.09	0.11		0.06	0.14	0.06	0.12	0.10	0.16	3.62
创客教育 (3)	0.09	0.46	1.00	0.24		0.08	0.05		0.08				0.05	0.09	0.09					0.05	2.28
创客空间 (4)		0.44	0.24	1.00	0.13		0.18	0.06			0.20	0.08				0.08	0.10	0.10		0.11	2.71
创客文化 (5)		0.19		0.13	1.00			0.13	0.19							0.17				0.12	1.93
创客学习 (6)			0.08			1.00															1.08
创客运动 (7)		0.18	0.05	0.18			1.00				0.20									0.11	1.73
创新 (8)		0.11		0.06	0.13			1.00												0.11	1.41
创新2.0 (9)		0.10	0.08		0.19				1.00		0.29		0.18							0.11	1.95
大数据 (10)										1.00		0.22	0.18					0.29	0.25	0.32	2.26
大众创新 (11)		0.18		0.20			0.20		0.29		1.00		0.20								2.07
高校图书馆 (12)		0.09		0.08						0.22		1.00									1.39
互联网+ (13)		0.11	0.05						0.18	0.18	0.20		1.00								1.72
美国 (14)			0.09											1.00							1.09
生态系统 (15)		0.06	0.09												1.00						1.15
图书馆 (16)		0.14		0.08	0.17											1.00		0.26			1.64
文化创意产业 (17)		0.06		0.10													1.00				1.16
协同创新 (18)		0.12		0.10						0.29						0.26		1.00	0.29		2.05
众创 (19)		0.10								0.25								0.29	1.00		1.64
众创空间 (20)		0.16	0.05	0.11	0.12		0.11	0.11	0.11	0.32										1.00	2.09
合计	1.21	3.62	2.28	2.71	1.93	1.08	1.73	1.41	1.95	2.26	2.07	1.39	1.72	1.09	1.15	1.64	1.16	2.05	1.64	2.09	

表 3－2　　关键词共现系数（英文文献）

关键词	共现系数												
	1	2	3	4	5	6	7	8	9	10	11	12	13
3D printing（1）	1.00					0.50				0.16		0.18	
Collaboration（2）		1.00						0.82				0.14	0.82
Commercial diffusion（3）			1.00					1.00		0.16		0.35	1.00
Consumer innovation（4）				1.00				1.00		0.16		0.35	1.00
Creativity（5）					1.00	0.50	0.32			0.16		0.18	
digital fabrication（6）	0.50				0.50	1.00	0.32			0.32		0.18	
Innovation（7）					0.32	0.32	1.00		0.32	0.30	0.18	0.34	
Innovation policy（8）		0.82	1.00	1.00				1.00					
Learning（9）							0.32		1.00			0.18	
Maker（10）	0.16	0.14	0.16	0.16	0.16	0.32	0.30			1.00	0.18	0.34	0.32
Maker Movement（11）							0.18			0.18	1.00	0.31	
Makerspace（12）	0.18	0.82	0.35	0.35	0.18	0.18	0.34		0.18	0.34	0.31	1.00	0.35
User innovation（13）	0.18		1.00	1.00						0.32		0.35	1.00
合计	1.84	2.78	3.51	3.51	2.15	2.81	2.77	3.82	1.49	3.08	1.67	3.89	4.48

（二）社会网络分析

将借助 Bibexcel 获得的共现矩阵导入 Ucinet6.0 软件，得到关键词社会网络分析图（如图 3 - 2、图 3 - 3 所示）。图 3 - 2 中心节点关键词主要有创客、创客空间、创新 2.0，从创客的内向中心度来看（其他网络节点指向创客节点），"互联网 +"、大数据、创客教育均对创客产生直接影响，这说明创客的产生和发展与互联网、分享经济的崛起，教育理念的发展密切相关。从创客的外向中心度来看（创客节点指向其他网络节点），创新 2.0、众创空间、协同创新、大众创新等均是创客的外向节点，且通过众创、众创空间等平台对创新、生态系统产生间接影响，表明创客具有协同其他主体开展创新的能力，特别是借助众创空间平台载体可以推动大众创新和生态系统建设。图 3 - 3 中心节点关键词主要包括创客、创客空间、创新，创客的内向中心度主要有消费者创新、创客运动、数字制造，外向中心度包括创新、用户创新、协同等，表明数字经济、消费者个性化需求极大地促进创客的发展，创客进一步与其他主体展开价值共创活动。

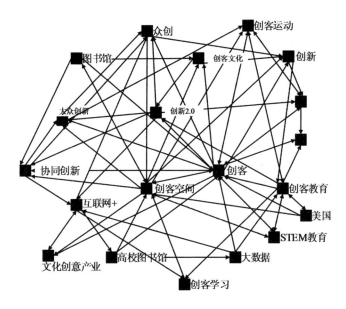

图 3 - 2 关键词社会网络分析（中国情境观点）

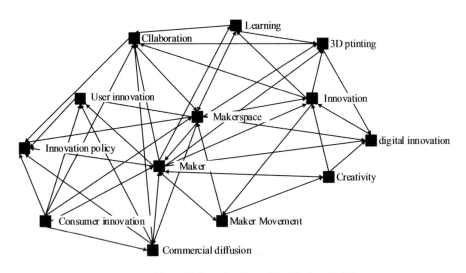

图 3 - 3 关键词社会网络分析（中国情境之外观点）

社会网络分析结果表明互联网、数字经济是推动创客发展的重要驱动力，创客既是平台社会网络构建的核心主体，也是促进大众创新、协同创新的关键动力。从社会网络角度看，创客的发展依赖于平台组织社会网络，借助众创空间的桥梁作用，创客可以跳出时空局限，运用网络资源参与大众创新活动，并与社会网络形成价值共创关系，推动协同创新和生态系统构建，由此表明创客资本蕴含着社会网络的开放协同与网络共生要素。同时，创客以实际行动践行着分享、协同、开放、给予、众创等新时代创新发展理念，通过平台社会网络与其他主体之间形成了协同与众创的网络关系，一方面，创客基于自身能力向价值共创网络分享新观念、新信息、新技术、新工艺等资源；另一方面，创客可从价值共创网络中获取创意改进所需的资源，此种网络资源交换关系的实现需要以彼此不受约束的无限追加和使用为前提，即网络主体均以生产边际非稀缺资源为前提，由此可见创客资本含有创意制造与边际非稀缺的特征。

三　开放式编码分析

本书的主要目的是探究创客资本的内涵与特征，社会网络分析是通过探究二手文献资料中关键词之间的网络关系，透过与创客关联的关键词之间的关系，揭示创客资本的潜在要素。但当前文献鲜有与创客资本相关的理论研究，为此，本书进一步以扎根理论方法挖掘田野调查资料，以期构建创客资本特征，并为界定创客资本内涵奠定基础。采用开放式编码对访谈资料和网络资料的原始语句进行拆分、归纳和提炼，并用相应的标签来表示原始资料中的事件或行动。扎根理论的核心思想是提出的理论是否新颖，理论对研究现象的解释是否有效，支撑质性分析的资料是否充分，而不需要遵循严格的扎根理论三级编码过程（Corbin、Strauss，2008）。经过整理，本书从访谈和网络资料中分别得到151条、66条对应原始语句的初始概念编码，随后经过多次剖析和提炼相互交叉的初始概念，最终抽象出4个反映创客资本特征的范畴，如表3－3所示。

表3－3　　　　　　　　　　　开放式编码与典型引证

序号	特征	开放式编码与典型引证
1	创意制造	"创客更具有个性化、年轻化，创业者更具有经验"（个性化制造）（F19－4） "创客的核心是创意，只有玩转创意，才能够自豪地标榜为创客"（玩转创意）（W－21） "创客和创业者最大的区别一个是玩技术，一个是玩产品"（技术创新）（W－24） "创客集中于创新的想法"（新观念制造）（F1－4） "创客一大特点是人们使用数字桌面工具设计新产品并制作样品"（新产品制造）（W－40） "创客更加注重技术创新，创业者更加注重企业组织这种形式"（技术创新）（F21－9） "创客除了喜欢'玩'，也热衷于去制造新鲜事物，改变自己的生活"（新观念制造）（W－52）

序号	特征	开放式编码与典型引证
2	开放协同	"创客特点之一是在开源社区中分享设计成果、开展合作"（开放协作）（W-41） "创客乐于交流、分享、喜欢团队整体发挥抱团力量"（开放协作）（F6-3） "一个人或者一群有共同理念的人合作做出想要的东西"（社群协同）（W-57） "每个人都努力地通过自己动手或者和大家合作一起动手来做些有趣的东西"（社群协同）（W-57） "一个人提出创意，提供多种技术支持，共同完成创意"（技术协同）（F14-4） "以前段时间的创客马拉松为例，与其说是比赛，更不如说是'大家一起玩儿'的游戏"（社群协同）（W-49）
3	网络共生	"对他们而言，与他人一起玩，才更有趣、更有意义"（网络社群）（W-48） "他们是一群新人类：坚守创新，持续实践，乐于分享并且追求美好生活"（创客网络社区）（W-59） "我愿意分享自己的创意，可以集中大家的智慧，更好地改进创意产品"（价值网络共创）（F13-5） "中国的创客运动经过近10年的发展，接下来，将进入上承互联网和各传统产业，下接整个大众的创客链接时代"（网络共生链接）（W-65） "通过知识分享，可以实现创意优化"（知识网络共创）（F8-5） "创客就是指利用开源硬件和互联网将各种创意变成实际产品的人"（价值网络共创）（W-19） "'互联网'+'创客'模式将对中国产业经济带来创新力量"（网络共创模式）（W-66）

序号	特征	开放式编码与典型引证
4	边际非稀缺	"通过参加众创空间活动，分享自己的创意，与大家共同探讨、交流"（开源交流）（F15-7） "创客们将自己脑海中的想法变成现实之后，会与同一创客空间或联合办公社的成员们进行分享、交流"（新观念开源）（W-47） "我参加了优创空间各种各样的研讨会，获得了很多技术指导，对我们帮助很大"（技术开源）（F20-7） "以爱好为核心，乐于分享"（信息开源）（W-62） "先设计自己的产品制造方案，然后通过互联网平台展示自己的创意"（创意开源）（F17-9）

注："F1-1"表示受访对象 F1 访谈资料中的第 1 条语句；"W-1"表示来源网络资料中的第 1 条语句。

第三节　创客资本特征与内涵界定

一　创客资本特征

综合社会网络与扎根理论分析结果，创客资本的主要特征体现在以下四个方面：

（一）创意制造

源起 DIY 文化的创客是一群享受和参与创新的人，安德森在《创客：新工业革命》著作中这样描述他们："互联网上一个激情四射的社群，使用 3D 打印、开源设计等自生产工具，将制造业搬上了自家桌面（Anderson，2012）。"可见，创客基于已有的知识、技能、经验开展创意制造是创客资本的核心要素。社会网络分析结果表明，创客深刻地影响着其所嵌入社会网络中的社会创新活动，如宏观层面的创新理念实践（大众创新、数字制造），中观层面的创新模式变革（创新 2.0、协同创新），创意制造的过程也是边际非稀缺产品的生产过程，这一过程既是网络价值共创的需要，也是创客资本积累的过程。扎根理论分析结果亦表明技术创新、观念创新等个性化制造，既是创客区别与其他群体的本质特征，更是凸显创客资本的核心要素之一。故创意制造是创客资本的核心特征之一。

（二）开放协同

分享、众创、参与、情怀等创客特质彰显着分享经济时代的开源、协作的社会创新理念，创客将自有的源代码、知识产权、作品原型分享给在线社区成员，推动创新融合（Anderson，2012）。社会网络分析表明创客与协同创新、数字制造、众创、众创空间等紧密相连，扎根理论结果呈现出创客具有运用自己的知识、技术协作他人共同完成产品原型制作的特点。开放协同是构建价值共创网络的内在要求，通过开放协作的社会网络，创客可以加速完成创意产品的迭代，分享边际非稀缺产品，为此，开放协同既是创客积累创客资本的重要条件，也是创客资本的重要特征之一。

（三）网络共生

共生网络是构成网络的各类主体单元将各自既有的知识、技术、信息等嵌入网络当中进行交换所形成的协作共生关系，如创客网络社群是由创客自发组成的一种可自由交换各类资源的自组织形态的共生网络社群（Rifkin，2014），创客网络社群可进一步嵌入到众创空间构成的平台网络当中，与众创空间和嵌入众创空间的其他网络单元形成更大范围内的共生关系。研究结果表明创客偏好嵌入知识网络、价值共创网络等共生网络中，以寻求身份认同、情感认同（如共同追求兴趣与理想驱动生活方式的群体），分享自己或优化他人创意，追求达到自身成长的同时，与平台组织及其他网络单元实现耦合共生发展。可见，创客资本可随着共生网络的增长而不断增值，具有网络共生特征。

（四）边际非稀缺

零边际成本社会的到来使得社会各主体之间的界限逐渐消除，共享网络中的个体可以无偿地分享或获取所需的信息，创客正是零边际成本社会的重要实践者和社会理念的真实写照，他们通过开源社区、网络社群、平台组织网络等线上线下渠道分享自己的创意，或通过社群提供的信息优化创意。社会网络与扎根理论分析表明创客将其创造的新观念、新技术、新信息等共享给网络社群成员，网络社群成员可在无资源约束和不追加成本的条件获取彼此的资源，进而实现创意共享、众创和协同创新。可见，经由创客生产且可被网络社群成员在零边界成本条件下使用的资源具有边际非稀缺特征，也是创客资本的直接体现之一。

创意制造特征体现了创客资本的进取与发展导向，创客为了心中的愿景与目标，积极地、创造性地解决创新问题，以此追求更高的自我实现。网络共生、开放协同、边界非稀缺体现了创客资本的前瞻与责任导向，面对潜在的发展机会和动态复杂的社会环境，以开放协同的人生态度，网络共生的前瞻性变革精神，边际非稀缺的共享价值观，感染、协助社群成员共同发展，并以具体实践传递创客精神。因此，创客资本的四类特征深刻呈现了创客独有的精神与行为特质。

二 创客资本内涵界定

综上分析，本书将创客资本界定如下：创客所拥有且可被其所嵌入社会网络单元在零边际使用成本条件下获取的知识、观念、技术、信息、创意等物质或非物质资源。一方面，创客资本包含了创客拥有的有形或无形资源，有形资源是创客运用知识、技能创造出来的创意或产品，蕴含着创客的人生追求与信仰；无形资源是创客追求精神与灵魂需求的核心价值观。另一方面创客资本需要通过嵌入社群共生网络，建立起突破时空界限的社会网络发挥作用，为共生网络供给边际非稀缺资源，达到创客与共生网络的协同发展，凸显了创客愿意帮助他人，强调共享的人生态度，通过传递创客精神、服务社会的过程中收获社会价值。创客资本与社会情境、组织情境之间的相互依存的辩证关系，表明本书提出的创客资本概念具有较好的合理性。

第 四 章

创业孵化平台组织竞争力
构成要素及能力生成逻辑*

"双创"背景下，为创客或企业①提供低成本、便利化、全要素、开放式服务的众创平台成为推动大众创业万众创新的重要载体，在短期内获得了跨越式的发展。据科技部火炬中心发布的《中国创业孵化发展报告（2022）》显示，截至 2021 年年底，中国众创空间已达 9026 家，获得中国科学技术部授牌的国家级众创空间为 2551 家（李燕萍等，2016）。虽然众创空间的培育取得了瞩目成绩，但其实践过程也暴露出令人担忧的发展"瓶颈"：众创空间或人员参与度很低，或"有店无客"，保持长期活跃参与的人数都不太高（许素菲，2015），例如厦门市 75 家众创空间的入驻率未过半的占比超过 70%（汤小芳，2015）；众创空间的人气不高，社会对创客人才的认知度低于 25%；不少创客都是有活动才到众创空间，呈现一种零散的状态，集聚效应有限（冯凯等，2016）。特别是深圳"地库"众创空间于 2016 年 2 月宣布倒闭，全国首家"互联网＋金融"众创空间克拉咖啡于 2016 年 8 月宣布停止营业，引起众创空间业界的哗然。面对生存压力或发展机遇，众创空间实践家纷纷提出需要围绕自身特色打

---

* 本章部分内容发表在《经济管理》2017 年第 6 期，第 101—115 页，作者为李燕萍、陈武、陈建安。

① 国务院办公厅《关于加快众创空间发展服务实体经济转型升级的指导意见》提出众创空间的服务对象主要有科技人员、中小微企业、海归人才、外国人才和科技型创新创业者；国家科技部《关于印发〈众创空间工作指引〉的通知》提出众创空间的服务对象主要有创业团队、初创企业、大学生和不同类型创业人群。上述政策内容表明众创空间的服务对象主要是创客和企业。

造"生态圈",如微软黑科空间提出构建链接企业、政府、社会、高校的一体化生态圈,涵盖了媒体圈、资本圈、智库圈、创业者圈和科技圈。同时,根据著者对众创空间调研资料分析发现,众创空间普遍存在发展的困境(如图 4 - 1 所示)。可以归结为众创空间的专业化服务能力水平低,众创空间创始人普遍认为众创空间将会经历"探索—成长—巅峰—洗牌"的过程,只有那些具有独特定位、优秀团队和优质服务的众创空间能够取得长足和规模化的发展,最终形成业界"龙头"和品牌[1],归根结底是优质的众创空间在"洗牌"过程中不断拓展和升级(如兼并、收购、联合)自身的社会网络结构,即形成了独具特色的,能够促进众创空间循环发展的生态网络要素结构。众创空间平台组织生态网络要素,即指能够吸引参与者广泛参与并满足其异质性需求,引导创新资源要素在平台集聚并使之形成相互联结的社会网络要素。

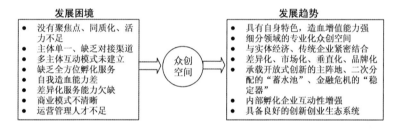

图 4 - 1　众创空间发展困境与趋势

那么,众创空间平台组织构建实现可持续发展生态圈的能力要素是什么?从已有的文献研究发现,国内外关于平台组织构建的学理探究尚鲜见。组织行为理论中关于组织与员工参与度关系的研究主要聚焦在员工的工作参与度/卷入(job engagement/involvement)与组织环境、组织绩效、员工职业成长机会、工作价值观等(郭钟泽等,2016;任华亮等,2014;Haynie 等,2016;Owens 等,2016)之间的相互作用关系。组织对参与者的吸引力强度与兴趣价值、社会价值、经济价值、发展价值、应用价值、

---

① 上述观点是著者依据众创空间访谈资料归纳整理而成,国家科技部 2015 年发文明确提出:"各地根据本地产业特点和自身优势,构建专业化、差异化、多元化的众创空间,努力形成特色和品牌。"

功能性利益、情感利益和更高层次的利益等维度相关（Berthon 等，2005；Mosley，2007），也涉及薪资、晋升机会、任务多样性等功能性要素和创新、诚挚、声望、坚强、能力等象征性要素（刘善仕等，2012；翁清雄、吴松，2015；Lievens、Highhouse，2003），组织还可以通过身份管理、构建员工品牌资产等方式吸引参与者（Aslam 等，2016；Bravo 等，2016；Kashive、Khanna，2017）。但是，众创空间平台组织与创客并非企业组织与员工间的契约关系，这意味着组织行为学中的相关理论不能完全适用或阐释平台组织是如何获取和维持创客资源？如何影响平台组织的生存和发展过程？主要源于以下原因：

一是众创空间平台组织在生态网络建构过程中需要依赖政府、投资机构、高校、企业、创客联盟等外部组织资源，平台组织在获取上述资源的过程中，其本质就是在不断地开拓网络中的结构洞，网络结构的逐步改变也就形成了平台组织的竞争优势，同时平台组织可以通过其构建的生态网络来掌控网络资源，即网络锁定效应（Pfeffer、Salancik，1978），进而在增强社会资本的同时降低对外部资源的依赖，平台生存和发展能力也更强。二是当创客因能力、成本、环境等因素而无法获取满足其异质性需求的关键信息或资源时，创客需求与资源之间的结构洞会自发形成，结构洞能够将非冗余资源分开（Burt，2009；Burt、Burzynska，2017），所以，拥有非冗余资源的平台组织则可以在结构洞内填充弱联结，以满足创客的异质性需求，这样的平台组织对创客的吸引力更强，平台组织的发展"瓶颈"也能迎刃而解。三是由耗散理论可知众创空间演进的构建阶段存在人工设计和自生两种途径，形成生态系统需要满足特定的耗散结构要素条件（张玉利、白峰，2017），但推动形成这些耗散要素条件的能力又是什么呢？因此，本书选取众创空间这一创业孵化平台组织为研究切入点，运用扎根理论方法，从资源依赖理论（Pfeffer、Salancik，1978）和社会网络理论（Wellman、Berkowitz，1988）的双重视角出发，分析探究众创空间平台组织构建生态网络的能力构成要素，以及这些要素对平台生存和发展的作用机制。

第一节　扎根理论研究设计

一　扎根理论实施过程

（一）抽样方法

理论抽样是一种建立在概念基础之上的资料收集方法，用来揭示相关概念及它们的属性和维度，当研究新的或空白领域时，理论抽样为探索发现提供了空间，能够让研究者利用偶然事件（Strauss、Corbin，1998）。本书的理论抽样过程如下：第一步，选取 3 家典型众创空间（光谷创业咖啡、洪泰创新空间、蜂巢咖啡）展开半结构化访谈，获取部分关于众创空间发展过程的研究资料；第二步，在分析第一次资料的基础上进一步扩大研究样本至 26 家，使本研究涉及的类属达到"饱和"点；第三步，扩大理论样本抽样区域，进一步检验类属的理论饱和度。

（二）数据收集

根据研究目标，受访对象主要来源于众创空间的创始人或负责人，受访者必须具备众创空间运营管理经验，熟悉众创空间的资源整合与配置、项目筛选、创客服务等管理流程，了解创客参与众创空间活动的行为和动机。理论饱和要求分析中的某个点，所有的类属在所属属性、维度和变化形式上都得到充分发展，其原则是样本数的确定应该以新抽取的样本不再提供新信息时为标准（Strauss、Corbin，1998）。一般而言，理论饱和度与样本数呈正相关关系，根据 Fassinger（2005）等人的研究成果，样本数以 20—30 个为宜。本书最终选取 32 家众创空间样本，共访谈 34 人次，访谈样本基本信息如表 4-1 所示。样本涵盖国家级众创空间 14 家，占比 43.75%。从职位结构看，创始人 7 人，占比 20.59%；总经理 14 人，占比 41.18%；副总经理 3 人，占比 8.82%；总经理助理 2 人，占比 5.88%；项目经理 6 人，占比 17.64%；主任 2 人，占比 5.88%。

二　质性材料收集实施过程

采用一对一的深度访谈、召开调研座谈会实施访谈、会议观摩和整理网络资料等方式获取数据资料。一对一的深度访谈采取了两种途径：

一是研究人员深入众创空间现场与被访谈对象按照访谈提纲实施半结构化访谈，研究人员通过整理访谈录音形成资料。二是通过微信、QQ实时互动工具开展半结构化访谈，研究人员通过整理聊天记录和邮件内容形成资料。召开调研座谈会实施访谈的步骤如下：研究人员事先将访谈提纲以邮件的方式发送给众创空间负责人；然后通过武汉、深圳、中山等地高新区召集众创空间主要负责人参加调研座谈会，访谈数据由众创空间提供的企业内部书面材料和座谈会现场发言录音组成；最后研究人员负责整理访谈录音和书面材料。会议观摩主要有：参加全国大型创客汇（2016年首届东湖创客汇）、创新创业联盟筹备会（武汉创业服务联盟成立）、产业园区内部会议（东湖高新区众创空间建设路径研究会、中山市科协的创客与众创空间论坛）以及众创空间内部会议（深圳微软黑科空间内部讨论会等），通过上述会议了解众创空间生态网络的动态建设过程，并查阅了与会代表提供的众创空间内部资料。通过整理网络资料获取信息的方式主要是针对有一定影响力①的众创空间，此类众创空间受到的社会关注较多，其相关的新闻报道和网络评论也较多，自然获取的信息资料也较为完整，如深圳"地库"咖啡倒闭事件引起了社会各界的广泛关注。

访谈内容主要围绕与众创空间生态网络建构能力要素，以及与众创空间的生存和发展过程息息相关的问题。主要包括："您的众创空间的核心竞争力主要体现在哪些方面？""您认为众创空间能够吸引创新者、创业者、创客广泛参与的要素有哪些？""有调查显示7成众创空间入驻率不足50%，您认为主要原因是什么？""您的众创空间是如何帮助创客实现创意的呢？如何帮助有前景的创意产品的发明人创业呢？""众创空间在不同省（市）发展过程（跨区域发展）中遇到的障碍有哪些？""您如何评价当前众创空间的发展情况，众创空间之间的竞争情况，您认为我国众创空间发展所面临的最大问题有哪些？发展趋势如

---

① 具有一定影响力众创空间筛选原则主要有：国家科技部授牌的众创空间；某种类型众创空间中的典型代表；众创空间的某些热点事件引起了社会的广泛关注。如本书选取的克拉咖啡是全国首家"互联网＋金融"模式的众创空间，由红岭资本、团贷网、E速贷、融金所和克拉博等共同发起成立。深圳"地库"咖啡倒闭这一事件成为国内孵化器行业首例倒闭的著名案例。

何?""您认为众创空间所需的专业运营管理者或团队最重要的能力是什么?"。每次访谈时间均在60分钟以上,研究素材收集历时11个月,转录文字共计约8.7万字。对文本资料进行整合、质证,确保所有资料能真实地反映众创空间生态网络要素及其与众创空间生存和发展的关系。同时,从新浪财经、亚洲财经、搜狐新闻、华夏时报等网络媒体查找并整理关于克拉咖啡和"地库"咖啡的媒体文章,如《巨资打造互联网金融主题咖啡馆一年内停业》《孵化器寒潮来袭:"地库"倒闭之后,抱团取暖还是剩者为王?》等。由此完成原始数据资料的整理工作。其次,通过开放式编码、主轴式编码和选择式编码对随机抽取的26家众创空间文本资料进行编码分析,剩余6家用于检验理论饱和度。本书严格遵循扎根理论范畴归纳和模型构建步骤,对文本资料进行概念化和范畴化分析,同时,结合专家意见,删减和修订存在争议的概念和范畴,以避免编码结果受到编码者主观意见的影响,以此保证研究的信度和效度。

第二节 众创空间平台组织竞争力构成要素的建构

一 开放式编码

开放式编码就是重新整理分析原始资料,对原始语句进行逐句检查、分解,赋予资料中的事件或行动相应的标签,这些编码都是对原始语句的高度凝练和概括,来自原始资料,更贴近原始资料,能够避免编码者的主观影响,便于理解当时的情景是怎样的,当事人做了什么。通过对文本资料的整理,一共得到418条能够反映众创空间生态网络要素影响其生存、发展和创客参与度的原始语句及其对应的初始概念。经过多次分解、剖析和提炼数量繁多且相互交叉初始概念,最终,从资料中抽象出15个范畴。开放式编码得到的范畴和初始概念如表4-2所示。

表 4 - 1 访谈样本基本信息

编号	众创空间名称	成立时间	有效原始语句（条）	核心服务	国家级众创空间	职位	访谈人数	地点	访谈方式	用途
A1	洪泰创新空间	2015	17	场地办公、资源对接	是	项目经理	1	北京	XC	建模
A2	蜂巢咖啡	2014	15	教育培训、项目孵化	是	创始人	1	东莞	XC、WL	建模
A3	光谷创大众创空间	2015	11	项目投资与孵化	否	总经理	1	武汉	ZT	建模
A4	光电工研院众创空间	2012	18	技术研发、高端产业孵化、企业研发服务、中试熟化对接	否	总经理	1	武汉	ZT	建模
A5	光谷创客空间	2013	13	创客孵化	是	创始人	1	武汉	ZT、HY	建模
A6	创赢咖啡	2014	12	项目投资、培训辅导	是	总经理	1	武汉	ZT	建模
A7	光谷东科创星	2013	19	场地办公、培训辅导、项目投资	是	总经理	1	武汉	ZT	建模
A8	光谷微创新实验室	2015	14	开源硬件、培训辅导	是	创始人	1	武汉	ZT	建模
A9	启明星空创客空间	2008	20	创客孵化、教育培训	是	总经理	1	武汉	ZT	建模
A10	光谷青桐园创业咖啡	2013	15	创业辅导、项目孵化、科技金融	是	执行总经理	1	武汉	ZT	建模
A11	去创吧	2013	13	项目帮扶、创客帮扶、连接资源	是	创始人	1	武汉	ZT	建模

续表

编号	众创空间名称	成立时间	有效原始语句（条）	核心服务	国家级众创空间	职位	访谈人数	地点	访谈方式	用途
A12	烽火创新谷众创空间	2015	20	资源对接、教育辅导	否	总经理	1	武汉	ZT	建模
A13	梦想家孵化器	2014	16	资源对接、技术支持	是	总经理	1	武汉	ZT	建模
A14	天使翼	2014	13	深度辅导、种子投资、自主孵化	否	总经理、项目部总监	2	武汉	ZT	建模
A15	武汉光谷创业咖啡	2013	23	活动路演、项目孵化	是	项目经理、总经理助理	3	武汉	XC ZT、HY	建模
A16	高投众创·梦想集装箱	2015	17	资源对接、项目孵化、培训辅导	否	总经理	1	武汉	ZT	建模
A17	创库咖啡	2012	16	创业投资、项目孵化	是	总经理	1	武汉	ZT	建模
A18	创客坊	2012	12	物理交流平台、非营利性创客社区	是	创始人	1	成都	WL	检验
A19	创意产业园	2013	8	项目孵化、投融资对接	否	副总经理	1	武汉	WL、HY	建模
A20	车库咖啡	2016	11	办公空间、交流平台	是	副总经理	1	海口	XC	检验
A21	创梦空间	2015	15	场地办公、技术发展与交流的平台	否	主任	1	海口	XC	建模
A22	四川大学科技园众创空间	2015	16	教育培训、项目孵化、成果转化	否	主任	1	四川	XC	建模

续表

编号	众创空间名称	成立时间	有效原始语句（条）	核心服务	国家级众创空间	职位	访谈人数	访谈地点	访谈方式	用途
A23	克拉咖啡	2015	14	互联网金融、众筹融资	否	—	—	深圳	OL	检验
A24	地库咖啡	2015	8	创业投资、办公室租赁	否	—	—	深圳	OL	建模
A25	造明公社	2015	8	场地办公、项目孵化	否	创始人	1	中山	XC	建模
A26	中山创客·创客空间	2015	9	互联网、教育、文化饮食传媒	否	商务主管	1	中山	XC	检验
A27	微软黑科创客空间	2016	10	开放式实验室平台	否	运营总监	1	深圳	XC、HY	建模
A28	优创空间	2014	8	面向优秀青年的创新创业综合服务平台	否	董事长	1	深圳	XC ZT	建模
A29	飞扬新材料科技创新平台	2016	6	场地办公、项目孵化与投资	否	总经理	1	深圳	XC ZT	建模
A30	中山英诺创谷中心	2016	6	天使投资	否	运营经理、运营主管	2	中山	XC	检验
A31	众创聚格中心	2015	4	项目孵化、成果转化	否	总经理	1	中山	XC	建模
A32	中科创学院	2014	11	创客培育与扶持	否	院长助理	1	深圳	XC	检验

注：访谈方式："XC"表示现场访谈；"ZT"表示座谈会访谈；"WL"表示网络访谈；"HY"表示会议观摩；"OL"表示网络资料。

表4－2   开放式编码范畴化

编号	范畴	原始资料语句（初始概念）
1	基础资源	A2"我们的众创空间已经成为一个品牌了，很多创客已经认可了我们的品牌"（品牌影响力） A3"我们众创空间的创始人是全球移动Java六个起草人之一，全球第一批人工智能和机器人技术专家，在计算机领域具有非常重要的影响力"（创始人社会影响力） A5"我们众创空间的很多资源都来源于创始人自己的各种社会关系资源，比如小米手机创始人雷军、光谷软件董事长李儒雄等"（创始人社会资本） A22"背靠大学，我们有着源源不断的资源，这个我觉得是我们最好的优势，是我们大学科技园的优势"（依托单位资源）
2	社会资本	A5"光电工研院众创空间是由武汉市人民政府和华中科技大学共同发起合作组建"（政府机构与大学） A8"我们引进了刘敏、王胜利、徐击水等知名投资人"（知名投资人） A9"启明星空创客空间拥有6名国家火炬创业导师，聘请淘米科技汪海兵、PPTV聚力传媒姚欣、乐行天下周伟、卷皮网黄承松、夏里峰、番茄假期余汉勇、米折网柯尊尧等知名企业家担任大学创业导师"（知名创业导师） A15²"光谷创业咖啡与Intel合作，达成创客合作伙伴，通过技术支持、资源对接、产品推广等方式共同构建中国的创客生态圈"（知名投资机构）
3	服务定位	A9"专注于创新创业教育和人才培养的众创空间"（教育与人才培养），"明确的定位有助于群体的集聚和协同"（加强协同作用） A10"光谷青桐园创业咖啡以创业辅导为基础，项目孵化为核心，科技金融为支撑，定位于为创业者提供股权整体策划、股权融资服务"（股权策划与融资） A13"定位缺乏准确性、未抓住创业者痛点为众多众创空间入住率低的主要原因"（精准满足需求） A14"天使翼定位是项目方与投资人之间的翻译器，力求填补创业者与创投机构之间信息不对称的天然鸿沟"（消除信息不对称） A15"目的在于不断完善Intel在线平台快速、批量化支持创客和初创企业，帮其完成原型和产品"（服务初创企业）

编号	范畴	原始资料语句（初始概念）
4	资源精准配置	A1 "我们会先帮创客梳理创业项目，然后我们对投资人更加了解，可以更加精准地对接投资人，对创业项目的帮助最大"（精准匹配投资人或机构） A7 "众创空间所能提供的孵化服务是否与其创新创业的需求匹配"（精准匹配需求） A11 "我们认为众创空间能够吸引创客广泛参与是因为创客享受其线上线下服务的便捷性与及时性"（资源连接的及时性） A12 "我们会定期通过'导师门诊'的形式深度服务创业项目，发现创业项目在成长过程中存在的问题并提出专业的建议和意见"（精准解决问题） A15[1] "我们会根据创业团队提出的需求，帮助他们寻找到最合适的创业合伙人"（精准匹配合作伙伴）
5	资源多元化	A3 "众创空间意味着连接，能够连接创业路上的物、人、财"（资源配置的广泛性） A5 "众创空间能够为创客提供领导资源、社群资源、场地资源、工具资源和其他资源"（垂直资源多元化） A10 "光谷青桐创业咖啡组建了一支由财务专家、股权咨询专家、天使投资人、科技服务专家、知识产权专家、互联网开发技术专家、成功企业家等组成的强大创业导师队伍"（导师资源多元化） A12 "重要的是为创客提供的服务，众创空间自身在服务质量上还需精细化，包括财务、运营、市场对接、技术对接等"（服务资源多元化）
6	资源差异化	A7 "东科创星已经形成了具备武汉特色的创业 CEO 特训课程"（特色培训） A10 "光谷青桐创业咖啡创始人拥有丰富的银行及股权投资资源"（创始人独特社会资本） A11 "我们认为众创空间能够吸引创客的广泛参与，使众创空间的服务在其领域内具有专业性和引领性"（服务领域专业化） A17 "我们是光谷创客空间联盟的成员，同时也是武汉发明协会会员，通过联盟和协会组织的创客汇活动帮助创客实现创意"（特殊行业资源）

编号	范畴	原始资料语句（初始概念）
7	运营团队专业水平	A5"众创空间的核心竞争能力主要来源于团队专业能力"（团队专业能力） A9"很多优秀的孵化器依然人气爆棚，我们认为，他们有特色，很专注的团队去坚持，如3W专注于服务TMT行业的创业者；柴火空间专注于创客服务；36氪专注于新媒体"（团队专注力和持久力） A17"我认为众创空间能够吸引创客广泛参与的重要元素是你的服务体系以及通过服务体系能带给创客在产品、技术、运营、管理、融资等方面的资源及专业服务"（专业服务能力）
8	硬件生态	A5"众创空间的专业环境、硬件环境、生活环境影响众创空间吸收创客"（整体硬件生态） A29"由科技爱好者和志愿者共建的非营利性质创客社区，帮助创客搭建物理交流平台"（物理交流平台） A21"第一是场地，另一个是服务。主要是降低这些初创企业的一些成本，例如场地租金、水电、网络等，然后就是为其提供一些在创业过程中的服务"（空间硬件生态）
9	软件生态	A6"孵化器打造'创赢汇'这一品牌概念，举办多批次活动提升孵化服务氛围"（服务氛围） A10"众创空间能否吸引创客广泛参与，主要考验的是众创空间能够为创客提供真正的创业氛围"（创业氛围） A27"黑科空间是联结企业、政府、社会和高校、一体化的生态圈的服务平台"（一体化生态圈）
10	建构理念	A9"启明星空创客空间以'跨界、创造、分享'为理念和模式，提倡学科交叉与融合发展，提供一切必要工具和耗材促进大家动手制作来实践自己的想法，鼓励分享和互助"（跨界、创造、分享） A11"我们认为众创空间能够吸引创客的广泛参与，是众创空间为创客营造了开放、共享、合作的氛围"（开放、共享、合作） A25"我们的价值观是专业，我们不做5公里宽的事情，我们只做5公里深的事情（专业）"

编号	范畴	原始资料语句（初始概念）
11	文化培育	A2"众创空间没有形成良好的创新创业氛围是无法聚集和吸引创客的"（创新创业氛围培育） A9"用身边的榜样、同龄人的经历、学长的成功经验来激励大学生创客和创业者，激发他们的创业热情，践行我们'分享互助'的理念"（分享互助文化培育） A11"去创吧在自身为创新创业者提供服务的同时，通过系列主题活动为创新创业者营造了众智众筹众帮的氛围，助力了大量创新创业者间的抱团取暖"（众创文化培育）
12	创客培育	A7"东科创星孵化器通过'选、育、投、荐'，帮助早期创业者快速成长，逾两千名创业者在东科创星平台受益"（早期创业者培育） A8"光谷微创新实验室针对有创新创业需求的大学生创业群体，聚焦数字制造方向，提供从创意激发到产品原型制作、评估全要素服务体系"（大学生创业者培育） A9"人才培养平台，以学科交叉激发创新思维，以各类项目推动创新实践，以优秀团队网聚创新人才"（创新人才培育） A28"我们也在尝试突破一些传统的，引进一些新的教育体制，对于高端的技术人才的培养，一半在咱们的企业里来培养，一半是在咱们的教育体制里来培养"（高端人才培育）
13	行业培育	A3"光谷创大众创空间专注于黑科技、消费升级、产业升级、大数据、智能硬件和泛娱乐等领域"（高科技产业培育） A4"光电众创空间聚焦健康光电子、能源光电子、信息光电子、工业光电子等产业领域，面向海内外高层次科研人员、专业技术人才、高级管理人才等创业者，坚持'围绕产业链部署创新链'1条主线"（高端新兴产业培育） A12"我们借助烽火科技这个大的平台和品牌效益，为入驻团队提供市场资源，形成良好的产业生态链，使得入驻团队健康发展"（产业生态链培育） A15"光谷创业咖啡与英特尔合作，达成创客合作伙伴，共建中国的创客生态圈，助力中国创客热潮"（创客生态圈培育）

续表

编号	范畴	原始资料语句（初始概念）
14	服务方式	A14"创业者最需要的不是物理空间和资本，而是专业的创辅服务"（专业创辅服务） A15²"创客提出创意，众创空间提供多种技术支持，共同完成创意，形成研发团队，将想法变成产品，为创客建立独特的商业模式"（多元化的全程服务） A16"较多众创空间是纯粹'二房东'，且房租价格偏离行业市场，导致对创客吸引力不足"（单一化服务） A17"随着众创空间的大量出现，优秀的创业者会选择能够给予专业服务、对接资源的众创空间"（垂直专业化服务）
15	服务理念	A1"很多众创空间提供的服务都相差不大，关键是能不能帮助创客精准对接资源"（服务精准性）；"众创空间是一个高度聚合资源的行业，如果只是前期为创客提供基础服务，后期资源跟不上，创客也会离开"（服务持久性） A8"提供针对性、差异化的服务，能够切合创业者的核心需求"（服务专业化与差异化） A13"定位缺乏准确性，为抓住创业者痛点，服务项目较为形式化"（服务痛点） A19"创意产业园以'筑巢、孵业、融城'为服务宗旨，进行种子到成材的全过程孵化"（全程跟踪服务）

注：A**ⁿ表示编号为 A** 众创空间的第 n 位受访者的原话，句末括号中词语是对该原始语句编码得到的初始概念。为避免重复，来源于不同众创空间但初始概念相同的原始语句，随机抽取其中一条列举在表格中。

二 主轴式编码

主轴式编码是在开放式编码的基础上更好地发展主范畴，运用聚类分析建立开放式编码中不同范畴间的关联。本书发现，表 4 - 2 中的范畴之间存在一定的逻辑推理关系，本书共归纳出 5 个主范畴，各个主范畴及对应的开放式编码范畴如表 4 - 3 所示。

（一）基础资源（品牌影响力、创始人社会影响力、创始人社会资本、依托单位资源）、社会资本（政府机构与大学、知名投资人、知名创业导师、知名投资机构）形成了众创平台生态网络构建能力要素中的身份建构要素。身份建构是一系列自我定义和对自我建构不断修正的过程（项蕴华，2009），身份建构决定了众创空间在社会网络中的声望、地位和远见，在不确定性环境中其信号属性能够成为潜在参与者的判断标准（Gulati，1998）。

（二）硬件生态（整体硬件生态、物理交流空间、空间硬件生态）、软件生态（服务氛围、创业氛围、一体化生态圈）、建构理念（跨界、创造、分享；开放、共享、合作；专业）形成了众创平台生态网络构建能力要素中的文化亲近要素。文化亲近是指众创空间文化与参与者价值观之间的心理距离。

（三）文化培育（创新创业氛围培育、分享互助文化培育、众创文化培育）、创客培育（早期创业者培育、大学生创业者培育、创新人才培育、高端人才培育）、行业培育（高科技产业培育、高端新兴产业培育、产业生态链培育、创客生态圈培育）形成了众创平台竞争力中的价值主张要素。价值主张是指众创空间将其主导的价值链条嵌入到人才培养、研发、设计、生产、制造等参与者创意转化过程中的各个环节。

（四）服务定位（消除信息不对称、教育与人才培养、加强协同作用、股权策划与融资、精准满足需求、服务初创企业）、运营团队专业水平（团队的专注力和持久力、专业服务能力）、服务方式（专业创辅服务、多元化的全程服务、单一化服务、垂直专业化服务）、服务理念（精准服务、服务持久性、专业化与差异化服务、服务痛点、全程跟踪服务）形成了众创平台竞争力中的服务嵌入要素。服务嵌入是指众创空间将服务嵌入到参与者创意转化过程中的各个环节。

（五）资源精准配置（精准匹配需求、精准匹配投资人或机构、精准解决问题）、资源多元化（资源配置的广泛性、垂直资源多元化）、资源差异化（创始人独特社会资本、独特行业资源、服务领域专业化）形成了众创平台生态网络构建能力要素中的资源承诺要素。资源承诺是组织向创意注入资源的意愿（张玉利、陈立新，2005），本书是指众创空间为参与者提供的市场承诺和关系承诺。资源承诺水平决定了组织在网络中的位置和关系嵌入强度（Meyer、Thaijongrak，2013）。

表 4 - 3　　　　　　　　　　　　　　主轴式编码

编号	主范畴	对应范畴	关系内涵
1	身份构建	基础资源 社会资本	在竞争激烈和不确定性的环境中，通过身份构建来赢得声望和地位是众创空间获取竞争优势的最直接、最容易被创客感知的核心竞争能力。声望和地位最容易形成口耳相传的社会口碑，吸引创客资源集聚。因此，往往由社会知名人士，依托具有丰富资源的单位等优质基础资源发起的众创空间较容易受到创客的追捧和新闻媒体的广泛关注，众创空间在发展的过程中也会不断地与具有社会影响力的人士、知名企业、著名投资机构和政府机构等建立社会关系来扩大众创空间的身份信号效应，期望以良好的声望来增强众创空间对创客的吸引力
2	文化亲近	硬件生态 软件生态 建构理念	舒适的办公环境是创客展开创意活动的基本条件，但创客也是一群有着共同价值观的群体，他们更愿意在文化亲近程度更高的众创空间中开展创意活动。也就是说，众创空间的价值理念和营造的创新创业氛围决定着众创空间所聚集的创客群体类别，创客与众创空间的价值理念越相似，且空间氛围与内心向往越一致，此时创客会有更高的认同感，其参与度也相对较高
3	资源承诺	资源精准配置 资源多元化 资源差异化	良好的资源结构是众创空间提升创客参与度的重要法宝，能否获取最佳匹配的创新创业资源是创客进行创意活动的最大障碍，也关系到创客对成功的预期。诸多众创空间提供的资源承诺低，与创客的异质性需求相距甚远，导致创客流失。因此，众创空间既要善于建构广泛的资源网络，提高市场承诺，也要重点提升资源的稀缺性，并精准匹配创客的异质性需求，强化关系承诺，这样众创空间在社会网络结构占据的位置竞争优势更强，其吸引力和生存能力也更强

续表

编号	主范畴	对应范畴	关系内涵
4	价值主张	文化培育 创客培育 行业培育	众创空间培育文化、创客、行业的过程其实是培育创客资源和往垂直专业化发展的过程，最终形成众创空间独特的价值链网络。若众创空间将其价值链嵌入到参与者创意转化过程中，能够提升参与者的创新创业能力和成功率，价值嵌入强的众创空间，对基于其价值链网络创业的参与者吸引力更强，在其深耕行业中的领导力也更强
5	服务嵌入	服务方式 服务理念 服务定位 运营团队专业水平	众创空间构建初期，为吸引创客的广泛参与，往往提供工商、法务、人力资源、培训、工具、场地等全方位的服务，导致众创空间服务定位不明确，对运营团队的能力和结构要求较高。随着众创空间数量的剧增，缺乏明确定位和专业管理团队的众创空间面临创客入驻率低的生存困境，此时，走差异化路线，聚焦专业领域和直面创客痛点的众创空间对创客的吸引力更强，即在管理众创空间资源的过程中，将参与者异质性需求嵌入其社会网络中，同时将其提供的专业化、多元化、单一化、垂直专业化的服务和秉持的精准性、持久性、差异化、聚焦痛点、全程跟踪等服务理念深入嵌入到参与者创意转化过程中，参与者将深刻感知到众创空间服务嵌入对其创意转化的重要性

三　选择式编码

选择式编码是经开放式编码、主轴式编码及其相关分析之后的第三个重要的扎根理论分析阶段，主要是在前两个阶段的基础之上，对原始资料、概念、范畴尤其是范畴关系进行不断分析和比较，探讨核心范畴和其他范畴之间的联系，将其进一步抽象化。经过系统地分析、梳理原始资料、初始概念和范畴间的关系，本书的核心问题可以范畴化为平台组织生态网络建构能力要素结构及其能力生成机制模型（如图4-2所示）。

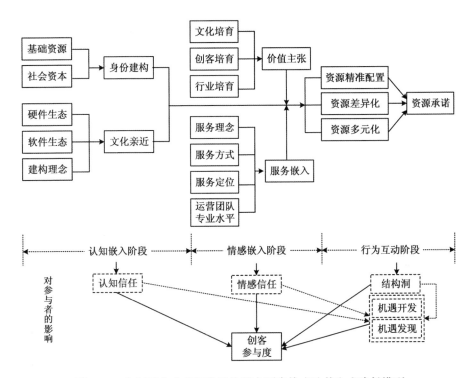

图 4 - 2　众创平台生态网络建构能力要素构成及其生成路径模型

注：新发现的关系由实框和实线表示，已证明存在的关系由虚框和虚线表示。

四　众创空间平台组织竞争力要素结构模型阐释

众创空间同时面临着公益性和生存的双重压力，当前最迫切的困难就是如何解决生存困境，而生存的关键又在于能否有较高的创客入驻率。据艾媒咨询（iiMedia Research）发布的《2016 年中国孵化器发展现状专题研究报告》，可知中国众创空间存在经营不善、缺好团队、无盈利模式、同质化严重、依赖政府补贴和入驻率低的发展困境，而 2015 年之后众创空间的扩张速度却超过了以往历史的总和，处于"野蛮生长"的阶段。中国创业咖啡联盟发布的《2016 众创空间发展概况：活下来，赚到钱！》报告提出，众创空间的扩张经营需要具备清晰可行的运营模式、复合优秀的管理团队、雄厚的资金实力、良好的政府关系、丰富的行业资源和品牌影响力等 6 个前提条件。两份报告指出了众创空间的生存和发展需要缔造良好的身份形象，需要擅长经营管理众创空间的专业化团队，需要整合垂直的、多元化和差异化的创新资源，需要具备清晰的、明确的战略定位，具有明显将创客作为众创空间构建导向的倾向。所以，本书构建的理论模型是典型的以创客的"认知—态度—行为"为导向的理论架构，能够较好地揭示平台组织生态网络建构能力要素的构成及其生成机制。为此，本书从认知嵌入、情感嵌入和行为互动三个阶段进行模型阐释。

（一）认知嵌入阶段

本阶段重要的构建能力要素是身份建构和文化亲近。从身份建构和文化亲近要素看，那些运营良好的众创空间在建构初期几乎是基于创始人的社会影响力（光谷创业咖啡）或依托企业的社会影响力（洪泰创新空间），创立与其深耕行业密切相关的众创空间，其社会声望和地位较高。声望和地位意味着能够获取更多资源，也是高质量资源的信号（Benjamin、Podolny，1999；Vanacker、Forbes，2016），创客更加青睐此类平台组织。对众创空间而言，创客类似"消费者"，众创空间要为创客提供各项优质的服务。创客选择众创空间是一种完全自我决定行为，因此，众创空间的身份和文化是创客做出选择偏好的重要参考标准。信息在记忆中的存储和提取受到外部刺激与之相关或相似性的影响（Osgood、Tannenbaum，1955），即当创客感知到的众创空间文化与自身价值观"匹配"程度越高时，创客对众创空间更容易产生共鸣和认同感，即和众创空间有较高的文化亲近。身份彰显了相对其他组织，自己在行业中的位置，塑造了组织未来行为和绩效的期望，创客能够嵌入到具有较高信任度和知识共享的社会网络中，最终会增强创客作为合作伙伴的吸引力和改善外部观众（如投资人、风投基金）的好感度（Ashby、Maddox，2005；Milanov、Shepherd，2013）。当创客对平台组织具有较高的认知信任时，而认知信任是基于对他人的能力和可靠性的信念（Ren 等，2016），创客的参与度也会相对较高。正如某众创空间经理说道："我们众创空间的创始人愿意而且是不求回报的想为我们的社会贡献自己的一份力量，他们愿意去帮助那些有着创业梦想的人，因为他们对创业之路的艰辛体会更深。"众创空间文化还受到创始人或依托企业文化的影响，较容易形成由价值趋同引发社会共鸣，这一过程对形成身份和文化影响力有积极意义（张磊，2015；Kujala 等，2016）。

（二）情感嵌入阶段

本阶段重要的构建能力要素是价值主张和服务嵌入。从价值主张和服务嵌入要素来看，诸多运营效益较好的众创空间能够准确定位自身角色，寻求多元化收益，避免缺少差异化，也就是说众创空间要避免受到同质化的桎梏，需要构建专业化运营管理团队，通过团队推动众创空间将创客的异质性需求嵌入到独特、稀缺资源的管理过程中，以此彰显平台组织的价值主张和服务嵌入的深度。同时，克拉咖啡、"地库"咖啡等众创空间倒闭的案例充分说明，只具备单一生态要素优势的众创空间并不能很好地解决众创空间生存和发展的难题。由社会网络理论可知，单一生态要素优势的众创空间难以拥有社会网络中最有可能给其带来竞争优势的结构洞的能力，进而限制其建立创客与其需求资源间的弱联结的能力，即价值主张不明确与服务嵌入深度不足导致众创空间对创客的吸引力不足，如《新浪财经》指出："虽然'地库'倒闭表面的问题是入驻团队不足，但是其背后实际的问题是它作为场地型孵化器，并不能够给创业者提供更多的服务，而所谓这些服务比如融资、营销、导师、人脉等高端资源，才是创业者们真正关注的重点。"由此推知，众创空间需要在基础资源的基础上，与其所依赖的政府、大学、科研机构、企业等社会组织纳入其构建的生态网络中，并将众创空间服务和网络价值链嵌入到创客的阶段性异质需求中。正如某众创空间经理指出："从目前情况来看，我们认为众创空间提供的资源都大致相同，关键在于你能不能为创客创意转换过程提供全程化资源和服务，在他们创业的每个阶段提供不同的服务。"价值主张和服务嵌入会显著影响创客对众创空间的情感信任，而情感信任是基于情感纽带和分享积极情感的一种信任（Webber，2008；Wu 等，2016）。

（三）行为互动阶段

本阶段重要的构建能力要素是资源承诺。从资源承诺要素来看，运营良好的众创空间（如洪泰创新空间、启明星空创客空间等）都构建了比较完整的生态网络，由资源依赖理论可知，此类众创空间能够与其所依赖的环境中的组织构建良好的社会网络关系，如政府机构、大学、知名合作企业、知名创业导师等，这些稀缺的、价值独特的社会关系不仅提供了众创空间维持生存的动力，而且构建了众创空间与社会关系之间的强联结，占据了结构洞中最有利的位置，即将网络价值嵌入到了创客所寻求的异质资源中，影响了创客的结构洞，进而能够在创客的创意转化过程中提供较高程度的资源承诺。创客会寻求认同的一致性和稳定性（郭晓凌，2015），资源承诺中的关键性资源能够显著改变创客的结构洞，为创客的创新创业机遇开发和机遇发现提供更多的机会并降低不确定性，此时众创空间对创客的吸引力更强，故其参与度也随之提升，企业选择是否进入众创空间也与众创空间的声誉和提供整合系统资源的能力有关（Fasaei 等，2016；Kude 等，2012；van Angeren 等，2016）。由此可知资源承诺既可以提升众创空间的竞争优势，也可以增强众创空间对创客的吸引力，特别是对高质量创客的影响。

综上所述，众创空间平台组织生态网络建构能力要素结构涵盖了身份建构、文化亲近、资源承诺、价值主张和服务嵌入共 5 个要素。并遵循创客的"认知—态度—行为"为导向的逻辑框架，即身份建构和文化亲近在价值主张、服务嵌入的调节作用下对资源承诺实施影响。对应到参与者（创客）层面的影响过程如下：身份建构和文化亲近能够影响创客的认知信任，价值主张和服务嵌入则会影响创客的情感信任，资源承诺则对创客的结构洞、机遇开发和机遇发现施加影响，最终会影响创客参与度，个体层面的作用机制呈现了平台组织生态网络建构能力的生成路径。

五　理论饱和度检验

饱和是没有新的资料出现，理论饱和是分析中的某个点，这时所有的类属在所属属性、维度和变化形式上都得到充分发展（Strauss、Corbin，1998）。本书对预留的 6 家众创空间文本资料的内容加以编码和分析，以此检验理论饱和度。举例：成都创客坊。

"成都创客坊成立于 2012 年 1 月，是西南第一家创客空间，2015 年被国家科技部火炬中心评定为国家级首批众创空间和成都市首批市级众创空间，中国创客空间联盟于 2015 年由全国近 60 家创客空间共同发起成立，成都创客坊作为 5 个核心创始单位之一，以联盟的形式很好地整合全国创客空间的资源和力量"（基础资源）。"Intel、mostfun、思岚科技、中国移动物联网、KENROBOT、WRT nod、openjumper 等都是我们的合作单位，创业导师团队由 2 名天使投资机构代表 + 2 名创客空间创始人代表 + 3 名技术专家 + 1 名资深管理运营专家 + 1 名市场营销及企业公关专家＋1名国家级省市政策辅导专家构成"（社会资本—资源多元化—资源差异化）。"成都创客坊是一个开放、免费的线下物理平台，由志愿者和科技爱好者共建的非营利性质创客社区，服务于西南地区的创客，帮助创客搭建物理交流平台，实现创新创意转化、创业孵化和提升区域创新意识，培养具'工匠'精神的创客小伙伴"（服务定位—文化培育—创客培育—行业培育）。"我们帮助创客实现创意的方式主要是免费给符合要求的智能硬件团队提供场地，机器设备设施——3D 打印机、激光切割机、CNC、激光雕刻机、各种精加工设备，每周创客空间开展的创新日活动，签约合作中介机构服务—代理财税、记账、法律咨询、专利申请等知识产权类、政策指南和申报等，并提供生产链—小批量试产、众筹—点名时间、kickstarter、京东众筹、风险投资对接等增值服务"（硬件生态—软件生态）。"成都创客坊众创空间吸引创新创客参与的原因是创新创业的门槛降低，包容性更强，创客空间的氛围更加的开源、开放、自由，更加符合年轻一代人创新创业喜欢的风格，创客（DIY 一类，不包含创业者）不再是小众群体，创客身份是对一个 DIY 爱好者的认可，动手实践的能力是我们之前一直所缺乏的"（服务方式—服务理念—建构理念）。"创客空间本身是基于兴趣和 DIY 爱好的线下社区，因此管理者要喜欢分享，也应有较强的学习能力，具备社区运营思维，能够通过线上线下的活动比赛把 DIY 爱好者和科技爱好者聚集起来，也善于把活动和比赛中好的作品和团队往商业成果转化方面引导，在项目早期介入创业帮扶和陪伴成长，能够利用空间的现有资源为入驻团队匹配最优合作方案，良好的沟通能力，深层了解入驻团队的困难点和瓶颈区域，切实帮助入驻团队"（运营团队专业水平—资源精准配置）。

　　按照以上方法，逐一完成其余 5 家众创空间的检验，没有形成新的概念、范畴和新关系，说明本书构建的理论模型是饱和的，可以停止采样。

第 五 章

创业孵化平台组织竞争力的构成与测量*

　　近年来，随着我国不断推进"互联网+""分享经济""双创"等创新驱动发展战略，创业孵化平台组织逐渐成为促进创新发展动力转换和发展空间拓宽的重要力量（陈武、李燕萍，2017），亦是推动"双创"的核心载体，践行分享经济和推动互联网创业的重要阵地（李燕萍、陈武，2017）。大多数研究认为平台组织能够更好地迎合新的生产分工、合作模式、营销模式和开放式创新（周德良、杨雪，2015；Ciborra，1996），故互联网背景下的企业平台化转型和平台组织模式备受学者关注，如企业通过平台化转型实现O2O等商业模式创新（江积海、王烽权，2017），推动员工从企业内部创业（井润田等，2016）；平台组织的"价值网+"结构商业模式，能够促进顾客等利益相关者参与价值共创与共享（江积海、李琴，2016；Weiblen，2014）；平台通过设计独特的价格策略吸引双边或多边用户参与平台价值创造，进而激发网络效应（史普润、江可申，2014；Rochet、Tirole，2006；Weeds，2016）。企业平台化转型的目标是通过突破传统组织惯性构建适应互联网环境下的组织竞争力优势（谢康等，2016），而平台企业则主要透过平台架构、产品、价格创新构建平台竞争力。

　　然而，产业经济学、技术和战略管理视角多采用案例研究和双边市场理论探究平台组织竞争策略，均未探究平台组织的竞争力结构，亦未对其开发测量工具，从组织管理视角分析和测量平台竞争力亦是近年来学者的呼吁（Gulati等，2015；McIntyre、Srinivasan，2017）。本书试图填补这一

---

* 本章部分内容发表在《管理评论》2022年第2期，第256—268页，作者为陈武、李晓园。

文献盲点,以"双创"情境下的众创空间平台组织为研究对象,源于此类平台组织能够在互联网环境中对资源进行快速聚散与迭代,并促进双边或多边开展交流互动,提升参与者的创新能力并满足其异质性需求(陈武、李燕萍,2018)。作为互联网时代的新型组织之一,众创平台具有促进独立商业想法自由实现的特点,能够广泛地吸引创客、创业者参与平台生态圈建设(李燕萍等,2017),已然成为传统组织平台化和新组织构建的"风向标",本书亦能为回答转型期我国企业组织从"我们原来是谁"向"我们将成为谁"的转变过程(王成城等,2010)提供理论解释。

为此,本书通过两个部分展开研究:(1)采用质性研究方法,通过分析收取的开放式问卷,参照经典量表开发程序(姜定宇等,2003;李超平、时勘,2005;Farh 等,2004;Kanungo,1982;Schriesheim、Hinkin,1990),获取众创空间平台组织竞争力结构条目,并编制众创空间平台组织竞争力初始测量量表。(2)采用问卷调查法,运用初始量表收集数据,通过探索性和验证性因子分析探究初始测量量表的结构并检验其信效度,以此开发出众创空间平台组织竞争力测量量表。本书研究过程及结论对众创空间平台组织竞争力结构探索及其运用均有借鉴意义。

第一节　众创空间平台组织竞争力结构的质性研究

质性研究以创业孵化平台组织创始人、主要负责人为调查对象,采用开放式问卷获取他们对众创平台组织竞争力的看法,并基于问卷数据归纳、整理平台组织竞争力的结构特征,为探索众创空间平台组织竞争力的结构内涵奠定基础。

一　质性研究设计

(一)质性研究样本

样本 1:本样本的取样时间段为 2016 年 5—12 月,选取武汉(16家)、北京(1家)、深圳(6家)、中山(7家)、海口(2家)、成都(2家)、东莞(1家)地区共 35 家众创空间创始人、负责人,以及武汉(武汉市科技局)、中山(中山市科技局)、深圳(深圳光明新区经济发展促进中心、南山科技事务所)等对接众创空间的政府部门领导共计 46

人。被试中有 14 家国家级众创空间，占比 40%。从职位结构看，创始人 8 人，占比 17.4%；总经理 16 人，占比 34.7%；副总经理 4 人，占比 8.7%；总经理助理 2 人，占比 4.3%；项目经理 8 人，占比 17.4%；政府部门领导 8 人，占比 17.4%。

样本 2：本样本的取样时间段为 2017 年 5—7 月，选取武汉（20 家）、深圳（8 家）、合肥（1 家）地区共 29 家众创空间的 32 位创始人、负责人发放开放式调研问卷，共发放问卷 32 份，实际回收 32 份，有效问卷回收率为 100%。被试中男性 25 人，占比 78.1%；女性 7 人，占比 21.9%。平均年龄 35.3 岁，最大年龄 53 岁，最小年龄 25 岁。具有大专学历占比 3.1%，本科学历占比 65.6%，硕士及以上学历占比 31.3%。被试岗位职务中创始人 13 人，占比 40.6%；经理（含正/副级别）15 人，占比 46.9%；主管 4 人，占比 12.5%。众创空间平均规模 20.3 人；众创空间平均成立时间 46 个月（计算时间截至 2017 年 9 月）；获得国家/地方政府授牌的众创空间 25 家，占比 86.2%。

（二）质性研究过程

样本 1 采取滚雪球式的方式实施开放式问卷调研。由研究人员事先通过阅读文献、新闻报道的方式了解众创空间的运营模式，发展过程中存在的问题等，然而，因二次文献经过信息加工、新闻报道失真等问题导致研究人员无法了解众创空间的真实实践过程。故在第一轮开放式问卷调研过程中，运用滚雪球式的方式获取一手资料。过程如下：首先，研究员结合已有文献初步编制访谈提纲，该访谈提纲共包含 13 个开放式问题，主要涉及众创空间概况，核心竞争力来源，校友网络结构与案例，创业导师队伍规模、结构与来源，众创空间资金结构，帮助创客、创业者转化创意的方式，与国内外其他众创空间、孵化器、科研机构的合作交流模式，众创空间吸引创客、创业者的关键要素，促进众创空间往专业化方向发展的措施，如何评价众创空间运营绩效，如何评价当前众创空间发展情况，众创空间面临的最大问题及未来发展趋势，众创空间运营管理者或团队学历、能力结构和跨区域发展的障碍，众创空间与孵化器的核心差异。其次，通过现场访谈及与政府众创空间管理部门联合调研等方式选择代表性众创空间实施深度调研，调研过程中，一方面按照访谈提纲询问众创空间创始人、负责人相关问题。另一方面要求创始人、负责人结合自身情况介绍众创空间发展过程中的特色、难点、对应的解决方案及未来期望，并要求其推荐 1—2 家比较典型的众创空间。研究员依据调研过程中出现的新问题，经诊断、讨论一致后修订初始访谈提纲。第二轮开放式问卷将问题增加到 21 题，主要涉及众创空间核心价值观，众创空间创立初期的形式、类别和特点，众创空间运营模式、文化塑造方式，提升品牌和社会影响力的举措，加入创客空间联盟、众创空间联盟的初衷与作用，提高创客、创业者参与度和信任度的服务措施等。最后，研究员综合转录相关文档材料，并对资料进行整合、质证，最终转录文字共计约 10 万字。

样本 2 采取核心问题导向式的方式实施开放式问卷调研。结合样本 1 获取的相关信息，针对本书的核心问题，编制众创空间平台组织生态圈建构能力调研问卷。为明确众创空间平台组织和竞争力的概念，使被试能够清晰地理解问题并作出具有普遍意义的描述，本书对问卷进行如下设计：一是对调研对象进行限定，本书调研对象是那些专门服务于创业者的众创空间，创业者可以使用众创空间搭建的资源网络开展创新创业活动。二是说明众创空间平台组织的内涵与意义，指出能够吸引创业者广泛参与并满足其不同的需求，引导创新资源要素在平台上集聚，并使这些资源形成相互支持的生态网络。构建此种生态网络的目的是吸引创业者广泛参与，以提高他们的参与度。创业者参与度的提高与创业者是否信任众创空间有能力帮助他们达成创业目标高度相关。众创空间品牌、社会地位、文化、价值观、服务、资源等均与创业者信任有关。三是明确开放式问卷的题项：您觉得众创空间主要运用了哪些要素来构建自己的平台竞争力？请举例 5—10 条典型的要素特征。四是列举 2 条关于构建众创空间竞争力过程的描述：我们会利用创始人的社会影响力来打造众创空间的品牌；我们专门选择有创业或投资经历的人做创业导师。问卷采用现场发放与回收的方式，且被试者完成问卷的时间均在 15—30 分钟内。

样本 2 的调研过程如下：一是与中国创客空间联盟（CMSU）开展联合调研，首先，由 CMSU 秘书长事先联络调研众创空间的创始人说明调研目的，同时要求创始人、经理人员必须出席，他们对众创空间的创立、运营和管理最为熟悉，以此保障开放式问卷效果。然后，调研人员与 CMSU 成员同时进入众创空间现场发放、回收调研问卷，并解答被试提出的问题。二是通过课题组创建的"中国众创空间与创客"微信群（257 人），选择部分区域代表性众创空间事先联系并说明调研目的，随后调研人员到达众创空间现场发放和回收调研问卷。

随后，研究小组对原始问卷信息进行如下工作：（1）提取条目并编码，通过删除、拆分、提炼过程将原始有效信息进行单一含义化处理。（2）对所得条目含义基本一致或完全一致的同类项进行合并，并用频次统计每个重复出现的条目，同时对联系较疏松、含义模糊的构念与条目进行精减。（3）将上一步提炼后的条目展开类别命名并归类。（4）进行确认性归类，删除归类不一致或两次都无法归类的条目。

二　众创空间平台组织竞争力结构的质性研究结果

（一）提取条目

样本 1 回收的有效开放式访谈问卷共涵盖 35 个平台组织和 4 家政府机构，共计获得 509 条初始条目，评价主体来源丰富，其创业经历、行业背景、学历、工作经历均不相同。样本 2 回收的有效开放式问卷包含 29 家众创空间的 32 位创始人、负责人，初始条目共 226 条。初始问卷中的条目同时包含有效和无效两类，有效条目含义清晰明确，无效条目语义模糊，故由 2 名博士研究生和 1 名硕士研究生遵循以下四个原则进行条目提取工作：（1）描述清晰、含义单一的条目，直接保留。例如，"创始人社会影响力""资源精准定位""品牌推广能力""对接投资人""良好的创新创业氛围"。（2）若条目包含多重含义，但语义清晰，则进行拆分或提炼。例如，"武汉光谷创客空间创业导师有 50 多人"提炼为"创业导师规模"；"帮助创业团队梳理商业模式、整合公司资源、寻找战略合伙人，以及提供有价值的后续融资等增值服务"拆分为"帮助创业团队梳理商业模式""帮助创业团队整合公司资源""帮助创业团队寻找战略合伙人""帮助创业团队提供有价值的后续融资"。（3）对明显偏离平台组织竞争力的条目描述，直接予以删除。例如，"创业者要找个投资人很容易""竞争压力太大""切实帮助入驻团队"。（4）若含义相同，被提及多次且属于同一组织，则直接合并条目且忽略频次。例如，"创业导师构成"和"创业导师配备"合并为"创业导师构成"。遵循四项原则，本书共删除 88 条不合要求、无法提炼或拆分的原始问卷语句，142 条语句由拆分后增加，最终，被保留、提取的含义单一条目共计 789 个。表 5 – 1 列示了部分条目提取示例。

表5-1　　　　　　　　　　开放式问卷条目提取过程示例

编号	提取后的条目表述	编号	原条目表述
1	创始人社会影响力	1	创始人社会影响力
2	创业导师规模	2	武汉光谷创客空间创业导师有50多人（提炼）
3	创业导师专业多元化	3	资深技术创客、成功企业家、资深行业技术研发人员和部分老师和投资人（提炼）
4	服务团队专业能力	4	众创空间的服务团队最重要的能力（删除），我们觉得是专业性，特别是调动专业资源的能力（分为两句）
5	服务团队调动资源能力		
6	帮助早期创业者成长	5	帮助早期创业者快速成长
7	提供完善的办公场地	6	提供完善的办公场地
8	资源精准定位	7	资源精准定位
9	精准解决问题	8	解决其独立办公时遇到的困难和困惑（提炼）
10	匹配需求	9	服务与其创新创业的需求匹配
11	资源共享	10	资源共享
12	开放协同	11	开放协同
13	互动共享	12	互动共享
14	校友网络资源	13	我们经常把宏泰创新空间比作一个学校，毕业后我们经常会关注他，我们也会经常请他们回来（提炼）
15	政府支持	14	早期众创空间靠政府支持
16	梳理商业模式	15	我先帮你梳理商业模式
17	联盟资源	16	通过众创空间的联盟体（提炼），营造中山的双创氛围（删除）
18	业务拓展能力	17	团队做好连接，提供团队所需的业务拓展、品牌推广、运营等方面的人才（删除），能要助力团队造血，对接投资人等（分为四句）
19	品牌推广能力		
20	助力团队造血能力		
21	对接投资人		
…	……	…	……

（二）同类项合并与精简

此阶段，继续由3名博硕士参考Kanungo（1982）、姜定宇等（2003）的做法，将提取后的789个条目做合并同类项处理。第一步，合并重复表述,描述相同的条目,并对出现的频次进行统计。第二步,二次合并表达方式不同,但内容十分相近的条目。这一过程中研究员被要求对条目做较少抽象概括,且以尽量保留较多条目为准则,故研究者只需要对所有条目做内涵同一性的直观判断,此步骤后得到条目117个。第三步,对含义较模糊、表达较具体、与众创平台竞争力联系较疏松的条目,邀请1名组织与人力资源管理教授进行甄选,以此确保117个经两次合并所得条目的合适性、精确性。此步骤完成后,共得到36个条目(如表5-2所示)。

表5-2 同类项合并、精简后条目

编号	合并与精简后	频次	编号	合并与精简后	频次	编号	合并与精简后	频次
1	创始人/团队的社会影响力	34	13	创业导师规模	17	25	帮助创业团队成长	35
2	品牌影响力	12	14	创业导师来源多元化	32	26	独特的创业项目服务方式	20
3	政府支持	41	15	精准配置资源	38	27	运营团队的经验积累	12
4	联盟身份影响力	12	16	多元化资源整合	48	28	运营团队具备全方位服务能力	66
5	基础资源影响力	26	17	特色化资源	9	29	特色化服务方式	25
6	合作资源的社会影响力	20	18	高端服务资源	33	30	提供基础服务	10
7	地理优势	5	19	校友网络影响力	17	31	提供增值服务	16
8	良好的创新创业氛围	12	20	运营团队的心理认知	11	32	互动共享	9
9	办公空间环境	13	21	完善管理机制	4	33	使创业便捷	4
10	开源硬件环境	10	22	开源软件环境	3	34	专业化服务理念	23
11	搭建物理交流平台	12	23	免费与开放	11	35	培育独特的文化	14
12	降低创新创业成本	10	24	降低创新创业风险	2	36	明确的服务领域	101

注:"频次"由意思相近、表示完全相同的初始条目加总统计后得出。

(三)条目归类及命名
此阶段是为形成清晰的平台组织竞争力结构类别,我们根据 Farh、

Zhong 和 Organ（2004）的条目归类及命名程序，再对以上条目进行归类和命名。第一步，我们另外邀请了组织与人力资源管理方面的 2 名博士生和 1 名硕士生对条目进行归类，他们事先并不清楚所归类条目为平台组织竞争力要素条目，以免因各自理解不同，而对分类结果造成影响。3 名研究者在归类过程中始终需要考虑各类别条目与其所反映的共同构念之间的关系。归类过程遵循以下 3 个基本原则：（1）同一条目只能在一个类别中出现 1 次，不能交叉出现；（2）以条目归类适当为主，每个类别包含的条目数量不做限制；（3）单独设定一个包含所有无法归类条目的类别。第二步，完成归类后，3 名研究者分别对其获得的类别命名与关系和归类结果进行报告，且分别讨论差异化的归类类别，以及每个类别中的差异化条目。最后，3 名研究者在对类别异同、归类结果充分了解的基础上，再次思考和调整已有的归类结果，最终确定能够达成一致的或无法达成一致的归类结果、条目、类别，以此形成并确定达成一致意见的类别命名。

上述研究过程结束后，最终获得 5 个类别，包含 36 个条目。其中，有 11 个条目出现了无法归类，或 3 人初始归类完全不同，且讨论后仍无法统一意见，对这 11 个条目做删除处理，因为此 11 条目已然无法纳入既有类别，亦无法单独构成一个新类别。本书最终得到 5 个类别，并将其分别命名为：身份建构、文化亲近、价值主张、服务嵌入、资源承诺。

（四）归类再次确认

本书采取反向确认性归类方式来提高研究结果的内容效度。为此，我们再次组建由 1 名组织与人力资源管理教授、2 名博士生构成的团队，要求他们按照已经获得 5 个类别，逐一完成 36 个条目的归类。此阶段一方面参考 Schriesheim 和 Hinkin（1990）的相关做法，另一方面参考李超平和时勘（2005）提出的检验内容效度的定量方法步骤。继续遵循条目归类原则，要求条目归类的单一性且非交叉性。结果表明：（1）归类完全一致的条目有 28 个，占比 77.78%，其中归入预想类别的条目 20 个，无法归类的条目 8 个。（2）2 人归类一致的条目有 7 个，占比 19.44%。（3）2 人归类不一致的条目有 3 个，占比 8.33%。（4）3 位研究者归类完全不一致的条目有 3 个，占比 8.33%。此步骤完成后，3 人就（1）和（4）中的 11 个存在分歧的条目继续展开讨论，最终删除了这些无法归类或形成新类别的条目，5 个类别中保留了 25 个条目。

综上所述，经过两次条目归类操作后，最终结果完全一致，得到 5 个类别共包含条目 36 个，删除其中 11 个存在归类歧义的条目，获得 5 个因子，含 25 个条目的众创空间平台组织竞争力的初始量表，且归类结果的内容效度良好。

三 众创空间平台组织竞争力结构内涵

经过对开放式问卷的研究，得到由身份建构、文化亲近、价值主张、服务嵌入、资源承诺 5 个因子构成的新众创平台组织竞争力结构，其各因子的内涵解释分别如下。

身份建构（identity construction）是指众创空间平台组织通过整合基础资源、社会资本等实现自我定义和自我建构的能力。在激烈的竞争环境中，声望和地位是组织吸引潜在参与者的关键信号（Gulati，1998），平台组织通过整合创始人、创始团队的社会资本、依托单位资源、政府与科研机构、社会知名投资机构、知名创业导师等资源，塑造平台组织在社会网络的位置和身份特征，以此凸显"我们是谁"，进而提升组织身份信号效应。

文化亲近（cultural closeness）是指众创空间平台组织营造的文化与参与者价值观相匹配，创业者感受到的一种和谐、积极的情感体验，是平台组织与创业者之间的心理距离。平台组织所倡导的创客、创业文化理念，构建的空间硬件/软件生态越符合创业者的心理预期，其文化亲近能力越强，对创业者的吸引力亦越强。

价值主张（value proposition）是指众创空间平台组织通过其提供的创新创业产品和服务所能向创业者提供的价值，主要是将其主导行业、文化、人才培育等价值链条嵌入到创意转化过程所涉及的研发、设计、生产、制造等各个环节中。例如专注于早期创新创业人才培养的平台组织，其提供的培训、交流、辅导等创新创业产品和服务均是围绕"早期人才成长"为主题进行设计、开发并实施。

服务嵌入（service embeddedness）是指众创空间平台组织将自身的服务理念、服务方式、服务能力嵌入到创业者创业生命周期的各个阶段。如平台组织始终坚持精准服务的理念，采取垂直专业化服务方式，配置专业化的运营团队为创业者提供服务。服务嵌入是平台组织创新服务能力的直接体现，能够有效避免组织落入"熟悉陷阱"之风险（Ahuja、Lampert，2001），提高了平台组织对创业者需求的适应能力。

资源承诺（resource commitments）是指众创空间平台组织向创业者创业生命周期注入各种创业资源的意愿。例如，平台组织向创业者承诺精准及时地提供创业导师、团队招聘、技术支撑、投融资对接、市场对接等多元化资源。平台组织拥有的创新创业资源越多，其资源承诺水平越高，在社会网络中创造和共享知识的能力越强（Solberg、Durrieu，2006），表现为具有较高强度的关系嵌入和处于社会网络中的核心位置（Meyer、Thaijongrak，2013）。

四　内容效度评价

本书对平台组织竞争策略的理论脉络进行了全面梳理，以此保障平台组织竞争力结构的理论边界能够被较为全面的覆盖，提高测量的准确性。此外，为更加科学、全面、客观地探究"双创"情境中的平台组织竞争力结构，本书采用质性研究方法分析了平台组织竞争力的开放式问卷。第一，原始问卷的条目提取工作由博士生和硕士生组建的 3 人小组共同完成。第二，紧接着对初始条目完成同类项精简、合并，同时邀请 1 名组织与人力资源管理教授对同类项合并后的条目进行甄选。随后，另外组建 3 人研究团队进行条目归类，该团队并不了解原始条目的具体含义，是否与平台组织竞争力相关。得到身份建构、文化亲近、价值主张、服务嵌入、资源承诺 5 个因子。最后，通过反向确认性归类检验研究结果的内容效度，该步骤由 1 名组织与人力资源管理教授和 2 名博士生共同完成，结果发现 5 个因子、25 个条目的众创空间平台组织竞争力的量表完全符合前面的归类结论，从而最终得到了众创空间平台组织竞争力初始量表。

综上可知，本书遵循了严格规范的量表开发程序，且研究结果的确定性检验科学、合理，最终获得的平台组织竞争力测量指标较为科学和完整，且具有一定的代表性。因此，本书从理论构念、定性研究、定量检验等方面确保了众创平台竞争力初始量表的内容效度。

五　理论对比分析

国内与国外关于平台竞争力的研究，多数是从产业经济学、技术与战略管理视角展开讨论。竞争优势理论认为企业的异质性资源、社会网络关系与能力往往是竞争优势的来源（Eisenmann 等，2011），故大部分学者在研究平台竞争力时将研究焦点放在平台架构创新、产品设计、平台价格设计层面（毕菁佩、舒华英，2016；郑春梅等，2016；Chao、Derdenger，2013；Hagiu、Wright，2015），进而双边市场理论一时成为解释平台竞争的重要理论（Armstrong，2006）。

自 Rochet 和 Tirole（2003）将价格结构，以及后期 Armstrong（2006）将交叉网络外部性引入双边市场定义后，双边市场平台的交易属性成为研究平台竞争力的重要视角。平台用户数量会随着另一方用户数量的增长而增加，平台的边际收益来源于用户的交易量（Rochet、Tirole，2006）。基于 Armstrong（2006）提出的 Hotelling 模型，研究者从非对称性倾斜定价、成本转移、用户培育等方面描述了双边市场中的平台竞争情形，如当网络外部性适中时，对新老用户的实施价格歧视策略，对平台利润呈正向影响（毕菁佩、舒华英，2016）；在垂直差异化平台领域，产品质量会显著影响平台最优定价策略（Lin 等，2011），然而此种考虑忽略了用户对间接网络外部性的估值存在差异（Gabszewicz、Wauthy，2014），由此发现平台开发成本投入与满足高质量硬件需求越相关，低质量的平台亦能获得高利润（Zennyo，2016）。用户归属与用户质量亦会影响平台竞争策略的选择，如用户规模比的变化会激发平台间的价格竞争，当用户与商户规模比（用户/商户）大于 1 时，平台会有商户多归属结构倾向（吕正英等，2016），同时平台应平衡用户数量与质量的关系，以此保持平台竞争优势（李治文等，2014）。

综上分析，本书发现平台价格机制成为影响和测量平台竞争力的核心变量（Armstrong，2006；Weyl，2010），用户数量的增减及平台价值的获取均与价格高度相关，这一基本假设前提使得价格设计成为影响平台竞争力的关键要素，亦影响到平台架构和产品设计。然而，处于"双创"及互联网环境中的众创空间平台组织，其作为社会网络中的一个节点，广泛嵌入于社会经济、文化、制度、产业结构当中（Zukin、DiMaggio，1990），面临的环境不确定性和动态性更大，所以，仅从平台架构与价格角度测量平台竞争力尚不全面。为此，本书开发的身份建构、文化亲近、价值主张、服务嵌入、资源承诺 5 个因子组成的平台组织竞争力，从组织管理视角拓展了平台组织竞争力的测量工具，回应了近年来学者关于从管理学视角拓展平台理论研究的呼吁（Gulati 等，2015；McIntyre、Srinivasan，2017），是对现有平台组织竞争力研究的有益补充。

第二节　众创空间平台组织竞争力量表的结构探索及信效度检验

一　EFA 研究方法程序

（一）EFA 研究样本及程序

样本 3：本样本的取样时间段为 2017 年 7—9 月。本书主要通过三种途径发放和回收众创空间平台组织竞争力结构调研问卷：途径一，通过课题组创建的"中国众创空间与创客"微信群（257 人），以及课题组成员加入的武汉众创空间服务联盟群（125 人）、中山英诺创新空间微信群（283 人）、东湖孵化器合作交流群（180 人）等众创空间平台组织交流群，在线发送网络问卷链接。途径二，调研人员事先联系众创空间负责人说明调研事由，随后调研员到达现场发放并回收问卷。途径三，通过政府部门举办的众创空间管理者培训班发放并回收调研问卷，如湖北省经济和信息化委员会举办的 2017 年湖北省创业辅导师培训班。最终，获得来自武汉、深圳、合肥、南宁、中山、东莞、长沙、北京地区共 78 家众创空间的 329 份众创空间平台组织竞争力结构调研问卷，每家众创空间回收的问卷数量在 2—5 份之间。其中，通过网络回收问卷 29 份（途径一网络问卷反馈非常少，事后回访得知被试出于隐私保护而未作答）；现场共发放问卷 300 份，实际回收 216 份，现场问卷回收率为 72%（途径三发放的问卷未能全部回收，部分参训人员中途离场），删除无效问卷 42 份，最终获得有效问卷 203 份。被试中男性 110 人，占比 54.2%；女性 78 人，占比 38.4%；未填写性别 15 人，占比 7.4%。平均年龄 32.6 岁，最大年龄 54 岁，最小年龄 20 岁。具有大专学历占比 27.6%，本科学历占比 54.7%，硕士及以上学历占比 10.3%，未填写学历占比 7.4%。被试岗位职务中创始人 34 人，占比 16.7%；经理（含正/副级别）76 人，占比 37.4%；主管 41 人，占比 20.2%；一般职员 35 人，占比 17.2%；未填写职位 17 人，占比 8.4%。众创空间平均规模 43.4 人；众创空间平均成立时间 42.3 个月（计算时间截至 2017 年 9 月）；获得国家或地方政府授牌的众创空间 156 家，占比 76.8%，未填写的 20 家，占比 9.9%。

（二）EFA 研究工具

众创空间平台组织竞争力量表。使用样本 3 问卷测量 25 个条目的众创空间平台组织竞争力初始量表，其信度系数为 0.92。初始量表经探索性因子分析后得到的 15 个条目的新众创空间平台组织竞争能力修订后量表，其信度系数为 0.85。采用 Likert 5 点计分法，众创空间平台组织竞争力初始量表和修订量表测量值从"很不符合"到"非常符合"分别计"1"到"5"分。

二　EFA、CFA 研究结果

（一）探索性因子分析

首先，运用 SPSS21.0 对众创空间平台组织竞争力初始量表的 25 个条目进行探索性因子分析。由 Bartlett 球形度检验（$x^2 = 3410.828$，$df = 276$，$p = 0.000$）和 KMO 检验（KMO = 0.837），可知各条目之间可能存在共享潜在因子，故适合开展因子分析。其次，采用最大方差法进行主成分分析，参照经典规范的测量量表开发程序（Bennett、Robinson，2000；Farh 等，1997；Kanungo，1982），从三个方面对因子进行筛选：（1）提取特征根大于 1 的因子。（2）删除因子负荷量在各个主成分上均小于 0.4 的条目。（3）删除因子多重负荷量之间差异小于 0.1 的条目。结果显示：第一个因子中的条目 T22（我们的创业导师队伍结构非常多元化）、T24（我们拥有区别与其他众创空间的独具特色的资源）被删除。第二个因子中的条目 T11（我们已经形成了非常专业的服务理念）、T12（我们的服务领域非常明确）被删除。第三个因子中的条目 T6（我们众创空间的创新创业氛围非常浓厚，非常符合创业者的价值观）、T7（我们众创空间运营团队的热情、分享、专注等心理特质，非常契合创业者的风格）被删除。第四个因子中的条目 T18（为创业者提供特有技术支撑、投资对接等特色化服务是我们非常重要的服务方式）、T20（为创业者提供诸如众筹、投资、路演等增值服务是我们非常重要的服务内容）被删除。第五个因子中的条目 T4（创客、众创空间联盟成员身份提升了我们品牌影响力）、T5（丰富的资金、行业等基础资源体现了我们社会影响力）被删除。最终，本书得到了 5 个因子的众创空间平台组织竞争力修订量表，共包含 15 个条目（如表5 – 3 所示）。由表 5 – 3 可知，每个对应因子的条目因子载荷量均较高，且每个条目较为合理地分布在 5 个因子中，5 个因子具有 76.61% 的累计方差解释率，研究结果表明本书提出的五因子结构得到了较好的印证。

表 5 – 3　　众创空间平台组织竞争力量表因子分析结构（N = 203）

条目	探索性因子分析				
	资源承诺	价值主张	文化亲近	服务嵌入	身份建构
T23 我们能够为创业者精准及时地配置其需要的资源	0.928	0.138	0.128	0.119	0.104
T21 我们能够为创业者组建规模合理的创业导师队伍	0.920	0.112	0.057	0.228	0.096
T25 我们能够为创业者对接众创空间校友资源	0.917	0.163	0.117	0.211	0.086
T15 我们建立众创空间的初衷是为了培育创客、创业者及创客文化	0.114	0.905	0.016	0.102	0.093
T14 我们建立众创空间的初衷是为了最大限度地降低创业者的创业风险	0.163	0.884	0.046	0.162	0.125
T13 我们建立众创空间的初衷是为了最大限度地降低创业者的创业成本	0.090	0.782	0.097	– 0.001	0.023
T9 创业者非常喜欢我们提供的开源硬件和软件环境	0.093	0.052	0.931	0.098	0.088
T10 创业者非常认同我们从高校、同行、本土、企业等方面整合的多元化资源	0.123	0.120	0.900	0.068	0.102
T8 创业者非常喜欢我们营造的空间氛围	0.059	– 0.002	0.647	0.368	0.103

续表

条目	探索性因子分析				
	资源承诺	价值主张	文化亲近	服务嵌入	身份建构
T17 为创业者提供诸如全程化跟踪、专业创辅等独特的创业服务是我们非常重要的服务方式	0.154	0.050	0.081	0.834	0.127
T19 通过建设全方位创业服务能力的运营团队为创业者服务是我们非常重要的服务措施	0.248	0.125	0.249	0.759	0.110
T16 帮助创业者成长是我们非常重要的服务理念	0.159	0.119	0.139	0.751	0.271
T2 我们众创空间的品牌影响力非常强	0.243	0.102	0.082	0.069	0.827
T1 我们创始人/创始团队的社会影响力非常强	−0.040	0.190	0.062	0.135	0.732
T3 政府为我们众创空间发展提供的支持力度非常大	0.071	−0.058	0.117	0.216	0.682
特征根	5.132	2.011	1.750	1.483	1.115
方差解释量（累计方差解释率为76.612%）	18.673	15.787	15.023	14.678	12.450

注：提取方法：主成分。旋转法：具有 Kaiser 标准化的正交旋转法。a 旋转在 6 次迭代后收敛。

（二）信度分析

对资源承诺、价值主张、文化亲近、服务嵌入、身份建构的信度和条目分析，主要参考信度系数、校正的项总计相关性、删除该条目后信度系数的变化值。结果显示（表 5 - 4）资源承诺、价值主张、文化亲近、服务嵌入、身份建构等众创空间平台组织竞争力的信度系数分别为 0.960、0.852、0.826、0.806、0.670，可知各个因子内部条目均具有较高的信度（DeVellis，1991）。从校正的项总计相关性来看，所有条目与总体均具有较高的相关性，由此表明众创空间平台组织竞争力修订量表具有较高的信度和稳定性。

表 5 - 4　　　众创空间平台组织竞争力条目与信度分析（N = 203）

条目		信度系数	校正的项总计相关性	删除该条目后信度系数	条目		信度系数	校正的项总计相关性	删除该条目后信度系数
资源承诺	T23	0.960	0.914	0.940	服务嵌入	T17	0.806	0.633	0.751
	T21		0.923	0.934		T19		0.678	0.703
	T25		0.907	0.947		T16		0.641	0.728
价值主张	T15	0.852	0.575	0.925	身份建构	T2	0670	0.431	0.629
	T14		0.786	0.703		T1		0.604	0.384
	T13		0.783	0.707		T3		0.418	0.663
文化亲近	T9	0.826	0.511	0.921					
	T8		0.803	0.616					
	T10		0.736	0.694					

（三）结构效度检验

本书通过验证性因子分析，检验五因子众创空间平台组织竞争力的结构效度。首先，运用 Amos21.0 检验一阶五因子结构模型，结果分析发现，一阶五因子结构模型具有较高的模型拟合度，如表 5 - 5 所示，各因子结构之间存在较高的相关性，相关系数在 0.16—0.51 之间，显著性水平位于 0.000—0.049 之间，如图 5 - 1 所示，说明二阶结构有可能存在。其次，本书进一步验证二阶结构模型，结果显示，二阶结构模型的拟合度优于一阶结构模型，且由表 5 - 5 可知二阶结构模型的拟合度优于一阶结构模型，众创空间平台组织竞争力对 5 个因子具有较高的影响，路径系数在 0.44—0.80 之间，显著性水平均在 $p < 0.000$ 范围内（如图 5 - 2 所示）。综合模型简约性要求，故本书认为二阶结构模型在统计和理论上更为合适，亦表明众创空间平台组织竞争力修订量表具有良好的结构效度。

表 5 - 5　　　众创空间平台组织竞争力结构模型拟合度指标（N = 203）

模型	x^2	df	x^2/df	RMSEA	RMR	GFI	AGFI	TLI	IFI	CFI
一阶结构模型	132.901	80	1.661	0.057	0.040	0.924	0.886	0.962	0.972	0.971
二阶结构模型	136.017	85	1.600	0.055	0.041	0.922	0.891	0.966	0.973	0.972

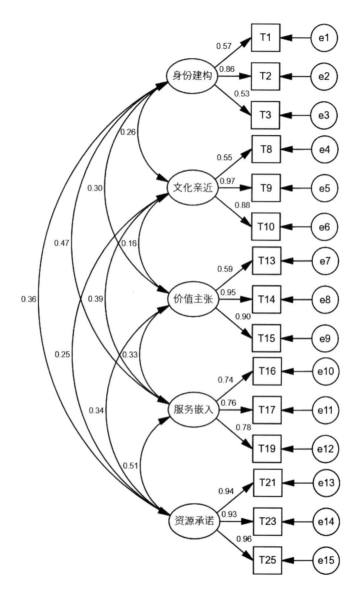

图 5-1 众创空间平台组织竞争力一阶五因子结构模型参数估计（N = 203）

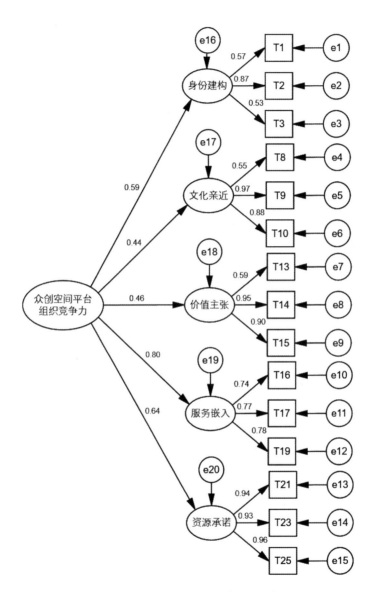

图 5 - 2 众创空间平台组织竞争力二阶结构模型参数估计（N = 203）

第三节　众创空间平台组织竞争力对创业者
　　　　　参与度的影响

一　理论假设提出

组织身份是解释和捕捉组织的观念性特征与生命符号的工具（王成城等，2010），是理解平台组织的一个总体框架。由身份建构的定义可知，众创平台在塑造"我们是谁"的组织特征过程中，运用了大量的特征性资源不断进行自我修订，通过全面整合基础资源、社会资本、联盟资源、合作资源等构建平台生态资源网络，以此彰显众创平台的创新创业服务能力，体现组织的身份和地位，如创始人身份、产品质量、社区利益等平台组织内部社会资本对创业者创业资源获取产生具有显著影响（周冬梅等，2018）。这些突出性的身份和地位提高了组织的特定社会分类及其对个体的影响（Tarrant 等，2001），表明其占据着网络中的核心位置，同时意味着平台组织能够提供种类多、质量高的资源（Vanacker、Forbes，2016）。身份建构亦表明组织能够在要求"我是谁"与"我做什么"之间保持较高程度的一致性，以及组织成员能够在平台组织构建的社会网络当中得到多大程度的共享与支持（Kreiner、Ashforth，2004）。由此，表明众创平台身份建构能够在一定程度上影响平台组织兑现创业资源需求的能力、偏好、强度等，进而影响创业者参与度。众创平台文化亲近则是从心理距离角度诠释平台组织与创业者之间的匹配关系及其在社会网络中的位置关系，众创平台主要通过营造契合创业氛围的空间硬件、软件文化，构建与创业者具有强亲和力的运营团队，整合、塑造成功的创业校友案例来强化社会感染力等方式影响创业者的情感认知、信任（李燕萍等，2017）。众创平台塑造文化亲近能力的过程，亦是通过筛选、整合、配置各类资源，进而构建具有较高信任度和知识共享社会网络的过程，如邀请社会知名创业导师加盟，使用创始人的社会影响力为创业产品代言，招募具有互联网、新媒体思维的人员为创业者服务等，故文化亲近影响创业者参与偏好。价值主张能够促进价值网络中利益相关者彼此之间的互动交流，通过满足"需求痛点"增进利益相关者的直接或间接效益（孔栋等，2016），众创平台价值主张是众创平台通过其提供的创新创业产品和服务所能向创业者提供的价值，其核心目标是促进创业孵化，为此，价值主张能够强化平台组织在进行自我建构和塑造独特创客文化的过程中，有意识地筛选、整合符合平台价值主张的资源，以此增加创业者对平台组织生态圈的依赖。价值主张将众创平台提供的硬件、软件产品装点成具有个性化的"宠物"，蕴含着创业者的情感、喜好和身份。故众创平台价值主张越清晰，众创平台提供资源的个性化、针对性更高，创业者的参与度越高（陈武、李燕萍，2018）。服务是可以改变个体或产品的一种"体验"或"行动"，具有无形性、不可分离性、差异性和非持久性等特点（Grönroos，1999；Ruyter 等，1998）。服务嵌入已然成为有形产品的一种重要附加值（Jack 等，2008），其价值增值功能直接影响着组织的绩效及竞争优势的维持（Dunning，1989）。基于服务主导逻辑的价值共创强调服务是顾客日常促进价值共创的互动过程（Grönroos，2008），平台企业通过"众包"实现全球知识、技术、资源整合，并与利益相关者在创造性合作、交流过程中共同创造价值（Ramaswamy、Ozcan，2013）。众创平台服务嵌入的过程，亦是通过服务交换与创业者在社会网络当中进行价值共创的过程，众创平台运用自身特有的服务理念、服务方式、服务能力将创业导师、技术支撑、投融资对接、创业项目梳理等创业资源嵌入创业者创业过程中，也正是众创平台向创业者兑现入驻时的资源承诺的过程，既增强了平台组织对平台网络关系的管理和控制，也是平台组织通过服务嵌入和资源承诺实现创新创业产品和服务附加值的双重提升，而创业者受到服务嵌入带来的附加值和精准及时兑现资源承诺的影响越强，其参与意愿越强。由此可见，众创平台竞争力的五个构成维度均能够显著影响创业者参与度。基于此，本书提出如下假设：

H：众创平台竞争力与创业者参与度正相关。

二　研究方法与工具

（一）研究样本

本部分样本取样时间为 2018 年 1—7 月，选取过程中参照选择分数模型，即选择一个典型的个体分数作为整体的测量，缘于熟悉众创平台运营情况人员主要由创始人、负责人构成。初始创业团队人数通常较少，以 3—5 人为主，故选择创业团队核心创始人作为调查对象。为此，本书从样本 3 中随机选取 68 家众创平台创始人、负责人填写众创平台竞争力问卷，得到 68 份组织层面数据，随后，向 68 家众创平台中的初始创业团队核心成员发放创业者参与度问卷，共回收 223 份创业者问卷，构成创业团队层面数据。

（二）研究工具

1. 众创平台竞争力。采用前文开发的包含 15 个条目的众创平台竞争力测量量表，并以 likert 5 点量表，从"很不符合"到"非常符合"分别计为"1"到"5"分，在本研究中的信度系数为 0.872。

2. 创业者参与度。采用 Schaufeli 等（2002）的量表，共 10 个题项，举例题项："进行创业活动时，您总觉得干劲十足"，在本书中的信度系数为 0.888。

三 假设检验结果

（一）描述性统计分析

由表 5 - 6 可知，众创平台竞争力与创业者参与度呈显著正相关（$r = 0.334, p < 0.01$）。

表 5 - 6　　　　　变量均值、标准差与相关系数（N = 223）

变量	均值	标准差	1	2	3	4	5	6	7
性别	1.25	0.437	1.00						
年龄	29.64	5.102	-0.288 **	1.00					
学历	2.99	0.651	-0.225 **	0.193 *	1.00				
工作经历	6.49	4.600	-0.145 **	0.857 **	-0.056 **	1.00			
创业经历	2.29	0.823	0.196 *	-0.104	-0.227 **	-0.031	1.00		
众创平台竞争力	4.08	0.421	-0.172 *	0.124 *	-0.065	0.074	-0.003	1.00	
创业者参与度	4.11	0.532	-0.798 **	0.493 **	0.287 **	0.422 **	-0.306 **	0.334 **	1.00

注：**、* 分别表示在 1%、5% 水平（双侧）上显著相关。

（二）多层线性模型分析

运用 Mplus7.4 对数据进行多层线性回归，在控制人口统计学特征变量的情况下，对众创平台竞争力与创业者参与度进行多层线性回归。由表

5 - 7 可知，众创平台竞争力对创业者参与度（$\beta = 0.245, p < 0.05$）具有显著正向影响，因此，本书假设得到验证。

表 5 - 7　　　　　　　　　　　**多层线性模型分析结果（N = 223）**

变量	创业者参与度
截距项（level - 2）	3.107^*（6.685）
性别（level - 1）	-0.251（1.787）
年龄（level - 1）	0.027（1.462）
学历（level - 1）	-0.130^*（2.417）
工作经历（level - 1）	-0.015（0.972）
创业经历（level - 1）	-0.001（0.026）
众创平台竞争力（level - 2）	0.245^*（2.211）

注：括号内数值为 t 值；* 分别代表在 5% 的水平下显著。

综上，众创平台竞争力对提升创业者参与度具有重要的推动作用，为管理者脱离单纯地依赖创业工位、免费场地等硬件指标构建众创平台吸引力，而从社会网络角度进行身份建构、心理距离角度塑造文化亲近、"需求痛点"满足角度定位价值主张、附加值角度强化服务嵌入和精准及时地兑现独特的资源承诺方面实施众创平台建设提供理论依据。

四　测量工具开发研究结果讨论

首先，本书进行众创平台组织竞争力的质性研究，以开放式问卷获取研究数据，初步构建出由身份建构、文化亲近、价值主张、服务嵌入、资源承诺 5 个因子共 25 个条目构成的众创平台竞争力初始量表，并定义了因子结构。发现众创平台若要提升竞争力，需要通过准确定位，全方位整合各类资源来构建组织身份，培育亲和文化，并通过提升服务质量来增强创业服务和产品的附加值，以此提升平台组织资源承诺能力，从品牌、文化、资源、服务等层面构建竞争力。与现有平台竞争策略的研究相比较，本书从组织管理视角拓宽了平台竞争力的培育路径，提出并非仅局限于平台架构创新、价格设计，平台亦需要通过身份、文化、服务、价值观等将冷冰冰的资源塑造成易使创业者产生依恋情结的"宠物"，这种情结诱导创业者主动参与平台价值共创，并分享自己的体验，无形之中吸引更多创业者加入平台生态圈。

其次，本书采用大样本研究设计对众创平台竞争力初始量表的结构进行了探索性和验证性因子分析。结果表明，探索开发的众创平台竞争力修订量表，共包含 15 个条目，平均分布于 5 个因子当中，探索性因子分析数据显示各因子的稳定性和内部一致性均较高，且信度良好。此外，验证性因子分析表明众创平台竞争力修订量表的结构效度、区分效度良好，本书测量量表开发过程科学、严谨，存在二阶结构模型。总体而言，本书开发的众创平台竞争力量表清晰且稳定，信效度良好。

最后，本书基于社会网络与资源依赖理论，构建并验证了众创平台竞争力对创业者参与度具有显著正向影响。研究发现，创业者对众创平台的选择偏好，与众创平台的身份、文化、价值、服务、资源是否与创业者的价值观和需求具有较高的契合度相关，契合度越高，创业者对众创平台的认知信任和情感信任越高，其参与度亦高。这说明当前众创空间要克服发展中面临的"庙"（众创平台）多"僧"（创业者）少问题，需要通过建构独特的结构洞资源，鲜明的身份和文化特质，脱离"熟悉陷阱"的服务路径完成社会归类，以此彻底摆脱因同质化、依赖政府补贴等造成的竞争优势丧失问题。

综上，本书深度剖析了众创平台竞争力的结构，全面展示了众创平台竞争力的来源，众创平台应在明晰生态圈构建定位的基础上，全面调动、整合各类资源完成身份、文化建构，再通过构建系统性的服务体系提升资源和服务的附加值，全面增强兑现创业者资源需求的能力，最终真正构建具有持久竞争优势的平台生态网络。如本书提出众创平台若要向创业者精准地嵌入创业导师、团队招聘、技术支撑、投融资对接等资源，使创业者在众创平台构建的生态网络中创造和共享知识，需要众创平台占据网络中的核心位置，并形成较高强度的关系嵌入、结构嵌入，为此，众创平台可通过整合内外部资源完成身份建构，以此确立自己的地位和声望，并通过营造良好的空间氛围拉近与创业者的心理距离，为资源承诺奠定基础。创业者参与度受到自我选择偏好、认知、情感等因素的影响，而本书提出的众创平台竞争力能够对影响创业者参与度的因素施加影响。例如，因众创平台发展时间较短，调研结果显示，诸多众创平台尚未形成独具特色的创业文化，其价值主张主要体现在身份建构层面，即众创平台从行动层面主张能够为创业者提供创业资源和创业服务，而在文化层面的构建深度不足，一是创始人、创始团队的文化印记与创业文化冲突或尚未形成平台组织特有的文化印记；二是运营团队成员尚未理解或接受平台组织的文化印记，在将服务嵌入到创业者的过程中，依赖于个体原有的经验，特别是来源于传统企业组织的管理者存在"熟悉陷阱"的风险问题，故众创平台可通过招聘具有互联网思维的运营人才、培育运营团队等措施提升服务嵌入过程中的文化嵌入，进而影响创业者的偏好，提升创业者参与度。

第六章

创业孵化平台组织竞争力培育路径[*]

　　平台的生存、竞争、发展和进化问题一直都是产业组织经济、技术管理和战略管理领域的重要研究议题（Boudreau，2010；Cennamo、Santalo，2013；Kay，2013），特别是近年来，分享经济、互联网经济背景下的中国企业平台化战略转型（蔡宁等，2015；井润田、赵宇楠，2016；汪旭晖、张其林，2017）和"双创"平台发展研究（李燕萍等，2017）备受学者关注。《中共中央关于制定国民经济和社会发展第十三个五年规划的建议》明确提出创新驱动发展战略，其中创新动力的转换和发展空间的拓宽最为关键（刘延东，2015），由此，众创空间平台组织应运而生，成为推动创新发展的新动力、新空间（陈武、李燕萍，2017），在短期内实现了跨越式发展，据科技部火炬中心发布的《中国创业孵化发展报告（2022）》显示，截至 2021 年年底，中国众创空间已达 9026 家。政府不遗余力的推动，造就了众创空间的繁荣景象，随之而来的"过剩"问题逐步凸显，同质化、空心化、依赖政府补贴、社会认同度低、创业服务能力不足等问题成为制约众创平台发展的关键"瓶颈"（李燕萍等，2016；刘东、陆海晴，2015），尤其是从 2016 年深圳明星众创平台孔雀机构、地库咖啡、克拉咖啡倒闭事件的发生，到 2017 年北京无界空间全资收购 Fourwork（富空间），优客工场与洪泰创新空间签署战略合作现象的出现，引起了学术界和实践家关于众创平台如何突破"庙"多"僧"少困境的

---

　　* 本章部分内容发表在《经济管理》2018 年第 3 期，第 76—94 页，作者为陈武、李燕萍。

讨论①。面对这一现实困境，平台组织应如何识别其竞争环境？又通过何种路径实现竞争力培育？众创平台虽历经多年的发展实践，但尚未形成平台组织理论体系，故此新课题有待学术界深入研究。

随着平台经济的崛起，平台作为一种创新型商业模式，例如 Google、51job、Windows、淘宝、腾讯等，正在逐步改变传统价值链和产业链的生态环境（丁宏、梁洪基，2014）。平台竞争环境的加剧，引起学者从经济学、战略管理和技术管理视角对其生存发展策略的探讨。已有研究表明，在竞争激烈的市场环境中，平台为保持自己的竞争优势或者获得先发优势，往往会采取赢者通吃策略（winner – take – all）（Eisenmann 等，2006；Katz、Shapiro，1994；Shapiro、Varian，1998）、非对称倾斜定价策略（skewed pricing strategy）（Evans，2003；Rochet、Tirole，2003）、分而治之的用户培育策略（divide – conquer strategy）（Afuah，2013；Fuentelsaz 等，2015）、成本转移策略（switching cost strategy）（Rochet、Tirole，2003）、排他性策略（exclusive strategy）（Fudenberg、Tirole，2000）等，各种策略会促进平台产生平台网络效应（platform – mediated network effects），进而吸引用户不断加入平台，其基本的假设前提是用户会与其他大量的用户一起为平台创造更高的价值（Cennamo、Santalo，2013），平台参与者的增加值取决于平台网络中可以与其持续互动的其他用户的数量（Eisenman，2007；Farrell、Saloner，1985）。尽管现有研究从多个角度提出了获取平台竞争优势的策略，但是，先前研究的局限性与当今时代情境为进一步拓展平台理论提供了研究机遇：第一，平台理论起源于产品研发，故大部分研究聚焦在高新技术行业且多为静态情境中的研究。例如 Facebook、Sony's PlayStation（McIntyre、Srinivasan，2017；McIntyre、Subramaniam，2009），并且把平台视为一个在一定时期内相对稳定的系统，对于平台的动态性和进化过程缺乏研究（Bresnahan、Greenstein，1999）。这显然无法解释当前处于分享经济、互联网环境中，面临更大的不确定性和动态竞争环境的平台组织竞争力培育的过程机理。第二，平台理论关注平台创新能力与平台架构的关系，"双边市场"平台更带有交易属性，致

---

① 本书"庙"指代众创空间平台组织，"僧"指代创业者。"庙"多"僧"少寓意创业者数量无法满足众创空间平台组织发展需求，特别是优质创业者极度稀缺。

力于通过价格策略解决"鸡生蛋"难题。但是仍然未涉及平台竞争力培育这一核心议题。"双创"环境中的平台组织广泛嵌入经济、制度、文化、产业结构中（陈武、李燕萍，2017；Zukin、DiMaggio，1990），故仅从平台架构和价格角度探究平台竞争力不够全面，无法体现制度、文化等外部环境对平台竞争力培育的影响。

本书尝试从嵌入性视角，运用探索式案例开展平台组织竞争力培育理论建构。从社会网络视角研究平台是绝大多数学者的首选（Boudreau、Jeppesen，2015；Evans、Schmalensee，2007；Suarez，2005），平台作为多方开展交易的连接渠道（Eisenmann 等，2006），社会关系复杂，这些纵横交错的关系共同编织了一张巨大的社会关系网。因此，从嵌入性视角分析平台组织竞争力培育策略，能够从关系、结构、政治、制度、文化（Borgatti 等，2009；Gulati、Gargiulo，1999）等层面充分探讨平台战略选择与平台自身特色、区域、战略布局的关联关系。本书聚焦于"双创"背景下的 8 家众创平台，面对"庙"多"僧"少的现实困境，它们需要突破的竞争瓶颈更为复杂和多元。针对创业者的异质性需求，通过简单地自制（make or buy）机制难以俘获创业者，同时创业者对众创平台的依赖具有实效性特征（科技部 2017 年《国家众创空间备案暂行规定》明确指出孵化期不超过 24 个月，实地调研发现这一时限通常为 6—12 个月），亦无法通过培育用户黏性、倾斜定价等方式形成垄断。为此，众创平台的案例研究有望从理论层面揭示"双创"背景中平台组织对竞争环境的识别与竞争力培育的路径选择机制。现实层面为国家推动众创平台专业化升级提供案例参考，对平台组织竞争力培育具有战略启示意义。

第一节　案例研究设计程序

一　案例样本选取

根据多案例研究的复制逻辑和理论抽样原则，课题组预先调研了分布在北京、深圳、中山、武汉、成都、合肥、海口等地的 58 家众创空间。然后，为提高研究结论的普适性和可靠性，本书采取三个原则选取案例：第一，提取创新创业最为活跃地区的案例，例如，深圳是中国最早提出"创客之城"理念的城市，创新创业最具活力的城市，拥有数量最多的众创平台。第二，筛选二线城市的典型案例，如武汉、合肥、成都等地区已经初步形成了具有较高影响力的创业品牌。第三，囊括区域、行业、跨域发展的典型案例，虽然部分案例仅分布于某个特定区域，但其创始单位合作的广泛性能够有效降低案例来源地的干扰，如东科创星的合作单位来自北京、深圳、陕西、西安等区域；微游汇孵化器的创始单位已经覆盖国内19个中心城市。最终，本书选取8家众创平台，其关键信息如表6–1所示。

表6–1　　　　　　　　　　8家众创平台的关键信息

众创空间	运营团队人数	入驻率（%）	定位	分布地区
东科创星	30	100	定制化辅导＋资源共享＋四位一体孵化模式＋免费创业培训＋天使投资	武汉、黄冈
烽火创新谷	2000	100	面向"互联网＋"的智慧城市产业	武汉
光谷创业咖啡	100	80	创业者和投资者的交流平台＋创新孵化器＋创业培训＋天使投资	深圳、武汉、成都等地
东湖创客汇	60	—	企业产品推广、市场对接和主题园区，资源联合型的纵向深度孵化	武汉
云邦创新空间	9	100	整合优势资源，创建高端平台	合肥
种子社区	5	100	高科技领域独具特色的管理顾问咨询公司	深圳
微游汇孵化器	12	100	构建可持续的移动互联生态链式创业服务体系，做中国的YC	深圳
小样青年社区	120	80	致力于服务青年创业群体与创意创新型小微企业的复合型办公社区	深圳、武汉、北京等地

注：运营团队人数与入驻率统计数据源于2017年5—7月实地调研时获取的数据，入驻率为时间节点数据，但7家众创平台均经历了从"僧"少到"僧"多的动态演化过程，此外本书"僧"少还包含优质创业者少的含义，不完全由入驻率反映，受访者提到优质项目率小于3%。东湖创客汇主要帮助初创企业提供产品对接渠道和主题园区开发为主，故没有入驻率数据。

二　样本案例背景

东科创星：2013年5月创办，是华中地区首创的创业者培训和天使投资机构，采用免费创业培训、定制化辅导、天使投资、资源共享四位一体的模式发现并扶持优秀创业者成为卓越企业家。目前形成了具有武汉特色的创业 CEO 特训课程体系,并成功培育了明德生物、校导网、象辑科技等优秀企业,13 家企业成功实现新三板挂牌。

烽火创新谷:2015 年 6 月创办,由烽火科技集团与武汉市洪山区政府出资共建的创新创业平台,是首批专业化众创空间,占地约 7 万平方米,实现营收 300 亿元。烽火创新谷利用烽火科技在智慧城市领域的优势,整合内外部创新要素,逐步成为国内最具影响力的生态型智慧城市产业"双创"基地,拥有资产管理、投资、创客中心、公共服务四大平台。

光谷创业咖啡:2013 年 4 月创办,由小米科技董事长雷军和光谷软件董事长李儒雄共同投资创办。定位于创业者和投资者的交流平台、创新孵化器、创业培训和天使投资,先后被认定为国家/省级创新型孵化器,在武汉、成都、海口等地建有孵化面积 6 万多平方米,已入驻 300 多个海外归来创业、北上广深等优秀创业团队。截至 2016 年 6 月,完成融资项目超过100 个,融资项目数量超过 20%,累计融资金额超 15 亿元人民币,已成功孵化车来了、可遇青年公寓、恋爱记等系列优质项目,投资回报率达 80 倍以上。

东湖创客汇:2015 年 3 月创办,东湖创客汇是武汉东湖高新区创新创业的第二品牌,现有 4 个空间、5 万平方米的运营场地。创客汇主要做企业产品推广和市场对接,已成功举办了 3 场全国性东湖创客汇活动,首场创客汇活动吸引了来自国内 70 多个创客空间,1000 多件创客作品参加,约 1.2 万人现场观摩,超过 2 万人在线观看。

云邦创新空间:2016 年 2 月创办,具备为入孵企业提供相适应的办公场地、通信系统、计算机网络、休闲娱乐等创业所需的基本设施,并且能为企业提供会计、商务、技术、法律、资金、培训、国际合作等多方面的服务。

种子社区:2015 年 7 月创办,深圳种子社区面积约 2000 平方米,能同时为 20 个团队提供孵化、辅导、咨询、培训、加速、融资服务。拥有成熟的导师团队和创投管理经验,与北京、广州、成都、杭州等多个地区的创孵机构,形成了稳定的战略合作关系,入孵的项目主要涉及人工智能、智能家居等多个领域。

微游汇孵化器:2014 年 6 月创办,微游汇孵化器是新动传媒集团联合深圳市龙岗区产业投资服务集团共同打造的华南地区最具规模、最具特色的移动互联网孵化基地，专注于 TMT 和移动互联网行业，拥有 1000 平方米免费办公区域、5000 万元种子基金、20 万元免费推广资源、50 位创业导师、100 家风险投资商，能够为创业者提供免费办公场地及投融资服务，提供创业团队孵化、商业模式优化和关键资源对接的生态链服务。

小样青年社区：2015 年 5 月创办，小样青年社区是以创业办公为核心，集工作、娱乐、社交为一体的复合型创业社区，能够满足青年创业人群的多元需求。包括协同、标准化、定制化三类办公空间等，能够满足创业团队对不同阶段、不同规模的创业办公空间需求，具有创业咖啡、体验式商业、青年公寓等功能，构建了小样新媒体、小样金融自营业务体系。已在北京、深圳、苏州、广州、厦门、武汉等 10 个城市布局。

三 样本案例数据收集

本书遵循 Yin（1994）的多源证据要求，采用多种渠道收集资料，以此保障证据链的完整性，最终资料主要包括：访谈录音、现场观察资料、会议记录、宣传手册、PPT、图片、视频、文献、报纸、官网资料、新闻报道、非正式交流资料等。本书采取以下措施提高数据资料的完整度。

首先，广泛的受访对象。既可对访谈资料的真实性加以验证，亦可以拓宽信息获取渠道。根据研究目标将众创平台的创始人、负责人作为主要受访对象。因为他们具有丰富的众创平台运营管理经验，对众创平台的创立、竞争策略的选择、区域环境的把握、政府政策的动态、竞争对手的状态等十分了解，特别熟悉众创平台的创新创业服务体系、资源整合与配置方式、项目筛选机制等平台管理流程，了解创业者的行为和动机等。同时选取平台内的运营管理团队、创业者、同行、政府对口管理部门人员作为补充访谈对象。

其次，多时间段的调查。本书调研分初期和深度调研两阶段，2016年 5 月至 2017 年 8 月内完成。初期调研 58 家众创空间平台，研究团队先向受访众创平台介绍调研目的，在平台负责人介绍平台发展历程与特色后，再根据众创平台相关信息甄选案例，以提高研究案例与研究问题的契合度，最终提取 8 家众创平台案例。调研过程中，每次至少有 5 名成员参与，其中 1—2 人负责主问，其余人员负责记录和填写问卷。访谈结束后，研究员要凭记忆尽量进行记录和相互核对事实，然后遵循"24 小时规则"

和包含所有数据规则（Bourgeois Ⅲ、Eisenhardt，1988；Yin，1994），将详细的访谈记录在一天内整理完成。结合研究问题，调研组先对众创平台创始人进行深度访谈，再对其他运营管理团队成员、众创平台中初创企业负责人等展开访谈，以获得详细可靠数据。据此完成主要理论构念和框架的归纳提炼，然后在其余众创平台的调研中进一步验证。8 家众创平台访谈详细信息如表 6–2 所示。

表 6–2　　　　　　　8 家众创平台访谈对象描述性统计

	访谈对象	录音时长（分钟）	录音字数（万字）	访谈次数	访谈人数	受访者职位
众创平台	东科创星	62	0.5	5	3	创始人（1）、总经理助理（1）、主管（1）
	烽火创新谷	103	0.9	2	2	总经理（1）、经理（1）
	光谷创业咖啡	97	0.8	5	5	副总经理（1）、项目经理（3）、总经理助理（1）
	东湖创客汇	43	0.4	2	2	创始人（1）、经理（1）
	云邦创新空间	251	2.7	4	13	创始人（1）、项目经理（1）、初创企业负责人（11）
	种子社区	212	1.3	2	2	创始人（1）、经理（1）
	微游汇孵化器	78	0.6	3	4	创始人（1）、园区管委会（3）
	小样青年社区	56	0.4	3	3	项目经理（1）、初创企业负责人（2）
政府部门	东湖高新区管委会	174	1.4	1	18	政府领导（3）、众创平台代表（15）
	深圳光明新区经济发展促进中心、南山区科技事务所	134	1.2	1	9	政府领导（2）、行业协会代表（2）、众创平台代表（5）
合计		1210	10.2	28	61	

注：政府部门访谈只列举 2 个示例，同行评价未列出。因访谈过程中包含参观，与本书主题不相关的访谈内容，本书只统计了与本研究相关的录音内容，故录音时长与录音字数并未完全对应。

最后，多种方式收集案例资料。本书通过 6 种方式收集众创平台的案例资料：（1）调研座谈会式访谈。由调研组提前将访谈提纲通过政府主管部门以邮件的方式发送给众创空间负责人，再通过众创平台对口政府管理部门（如武汉市东湖高新区科技创新局、东湖高新技术开发区管理委员会）召集众创平台负责人参加座谈会，调研组针对众创平台提供的相关信息进行深度访谈。该种方式的访谈数据由座谈会现场发言和众创平台提供的内部书面材料构成。最后由调研组成员负责整理书面材料和座谈会录音。（2）一对一的深度访谈。一是调研员按照访谈提纲进入众创平台，现场和被访谈对象进行半结构化访谈；二是通过搭建的"中国创客和众创空间"微信群、QQ 群互动平台，与众创平台负责人形成长期的互动联络关系，随时询问问题并及时记录。（3）会议观摩。调研组成员利用观摩众创平台举办各种会议或活动机会收集一手信息，如产业园区内部会议（中山市科学技术协会举办的创客与众创空间论坛、武汉市东湖高新区召开的众创空间建设路径研究会）、创新创业联盟筹备会（武汉市创业服务联盟成立会议）、武汉众创空间发展研讨沙龙、项目路演以及众创平台内部会议等。（4）与中国创客空间联盟（CMSU）① 开展联合访谈。调研组与 CMSU 展开合作，充分运用 CMSU 资源平台拓宽资料收集渠道，一是 CMSU 理事会成员主要由众创平台创始人构成；二是 CMSU 成员单位分布在国内各个地区。（5）现场观察。调研组深入众创平台现场参观平台运营管理情况、创业者入驻情况，并访谈部分创业者，了解其创业动机、选择众创平台的初衷、对众创平台创业服务的评价等。（6）网络新闻媒体资料整理。调研员通过收集众创平台官网及其他媒体的相关新闻报道，如新华网的《烽火创新谷——打造双创新模式探索典范》；人民网的《这家众创空间有点不一样》；微游汇孵化器官网的《他要在这片热土给创业者提供栖息地，打造中国的 YC!》等。

---

① 中国创客空间联盟（China Maker Space Union，缩写为 CMSU）成立于 2015 年 6 月 6 日。由南京创客空间、西湖创客汇、成都创客坊和武汉光谷创客空间联合发起，各地创客空间自愿结成的、联合性、非营利性的社会组织，目前联盟成员已经超过 50 多家单位。

四 样本案例数据分析与编码

本书采用开放式编码，遵循探索式研究方法的编码思路对众创平台案例数据展开分析（Yin，1994）。首先由 2 名研究团队成员对案例文档进行独立编码，运用原始文本构建初步研究框架，并识别构念间的逻辑关系。其次，通过复制逻辑归纳、提炼、比较和验证其他案例的编码结果。最后，基于数据与理论之间的迭代、分析和阐释编码结果。编码过程中遇到分歧之处，研究团队成员通过反复讨论直到达成一致意见，进而避免个人主观偏见的影响，提高研究结论的信效度（毛基业、张霞，2008）。8家众创平台数据一级编码如表 6-3 所示。

表6-3 8家众创平台数据一级编码

数据来源	数据类别	编码							
		东科创星	烽火创新谷	光谷创业咖啡	东湖创客汇	云邦创新空间	种子社区	微游汇孵化器	小样青年社区
一手资料	深度访谈资料	A1	B1	C1	D1	E1	F1	G1	H1
	非正式访谈资料（微信、邮件）	A2	B2	C2	D2	E2	F2	G2	H2
	现场观察资料	A3	B3	C3	D3	E3	F3	G3	H3
二手资料	企业网站资料	a1	b1	c1	d1	e1	f1	g1	h1
	社会媒体报道、网站资料	a2	b2	c2	d2	e2	f2	g2	h2
	企业内部资料、宣传册、PPT 等	a3	b3	c3	d3	e3	f3	g3	h3

注：字母代表案例，数字代表资料类别，如"A1"表示来自东科创星的深度访谈资料，并用大/小写字母区分一手/二手资料。

第二节 案例分析与发现

一 众创空间平台组织竞争环境识别与竞争力培育路径建构

运用扎根理论方法，从原始资料中探索、提炼平台组织竞争环境和竞争力培育路径的构念，为保障涉及类属的饱和度，本书将 8 个理论案例及另外 50 家众创空间同时纳入备选案例。

（一）开放式编码

开放式编码是将零散的原始资料进行分解，并结合资料反映的现象赋予事件或行动对应的标签，通过反复比较使之概念化和范畴化。本书先对 8 家案例进行开放式编码，然后，从其余 50 家案例中随机抽取 20 个进行开放式编码，并对比两批开放式编码结果，检查是否存在不一致的概念。同时，为保障编码结果的内部一致性，依据 Miles 等（2013）关于内部一致性达到 80% 的标准，参考许庆瑞等（2013）的做法，本书采用双盲编码方式，由 2 名研究者分别对原始资料进行概念化，并按照最大化原则保留初级编码，初步获得 325 条竞争环境编码和 345 条竞争力培育编码（完全相同编码合并为 1 条）。随后，遵循意思相近或相同原则对初级编码结果进行同类项合并、精简，最终获得 304 条竞争环境编码和 287 条竞争力培育编码，其中对应 98、83 条编码来自 8 个理论案例，206、204 条编码来自其余 25 个备选案例，一致性检验结果均大于 80%（相同编码数分别为 246、235），达到良好标准。因备选案例编码中并未发现新概念，故对 181 条理论案例编码进行提炼，抽象出 15 个范畴（如表 6 - 4 所示）。

表 6 - 4　　　　　　　　　　　　开放式编码范畴化

编号	范畴	证据事例与初始概念
1	服务同质	"很多众创空间提供的服务都相差不大"（服务雷同）（e3 - 3、h3 - 3） "缺乏特色，较多众创空间运营主体没有孵化行业从业经历，不懂孵化模式和特色"（服务特色缺失）（D1 - 3）
2	空间同质	"最底层的就是注册一个写字楼，99% 的众创空间是传统房地产模式"（地产模式）（E2 - 5、F1 - 4） "众创空间要从桌椅板凳出租和拿政府政策中跑出来，最大的问题是没有聚焦点，提供不了创业服务"（空间特色缺失）（C2 - 2、F1 - 3） "房租价格偏离行业市场，较多众创空间是纯粹'二房东'，且以市场价格租赁办公场所"（盈利模式雷同）（a3 - 2、D1 - 2）

编号	范畴	证据事例与初始概念
3	创业资源塌陷	"部分众创空间依托某些大型企业，但其与企业的良性互动模式没有建立起来"（协同资源不足）（B2－3） "还没有从产业链去对接，是从以前的从业经验和个人的一些资源去对接"（产业链资源断裂）（E1－3） "目前是民营孵化器，希望有个比较大型的场地，还有很多项目没有办法落地"（空间资源不足）（a3－3）
4	服务资源塌陷	"众创空间因其自身的规模、能力、所依托的企业等实力不同，导致其自身能够提供给创业企业的附加服务能力有限。比如股权结构设置、产业化等方面的服务较为欠缺"（专业化服务欠缺）（B1－5） "众创空间专业化运营体系及服务能力欠缺"（服务体系不完整）（A1－4） "众创空间自身在服务质量上还需精细化，在对接资源上过于简单"（服务质量较低）（b2－4）
5	定位模糊	"定位和目标不明确，到底要做哪种类型，做哪种专业化"（空间定位模糊）（G1－6） "缺乏准确性的定位，无法抓住创业者的痛点"（服务对象不明确）（B1－8、C2－6）
6	价值观冲突	"在庙堂之上谈创新创业实际上跟真实世界的创新创业会有很大的差距"（创业理念冲突）（G1） "最重要的还是创业者观察到你的服务很细致"（服务理念冲突）（H1－5） "当前遇到的最大困难就是难以从社会上招聘到懂运营，与创业者价值观接近的人才"（沟通文化冲突）（H2－3）
7	政府主导园区	"由烽火科技集团与洪山区政府出资共建的生态型智慧城市产业双创基地"（政企共建）（b1－1、b2－1、b3－1） "深圳大运软件小镇是由龙岗区政府主导，深圳市经信委、经促局等多个部门共建的创新产业示范园区"（政府主导构建）（g1－1、g2－2、g3－7）
8	社群关系	"很多客户是园区推荐的，罗湖园区推荐的占到30%"（政企社群）（H1－7、H2－6） "整个大园区的历史情况下形成了邮科院这样一些骨干型企业，希望生态型有几个大型企业来引领，希望这些企业形成验证型的、协作型的关系，给企业研发提供资金"（企业社群）（B1－2、B3－1、b3－3）

编号	范畴	证据事例与初始概念
9	社区生态圈	"喜欢做主题园区开发,打造类似北京798、汉阳造,这种低密度、氛围感、艺术感、融入感比较强"(社区文化生态)(D1-11、D3-9)
10	创业者需求	"营造创业氛围,遇到一群志同道合的人共同创业"(创业环境需求)(E1-10)
		"提供创业资源,获得更多自己所需的资源"(创业资源需求)(e2-9)
		"技术项目要深入了解他们的需求,尽量培育出他们的特色"(技术需求)(G1-12)
		"从品牌孵化角度切入,在找项目的时候也是按照这个标准定位"(品牌构建需求)(G1-11)
		"主要搭建云邦平台,链接云邦内外部资源,实现新创小企业的抱团取暖"(合作需求)(E1-10)
		"成立一个几百万的小型资金,可以点对点进行帮扶"(创业资金需求)(E1-12、E2-10)
11	政府需求	"北京中关村那个,是义乌市政府投资的,目的是为了义乌招商引资,项目还是跟政府合作更有优势一点"(政府引资)(H1-8)
		"地方政府、开发商给物业,我们负责运营,为政府引进优质项目提供渠道"(政府引项目)(F1-12)
12	市场需求	"喜欢用产业链来解决问题,从后往前推动"(产业链需求)(F1-9)
		"把创业企业跟龙头企业进行实际性对接,确实帮助企业拿到很多项目,并且在他的品牌形象和宣传方面都有提高"(企业市场需求)(B1-11、b3-8)
13	G—P协同	"承接广东珠江三角洲一些城市社区文化转型升级,把开心麻花模式在广州复制,进入各个社区,与政府共同打造"(政企协作)(F1-11)
		"与东湖高新技术开发区,党工委组织部人才与创业办公室签订战略合作协议"(政企协作)(a1-12、a2-13)
14	P—P协同	"号召把园区众创空间资源、载体资源、专业服务团队、实验室整合起来,共同招项目"(园区主体协作)(G1-15)
		"与全国多家知名孵化器、众创空间都建立了战略合作关系,积极与本地众创空间进行交流,资源共享"(与知名孵化器合作)(A1-17、a3-15)
15	P—E协同	"跟华为、京东的合作,不是单纯的做一次活动,其实做一次沙龙,做一次比赛,是围绕生态去做一个深度的圈层"(与知名企业协作)(D1-16、d2-17)

注:"G"代表政府;"P"代表众创平台;"E"代表企业,按照"案例资料编号—语句编号"编码,如"A1-1"表示案例A中深度访谈资料的第1条语句。

（二）主轴式编码

主轴式编码是为构建范畴之间的联系，通过聚类分析更加清晰地呈现各部分之间的有机关联。按照 Strauss 和 Corbin（1998）提出的范式模型，需要分析条件、现象、行动策略与结果之间的逻辑关系。本书研究主题是众创平台对竞争环境的识别及其采取的应对策略，从原始材料和编码范畴出发，众创平台竞争力培育符合"条件—行动策略—结果"范式，即众创平台识别了竞争环境中的难点，为破解此类困境采取某种策略，最终实现了特定的结果。依据该范式，本书把 15 个范畴归纳到 6 个主范畴中（如表 6 - 5 所示）。

表 6 - 5　　　　　　　　　　　主轴式编码

编号	关系类别	主范畴	对应范畴	关系内涵
1		组织身份同质	服务同质 空间同质	服务同质是平台组织提供的创新创业服务大致相同；空间同质则表现在工作空间、网络空间、交流空间的雷同。两者导致组织无法准确凸显自身特色
2	竞争环境识别（条件）	结构洞资源塌陷	创业资源塌陷 服务资源塌陷	创业资源生态系统断裂带，会造成创业者生命周期中的阶段性资源缺失；服务资源塌陷则会影响组织服务体系的完整性，两类资源塌陷共同形成平台组织结构洞资源塌陷
3		文化疏离	定位模糊 价值观冲突	定位是平台组织能够为创业者带来某种利益的主张，模糊的定位致使创业者认为"痛点"资源无法获得；价值观是平台组织构建的思维取向，影响着组织的文化取向，与创业者冲突的价值观会拉大组织与创业之间的心理距离

编号	关系类别	主范畴	对应范畴	关系内涵
4	竞争力培育路径（行动策略）	园区共生	政府主导园区社群关系社区生态圈	政府主导园区拥有较多的合法性、制度性资源，经筛选入驻园区的平台组织之间较易形成嵌入性社群共生关系；嵌入社区则易与社区生态圈之间形成共生关系
5		需求驱动	政府需求创业者需求市场需求	政府往往具有招商引资需求，与之形成嵌入关系，能够获得制度资源优势；嵌入创业者需求，则促使平台组织更加精准的构建资源生态圈；嵌入市场需求解决了创业产品的销售渠道，提升了创业服务资源的配置效率
6		联盟协同	G－P协同P－P协同P－E协同	与政府协同能够增强制度嵌入，降低制度变革带来的不确定性，强化政府与组织间的信任；与同行协同降低了信息等交易成本，形成文化嵌入关系，提升了组织间的信任和联合解决问题的能力；与企业协同，资本之间的嵌入有助于快速塑造品牌知名度和社会影响力

注："G"代表政府；"P"代表众创平台；"E"代表企业。

1. 组织身份同质（organizational identity homogeneous）。组织身份是组织成员认为的组织具有的核心、独特和持久的特征（Mujib，2017）。本书将组织身份同质界定为平台组织在商业模式、创新创业服务的产品和内容方面缺乏凸显特色的独特特征，其差异化程度较低，可替代性强。

2. 结构洞资源塌陷（structural holes resources collapse）。结构洞是指社会网络中的空隙，是一个网络中最有可能给个体或组织带来竞争优势的位置（Burt，2009），创业者和平台组织均嵌入特定的社会网络，因资源获取能力、网络位置、社会资本等差异促使结构洞形成，加之在中国"情感＋利益"的组合方式构成了差序关系的主要形式（孙立平，1996），因而平台组织的资源生态圈依赖于企业家的资源、知识和能力（陈亚青等，2015），这就决定了平台组织围绕创业者需求构建的资源生态圈是一种基于结构洞的社会网络资源，受访者亦表示结合自己的从业经历及人际关系为创业者提供资源。结构洞资源塌陷指以组织创始人社会网络构建的平台组织资源生态圈无法完全满足创业者对创业资源的需求。

3. 文化疏离（cultural alienation）。文化疏离感是处于交叉文化中的个体与他文化之间产生的被异化、被控制、不和谐、非卷入等消极情绪，影响着个体的社会认同和适应（杨东等，2009；Cozzarelli、Karafa，1998）。本书将文化疏离界定为平台组织文化与创业者价值预期之间存在的不一致、不匹配等影响创业者积极情感体验的心理距离。

4. 园区共生（park symbiosis）。通过嵌入生态园区，与园区内的政府、同行、企业等单元形成生态共生界面，以强弱关系为纽带与共生界面内单元进行资源交换的方式即为园区共生。

5. 需求驱动（demand driven）。从需求端（政府、市场、平台内部企业等多边需求）向前推动构建众创平台多边用户，以此培育平台竞争力的方式，即为需求驱动。

6. 联盟协同（alliance synergy）。以加入众创空间联盟、创客空间联盟或与社会知名企业开展合作的方式，为众创平台获取信息、创业项目、联合路演等联盟资源，本书称之为联盟协同。

（三）选择式编码

选择式编码是通过描述现象"故事线"的方式将主范畴与其他范畴间关系进一步系统化。本书的故事线可以描述为：众创平台发现发展过程中面临组织身份同质、文化疏离和结构洞资源塌陷困境，为避免在竞争中被淘汰，经过不断探索发现通过园区共生、需求驱动和联盟协同三种路径能够将合法性资源、制度资源、联盟资源、社会资本等嵌入自身生态圈，进而推动组织完成身份建构、文化亲近和资源承诺等竞争力培育。依据故事线，本书提出如图6-1所示的"双创"环境中的平台组织竞争力培育路径框架。

二　众创空间平台组织竞争力培育路径模型阐释

为增强对图6-1路径框架的理论阐释，本书基于"条件—行为策略—结果"范式，结合案例情境和嵌入性理论，按照竞争力培育路径展开讨论。

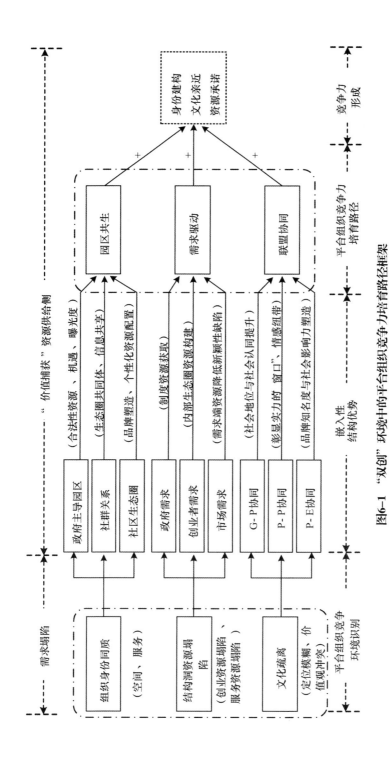

图6-1 "双创"环境中的平台组织竞争力培育路径框架

注："+"表示正向作用，身份建构、文化亲近、资源承诺三个结果构念，为避免重复，故未在开放式和主轴式编码中赘述，为呈现完整的"条件—行为策略—结果"模型，将其沿用至此，并用虚线框表示。

（一）路径一：园区共生路径突破身份同质

当前情形是众创平台受到地方政府创新发展政策"春风"的影响，在抢先分享政府优惠政策利益的驱动下，导致其以"摸着石头过河"的心态盲目"跟风"（李燕萍等，2017），而并未形成准确凸显"我们是谁"的组织特征。主要表现在两个方面：一是服务同质，平台组织提供的创新创业服务大致相同。如东科创星、微游汇孵化器均能提供工商、税务、法律、人力资源等创业服务。二是空间同质，表现为工作空间、网络空间、交流空间的雷同，也被业界戏称为"二房东"。如东湖创客汇发现单纯做"二房东"，仍然是基于物业的服务，成本回收周期非常长，在空间体量小的情况下，会出现较大的财务不平衡。又如种子社区最初以常见的写字楼注册模式为创业者提供空间。空间同质又导致盈利模式雷同，微游汇孵化器最初进入大运软件小镇时依赖差价盈利模式，借助政府免费或低价提供的空间，以高于政府价格将改造后的空间（办公空间）租赁给创业者。服务和空间同质导致组织不能向外界宣示组织的自我存在（王成城等，2010），进而弱化组织的社会声望和地位，核心原因在于盲目进入陌生领域，未能与政府、产业、创业者等形成较强的嵌入关系，新创组织之间容易因同质化而引发恶性竞争（熊艳等，2017），众创平台均采用免费或低价方式吸引创业者，此时，通过价格策略构建竞争力（Evans，2003）不再有效。

为此，众创平台通过共生嵌入方式与政府、同行、企业等主体形成生态共生界面，进而完成身份建构能力培育。案例分析发现存在2种主要园区嵌入方式：（1）嵌入政府主导生态园区，同时强化社群关系嵌入。政府主导生态园区扶持性政策较强，同时为促进园区生态建设，入驻企业之间的互补性较高，如深圳大运软件小镇。嵌入园区意味着组织能够形成较高程度的制度嵌入，制度嵌入为平台组织带来了更多的政策性保护资源（冯天丽等，2010），在提升组织合法性的同时增加了平台组织的曝光度和社会影响力（Dickson，2003），推动平台组织拥有更多的冗余资源和更强的组织能力（Li、Zhang，2007），进而凸显组织的异质身份特征。如微游汇孵化器、小样青年社区入驻深圳大运软件小镇后，获得政府提供的公共服务、财政补贴、廉价场地、招商渠道等资源，此外，经筛选后入驻的众创平台与园区产业整体形成园区生态圈。烽火创新谷则由烽火科技集团联合政府共同出资构建，聚焦智慧城市形成的双创生态基地。东科创星联合武汉东湖高新技术开发区和联想之星，吸引了武汉光电技术研究院等 8 家合作单位和武汉大学国家科技园等 6 家支持单位，政府资源的嵌入和清晰的空间定位使烽火和东科创立之初就拥有区别于其他众创平台的显著身份特征。（2）嵌入社区文化生态圈。1974 年，世界卫生组织将彼此认识且互相来往，有着共同兴趣，创造社会规范，行使社会功能和形成特有价值体系的、固定地理区域范围内的社会团体称为社区。平台组织与社区文化的融合，既能通过社区政府管理部门实现制度嵌入，将制度资源、社区资源有效链入平台，亦凸显了平台组织的特色化身份。如东湖创客汇基于社区构建的主题园区，与绝大多数众创平台的关注点不同，此类园区兼具较强的低密度、氛围感、艺术感、融入感的特征，其品牌塑造力和满足创业者个性化需求能力较强，通过社区实现制度嵌入有效地推动东湖创客汇从地产模式向资源联合型的纵向深度孵化生态体系转型。

（二）路径二：需求驱动路径降低结构洞资源塌陷

结构洞资源塌陷表现为创业资源和服务资源塌陷，其中，创业资源塌陷是平台组织资源生态圈存在断裂带，只能提供物理空间、网络、投资等基础资源、而产业链、融资、营销、导师等高端资源却无法对接，如云邦创新空间成立之初只能提供办公空间，创业资金源于创始人且规模有限，同时需要担任创业导师角色，由于缺乏可依托的单位，产业链对接、营销渠道开拓等依赖于创始人的社会资本。服务资源塌陷则源于技术支撑、创业项目推广、组建创业团队、创业团队品牌资产构建等专业化服务体系不完整，如东湖创客汇早期通过资源联合方式能够为创业者提供财税、工商、法务、导师对接等基础服务，而在围绕创业者个性化需求方面的服务则非常稀缺，正如其 CEO 感叹道："财税、工商大家都可以服务，而在深度服务、创业者个性化服务方面，一般空间是很难做到的。"可见，与政府、市场、企业等供给侧资源主体的关系嵌入、结构嵌入的缺失，仅由企业家个体社会网络关系形成的资源无法满足创业者需求。

案例分析发现众创平台主要运用三类需求嵌入路径，降低资源塌陷对平台组织与创业者造成的影响。一是嵌入政府需求，实现制度嵌入，有效获取政策性保护资源（Haveman 等，2017）。招商引资、促进就业、贯彻政策等政府需求往往是组织获取制度资源的契机，在满足政府需求的同时，组织亦能"捕获"合法性资源。如小样青年社区以地方政府扩大众创空间规模和招商引资需求为契机，在北京、苏州、重庆等城市实现了低成本布局，在获得地方政府提供的低成本物业等政策性资源的同时，也为入驻小样的创业者提供更多的样品展示平台和对接本土资源的机会。烽火创新谷则围绕武汉建设智慧城市计划，结合政府资源与自身优势成为生态型智慧城市产业的领导者。二是嵌入创业者需求，与创业者形成较强的文化嵌入和关系嵌入，提升创业者对平台组织的认知信任和情感信任（李燕萍等，2017）。切合创业者需求是提升平台组织资源嵌入效率最有效的手段，如云邦创新空间将创业者需求与平台组织的成长镶嵌为一体，其创始人以合伙人的身份按照创业者需求整合资源，同时入驻的初创企业之间形成了合作互补的小生态圈。东科创星以创业 CEO 培育为起点，围绕创业者的领导力、创业能力、创业特质、企业管理、创业知识等开展为期一年的培训，从中筛选优质创业者进行团队建设、定制化辅导、全程化跟踪、个性化需求引荐等方面的重点孵化，并组建东科创星星友联盟，逐步形成了东科创星创业生态体系。三是嵌入市场需求，通过关系嵌入、结构嵌入拓宽需求端渠道。市场需求来源广泛且能够直接产生利润，可以有效克服初创企业面临的"新颖性缺陷"带来的合法化需求和机会性倾向问题（杜运周等，2009），提高初创企业成功率。如种子社区创始人对珠三角地区的制造企业的数量、分布、业态、企业发展诉求都十分了解，故其定位在新工艺、新材料、物联网、智能穿戴和文化领域。种子社区发现制造企业在出现规模效应之后，难以克服同质化、成本高等阻碍企业继续向前发展的"瓶颈"，需要输入新材料、新工艺，而种子社区具备研发、孵化渠道。此外，深圳创新创业活力最强，将新、奇、特的新模式、新应用放在深圳最合适，种子社区具有销售和产业化的优势。同时，种子社区发现创客教育、企业家思想转型和城市社区文化转型需要文化驱动力，故其将武汉大学国学院和开心麻花等文化资源链入种子社区。通过嵌入需求端向前筛选、孵化创业团队方式，极大地降低了结构洞资源塌陷。

（三）路径三：联盟协同路径缩短文化疏离

平台组织价值主张模糊，管理者、服务者的管理和服务理念尚未完全脱离传统企业组织架构，过于依赖原有的技术服务体系，往往会有落入"熟悉陷阱"之风险（Ahuja、Lampert，2001），自然无法适应和满足创业者对服务创新的需求，出现了文化疏离困境。如云邦创新空间创始人创业经历非常丰富，由于价值主张模糊，最初并不了解何为众创平台，如何构建众创平台，难以在组织与创业者之间形成准确的定位。小样青年社区、烽火创新谷的初始运营团队来源于烽火集团、世联行等传统企业，最初以满足组织生存发展需求为目标，而众创平台则须以创业者需求为核心进行资源组合迭代。此外，与创业者价值观相近的优质运营人才稀缺亦是造成文化疏离的原因之一。文化疏离的根源在于平台组织与创业者、同行、企业之间未能形成共同价值观、惯例和行为方式（Nee、Ingram，1998），即文化嵌入程度不足。

为提升文化亲近，案例众创平台普遍通过与政府、同行、知名企业构建协同合作关系，实现文化嵌入，快速塑造品牌形象。（1）与政府协同（简称"G—P协同"）。G—P协同能够降低制度变革带来的不确定性，帮助组织了解政府运作模式并强化政府与组织间的信任（Haveman et al.，2017）。如光谷创业咖啡与武汉市政府共同搭建光谷青桐汇、"华创杯"创业大赛，与武汉经济与信息化委员会开展合作构建创业辅导培训班均为典型的G—P协同模式，此模式一方面促使政府借助创始团队的社会影响力迅速塑造了光谷青桐汇等全国知名创业品牌。另一方面促进光谷创业咖啡成为知名众创平台，仅武汉市就有11家实体众创平台，在提升组织社会地位的同时赢得了创业者的广泛认同。（2）与同行协同（简称"P—P协同"）。中国创客空间联盟、创客空间服务联盟均为P—P协同模式。联盟内成员间的合作关系的重复与叠加，在增强联盟生存能力的同时，也让众创平台之间的文化嵌入更加频繁且紧密，强化了众创平台间的信任、信息共享和联合解决问题的能力（Baum等，2010；Xia，2011），联盟身份成为众创平台向社会彰显实力的文化"窗口"。如小样青年社区嵌入深圳大运软件小镇众创空间联盟后，与联盟成员共同开展创业活动，并互通有无。（3）与企业协同（简称"P—E协同"）。嵌入企业生态链即可以运用对方资源优化组织资源，也可以与企业实现品牌协同（Fawcett等，2012），促进平台组织快速塑造品牌知名度和社会影响力，缩短平台组织与社会之间的文化距离。如烽火创新谷与烽火集团协同推进"生态型智慧城市"产业链布局，一年内签约创客团队90多个，创客人数达到1000多名。东湖创客汇与华为、京东等社会知名企业协作共同开展创业沙龙、创业大赛等活动。综上，可知在信息不对称的情境下，社会对新组织的信任、价值认同来源于与其有着强文化嵌入关系的政府、同行或企业。

三　理论饱和度检验

本书通过较大样本和跨时间段取样方式来确保类属饱和度，在后续样本扩充和重复访谈中并未发展出新的范畴。现列举几个示例，如表6-6所示。

表6-6　　　　　　　　　　理论饱和度检验示例

编号	初始概念	原始语句
F1-5 H1-10	协同资源不足	"不太懂政府，很多好的东西能够借助杠杆少投入" "和政府互动太少了，而且不了解政府的扶持政策"
B1-10 E1-8 BX18-7	空间资源不足	"众创空间跨区域发展主要是资源配置不足" "资源有限，无法帮助创客取得关键性发展" "总体资源被分散了，每个众创空间的资源都很少，难以满足团队的需要"
F1-10	企业市场需求	"珠江三角洲的制造企业的分布、业态都非常清楚"
C1-14	创业环境需求	"创业是讲究一个氛围的，我来这里的话，感觉氛围非常好，遇到很多志同道合的好朋友"
A1-8	创业资源需求	"最大的困难是为创业者提供资源，这里面涉及很多企业个性化发展的内容"
D1-9 BX2-10	品牌构建需求	"众创空间能够提供一个资源品牌，这个是非常重要的" "给创客提供产品曝光的机会"
BX1-8	盈利模式雷同	"现在的问题是太多的人涌入联合办公，却没有经过实地调研和可行性分析"
BX16-6	地产模式	"很多企业、房地产、酒店、宾馆都将闲置空间转型做众创空间"

注：理论案例用单字母编号，如"F1-5"表示案例F中深度访谈资料的第5条语句；备选案例用"BX"编号，如"BX18-7"表示来自编号18的备选案例的第7条语句。

第三节　"过剩"情境下的众创空间平台组织竞争力培育

本书遵循案例研究复制逻辑，从嵌入性视角对 8 家众创平台在"双创"环境中尝试突破"庙"多"僧"少发展困境的路径进行了探讨，并构建了"双创"环境中的平台组织竞争力培育路径框架。为进一步增强对该理论框架的解释，本书遵循案例研究的差异化逻辑，从成功案例 VS 失败案例角度对比分析嵌入性结构与平台组织竞争力培育的关系逻辑及其培育路径差异。

一　"过剩"情境中的案例选取与数据来源

本书以烽火创新谷为成功案例原型，其余 7 个案例为辅助案例，从正面分析嵌入性结构与竞争力培育关系及培育路径差异，案例信息与数据如表 6 - 1、表 6 - 2 所示。

失败案例则采取两个原则进行理论抽样：（1）具有鲜明的代表性、典型性。（2）具有较为完整的"故事线"，即经历了从"初创—成长—衰亡"的过程。结合相关研究发现具有代表性的众创平台失败案例主要有 3 个，分别是地库咖啡、克拉咖啡和孔雀机构（李燕萍等，2017），相关信息如表 6 - 7 所示。经比较发现，地库咖啡和克拉咖啡因发展时间较短，可提取的案例信息较少，而孔雀机构历经 3 年发展，"故事线"更加完整，且从调研及媒体情况看，孔雀机构倒闭事件对学术界和实践界的影响力更强，故本书基于孔雀机构的单案例，从反面分析"过剩"情境中的平台组织竞争力培育逻辑。孔雀机构数据来源于新闻媒体及相关评论，如中国经济周刊的《孔雀机构倒闭：一个明星创业孵化器是怎么倒掉的?》。包含对创始人、创业者、同行等多层面的访谈及孔雀机构的发展历程，本书共收集整理约 1.6 万字材料。此外，通过其合作单位中国科学院深圳先进技术研究院访谈获取了部分信息。

表 6 - 7　　　　　　　　　　　　**3 个失败案例基本信息**

名称	成立时间	倒闭时间	事件的社会影响力
地库咖啡	2015 年 11 月	2016 年 2 月	创立仅 4 个月，耗资 100 多万元，第一个倒闭案例
克拉咖啡	2015 年 8 月	2016 年 8 月	创立近 1 年，中国首家"互联网 + 金融"众创平台，创立之初打破了北京天使茶馆的独角戏局面，出现了"南北争霸"格局
孔雀机构	2013 年 11 月	2016 年 4 月	深圳明星孵化器，深圳面积最大的孵化器，面积近 4000 平方米，曾获"全国十佳创客空间"称号，孵化过 Uber 中国、天使客等明星项目

注：孔雀机构成立于 2010 年，但在 2013 年才涉足孵化器业务领域。

二　成功 VS 失败案例分析与发现

本书采用事件系统方法（Morgeson 等，2015），通过核心事件分析嵌入性结构与平台组织竞争力培育的逻辑关系，并比较竞争力培育路径差异。原因如下：（1）众创平台所经历的每次事件均会影响其行动策略与结果。（2）从案例资料看，众创平台发展历程之间具有延续性，有助于本书解构事件对众创平台演变过程的影响。本书按照事件发生的不同层次，归纳出烽火创新谷、孔雀机构关键事件发展脉络，分别如图 6 - 2 和图 6 - 3 所示。

本书运用图 6 - 1 理论框架，结合图 6 - 2、图 6 - 3 所示的关键事件，阐释制度嵌入、文化嵌入等与平台组织竞争力培育间的逻辑关系并比较路径差异。

（一）嵌入性结构与竞争力培育关系

1. 发展初期，众创平台偏好通过制度嵌入获得合法性资源。图 6 - 2 表明烽火创新谷与地方政府以签署战略合作方式共同建设，获得政府 10 年近亿元的配套投入及大量的优惠政策，同时政府欲通过烽火创新谷推动智慧城市产业发展并树立"双创"示范平台。云邦创新空间、小样青年社区等均是通过政府推动本地"双创"发展的契机，获得政府免费或低价提供的运营场地，极大地降低了运营成本。与烽火创新谷差异之处在于

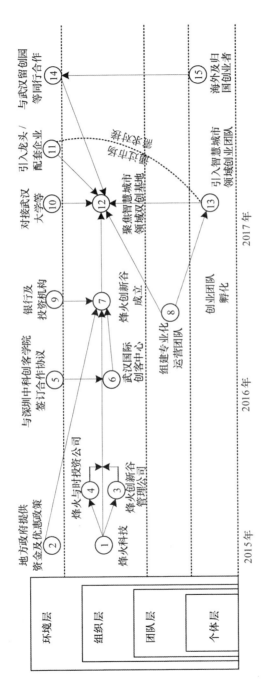

图6—2　烽火创新谷关键事件发展脉络

注："○" 表示特定事件，"→" 表示事件关联。

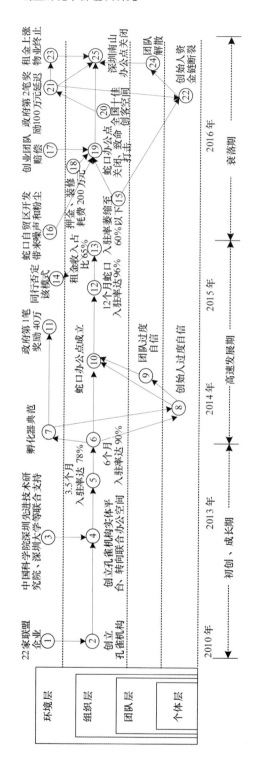

图6-3　孔雀机构关键事件发展脉络

注："○"表示特定事件，"→"表示事件关联，发展阶段划分依据创始人的描述。

实力较弱的众创平台多采取嵌入政府主导园区或免费获得运营场地方式实现制度嵌入。而孔雀机构却并未与政府合作，其创始人陈鹏福表示："传统孵化器大多和政府合作，能够帮到创业者的只有租金上的补贴。"然而，2016年年初出现"过剩"危机后，孔雀机构却因政府奖励补贴延迟而遭遇关闭，说明制度嵌入能够在一定程度上化解新创组织发展困境。由此表明，平台发展初期通过嵌入政府主导园区、政府需求、G－P协同路径，以联合共赢的方式构筑制度性资源渠道，能够使企业经营决策获得监管机构的认可并减少管制约束（杜运周等，2009），增进政企互信，同时允许企业获取政府控制资源（Haveman等，2017），以此降低环境不确定性风险，推动组织身份异质性的初期建构，提升社会曝光度。

2. 成长阶段，围绕创业者需求构建多维嵌入关系。创业者的不断"输入"和"输出"是众创平台走向可持续发展的前提条件，故满足创业者的异质性需求是化解"过剩"情境中"僧少"困境的核心手段。烽火创新谷聚焦智慧城市领域的创业者，通过P—P协同、P—E协同（联盟协同），和嵌入市场需求与创业者需求（需求驱动），打造"双创"基地（园区共生）等多元化路径，通过价值共创方式"捕获"龙头企业、配套企业、高校资源、留创园等同行以及投资机构等，并与之形成较强的关系嵌入、结构嵌入、文化嵌入，推动烽火创新谷形成了智慧城市领域独有的文化、特色和生态网络资源。与之不同的是，东科创星、种子社区等缺乏强大的产业支撑，后期成长过程中以嵌入市场需求和创业者需求为核心，采用"价值捕获"策略拉拢园区共生路径获得社群关系以及联盟协同路径带来的P—P资源和P—E资源，完成身份、文化和资源圈建构。而孔雀机构却始终以工位租赁模式运营，且未能嵌入创业者需求和市场需求，其创始人表示："孔雀机构大部分的营收依赖租金，占总收益的65%到70%……官网上能够看到提供不少的创业增值服务，但对于后期入驻的创业团队来说，这些增值服务的数量和质量都在下降。"制度嵌入、结构嵌入、关系嵌入的缺失，致使孔雀机构无法"捕获"供给侧资源，导致创业者的异质性需求受阻，最终致其入驻率迅速萎缩。

（二）竞争力培育路径差异比较分析

1. 联盟协同路径推动品牌塑造与文化亲近能力的构建。由图6－1可知联盟协同能够促进众创平台实现文化嵌入，助推组织快速塑造品牌知名度和社会影响力（Xia，2011），强化社会对组织的信任和价值认同。孔雀机构于 2010 年创立，拥有 22 家联盟企业，以品牌营销策划、互联网解决方案为主体的综合服务机构，正因其拥有良好的基础条件，得到中国科学院深圳先进技术研究院、高盛和清华大学巾帼圆梦计划、深圳大学、香港科技大学校友会等多家机构支持，并于 2013 年创立孔雀机构实体平台，转向联合办公领域，并在短期内实现了快速发展，与 Uloud 等企业合作，6 个月内入驻率达到了 90%，并吸引了 Uber、天使客、火乐科技等多个明星项目，共同形成了向外界展示实力的信号，如深圳市星尘大海电子商务创始人孟大维回忆道："当时入驻的原因主要是看重其曾孵化过许多明星企业。"烽火创新谷则通过 G—P、P—P、P—E 路径与政府、同行、企业构筑起广泛的同盟关系，并在短期内塑造起聚焦智慧城市领域的国家级专业化众创空间品牌。由此，表明联盟协同路径助推组织通过文化嵌入较快提升其文化亲近能力，缩短文化距离，提升社会品牌知名度。

2. 需求驱动路径降低结构洞资源塌陷，并提升资源承诺能力。本书提出通过需求驱动路径能够降低结构洞资源塌陷，源于嵌入政府、创业者、市场三大需求能够获得制度资源、市场资源并提高创业者信任和资源配置效率（李燕萍等，2017）。烽火创新谷同时嵌入政府发展智慧城市产业需求，智慧城市领域的创业者及关联企业需求，通过需求将园区内参与主体紧密联系在一起，形成环环相扣的生态圈资源共同体。而孔雀机构却并未嵌入政府需求、创业者需求和市场需求，某同行表示："孔雀机构所能提供的创业服务，大多停留在工商注册、法务、财务等基本操作层面上，而创业指导、团队搭建、融资谈判技巧等难度极大的专业服务并不具备。"创业者亦提道："入驻之后并没有获得资源对接，孔雀机构很少组织活动，大部分只是提供场地，主题因人而异，针对性不强。"需求驱动路径缺失，导致孔雀机构未能与政府、市场、创业者之间形成较高程度的嵌入关系，制度资源欠缺，创业者信任下降，市场关系疏松，致使其始终停留于"二房东"租赁模式，随着大量竞争者涌入，结构洞资源塌陷加快，资源承诺能力持续下降，现实反映为 2015 年下半年入驻率下降至60% 以下。

3. 园区共生路径助推组织身份的差异化建构。园区共生路径有助于众创平台嵌入政府主导园区或社区文化生态圈，与政府、同行、企业之间形成较强的社群关系，此种关系/结构/制度嵌入助推组织获得合法性资源、冗余资源等（Li、Zhang，2007），进而构建差异化的组织身份。孔雀机构位于深圳南山和海南蛇口的办公点均属物业租赁，以工位出租模式通过差价实现盈利。由图 6 - 3 可知，2015 年上半年之前孔雀机构实现了较高盈利，然而，在 2015 年 3 月"双创"政策出台后，大量竞争者涌入，组织身份同质化问题日益加重，加之政府补贴延迟、房价上涨等外部不利环境，致使孔雀机构入驻率和收入萎缩，直至最后关闭。烽火创新谷则依托丰富的制度、产业、市场等资源构筑起独具特色的"双创"基地。由此可见，园区共生路径缺失引发的嵌入性结构失衡，致使组织身份建构能力逐步弱化而无法及时转型，最终因组织身份同质等问题而被迫关闭。

　　综上，可知通过联盟协同、需求驱动、园区共生路径构建制度嵌入、文化嵌入等嵌入性关系，有助于平台组织培育身份建构等竞争力，且竞争力培育路径差异主要源于众创平台基础实力的差异，而在嵌入性结构方面差异较小。具体而言，众创平台发展初期，均会寻求通过制度嵌入降低环境风险，这为众创平台后续培育竞争力奠定了良好的基础，反面案例则表明制度嵌入缺失，对平台组织后期突破发展障碍埋下"隐患"。成长过程中，随着"过剩"环境的出现，身份同质、结构洞资源不断塌陷致使创业者信任感和品牌口碑下降，最终进入衰退阶段，平台组织可通过园区共生、需求驱动路径强化制度/关系/结构嵌入，并围绕创业者需求侧"捕获"供给侧资源，进而推动组织差异化转型，如基础实力强的众创平台则以自我为中心构建生态基地，通过基地开拓园区共生、需求和联盟竞争力培育路径，与政府、企业、同行等构建多维嵌入关系。基础薄弱的众创平台则通过初期的制度嵌入推动社群关系嵌入、市场渠道开拓和联盟嵌入。总之，通过成功与失败案例的对比研究，再次印证了本书提出的平台组织竞争力培育理论框架的合理性。

三　案例讨论

　　本书首先采用扎根理论，遵循探索式案例研究方法构建了"双创"情境下的平台组织竞争力培育框架。其次，通过成功与失败案例的对比研究，比较了结构性嵌入与平台组织竞争力培育及其路径差异，并再次验证了本书理论框架的合理性。研究发现，互联网/分享经济背景下的平台组织主要面临组织身份同质、文化疏离和结构洞资源塌陷的发展困境，为突破上述困境，可通过园区共生、需求驱动和联盟协同路径培育竞争力。

（一）众创空间平台组织竞争环境识别机制

现有研究认为，平台架构、产品设计、平台价格、进入时机（Gawer、Cusumano，2014）是影响平台竞争力的核心要素，以最优化的平台界面、高质量的产品、均衡价格以及最佳的进入时机能够助推平台构建吸引大量用户的核心竞争力（McIntyre、Srinivasan，2017）。然而，带有交易属性的双边平台依赖通过较强的行业根植积累来维持竞争优势（Teece 等，1997），而"双创"背景下的平台组织多数缺乏行业积累，或欲借助国家政策实现跨域转型，进入不相关领域，导致其面临较大的生存挑战（蔡宁等，2015）。本书指出价格、平台架构等不再是决定创业者数量和平台组织收益的核心要素，低廉的工位租赁（与倾斜定价策略类似）无法形成持久竞争力，创业者的选择偏好受到组织的身份、文化和资源结构的影响。为此，本书识别出"双创"情境下的平台组织主要面临组织身份同质、文化疏离和结构洞资源塌陷三类困境。

首先，组织身份同质导致平台组织无法准确凸显特色。组织身份表明了相对其他平台组织，自己在行业中的地位，塑造了组织未来的行为与绩效期望（李燕萍等，2017）。由孔雀机构案例可知，早期进入者，因竞争者较少，平台组织特色十分明显，随着"过剩"情境加剧，大量竞争者趋同而逐步弱化可供创业者进行偏好选择的标准，组织特色的渐进式消退导致其竞争力下降。

其次，文化疏离影响品牌效应积累及创业者信任。文化是彰显组织软实力的关键信号，是平台组织与创业者及其他合作者形成共同价值观、惯例和行为方式等一致性（Nee、Ingram，1998）的重要资源，本书发现创业者对那些具有独特文化印记的平台组织的信任更高，如创始人为知名企业家、孵化过明星项目、知名企业加盟等组织印记。

最后，结构洞资源塌陷弱化资源承诺能力。结构洞资源是桥接创业者需求与其所需资源之间的渠道，直接体现为平台组织的资源承诺能力，本书发现新创组织结构洞资源依赖于企业家的社会网络关系，基于此种关系构建的资源网络必然存在不同程度的塌陷。

综上，本书从组织身份、文化、结构洞方面识别了影响平台组织竞争力的新机制，为后续从组织管理视角探究平台组织竞争力培育逻辑提供了新视野。

（二）多维结构性嵌入与平台组织竞争力培育关系

已有研究认为，新创组织成长受限于资源禀赋、企业家能力、合法性水平等，使信誉、可靠性等关系组织生存和资源整合的助推器缺失，组织可通过较强的制度嵌入，获取生存所需的合法性资源（杜运周等，2009）。本书亦发现制度嵌入为平台组织提供了与其他组织构建关系网络的机会，例如政府领导视察、授牌等行为会成为平台组织展示实力、信誉和品牌的标识，进而引致潜在供给侧合作者加入，合作者资源成为平台组织结构洞资源的重要来源，本书进一步丰富了杜运周等（2009）对制度嵌入的讨论。

然而，政府"输血"扶持效应，带来资源的同时亦会引致大量竞争者进入，加之优质资源稀缺、定位不清晰、工位租赁和"跑"政策模式致使大量众创平台出现了组织身份同质、文化疏离和结构洞资源塌陷困境，说明以获取政府补贴的浅层制度嵌入仅能够缓解平台组织发展的短期需求。本书提出围绕创业者需求为核心的结构性嵌入不足致使平台组织"造血"能力弱，进而引发生存困境，案例比较研究发现较强的多维结构性嵌入能够突破发展"瓶颈"，与政府形成良好合作关系，能够强化制度嵌入（Haveman et al.，2017），并打开嵌入政府主导园区和需求的"入口"，平台组织因大量合法性和制度性资源的涌入而实现发展。与创业者、同行、知名企业构建合作关系，加深了在文化、关系、结构层面的嵌入。文化嵌入促使平台组织与创业者、同行、企业之间形成一致的价值观，较高程度的信任、情感、合作纽带，并降低交易成本（Zukin、DiMaggio，1990）。关系嵌入为平台组织构建了较强的社群关系、需求关系和协同关系，即强化了企业家的社会网络关系，促使组织获得更多高质量的结构洞资源（Vanacker、Forbes，2016）和"痛点"资源，亦成为组织吸引创业者的信号。本书认为在"庙"多"僧"少的竞争环境中，平台组织通过综合运用制度、文化、关系、结构等嵌入关系来推动平台组织竞争力的培育，相比单纯的强调制度嵌入更为有利。故本书从多维结构性嵌入视角，拓展了影响新创组织竞争力培育的因素。

（三）众创空间平台组织竞争力培育路径机制

平台组织竞争力培育路径已多有探究，大部分研究认为从技术创新、价格设计、包络战略等途径构建竞争优势（蔡宁等，2015；Gawer、Cusumano，2014），且能够促进平台用户增长。本书指出在"双创"背景下，低成本、开放性、共享性、孵化实效性等平台组织特点致使上述策略不再有效，为此，本书从嵌入性视角探究了平台组织竞争力培育的新机制。

1. 平台组织具有园区共生、需求驱动和联盟协同三种竞争力培育路径。与致力于通过价格、技术创新、产品创新"捕获"用户及互补者的平台竞争力培育价值攫取策略（Zhu、Iansiti，2012）不同，本书提出平台组织可通过三种路径，围绕创业者需求核心，采取价值共创方式获取、整合供给侧资源，推动平台组织将合法性资源、制度资源、联盟资源等嵌入平台组织生态圈，实现身份建构等竞争力的培育。

2. 平台组织需要结合自身特点科学选择竞争力培育路径。基础实力强的平台组织可直接构建生态园区，进而吸引相关主体参与园区建设，形成共生界面。基础实力稍弱的平台组织则以同盟者的身份经由三类路径获取资源。为此，需要平台组织同时关注内部环境与外部环境并结合自身特点灵活运用三种竞争力培育路径。总之，本书通过扎根研究构建的平台组织竞争力培育路径，从组织管理视角揭示了构建平台组织竞争力的新路径。

第 七 章

创业孵化平台组织发展质量
评价指标体系开发[*]

　　众创空间是顺应网络时代创新创业特点和需求，通过市场化机制、专业化服务、资本化途径构建的低成本、便利化、全要素、开放式的新型创业服务平台的统称，是推动大众创业、万众创新，驱动中国创新发展战略的重要支撑。2015 年后，在双创政策推动下，中国众创空间呈现出快速发展态势，据不完全统计，截至 2015 年 10 月，除西藏、黑龙江外，已有 29 个省、市、自治区出台专门支持众创空间和各类孵化器的政策或推动大众创业的实施意见（刘东、陆海晴，2015），科技部火炬中心发布的《中国创业孵化发展报告（2022）》显示，截至 2021 年年底，中国众创空间已达 9026 家，2551 家获得中国科学技术部授牌（李燕萍等，2016）。各地方政府从财政补贴、场地、税收、奖励等方面大力扶持众创空间的发展，如深圳、青岛对新建众创空间给予最高 500 万元补助（钱卓，2015），湖北每年投入 2000 万元，用于奖励和补贴科技孵化器（解鸿震，2015）。

　　那么，在大量政府资源的投入下，快速发展的众创空间取得的预期成效如何？建立科学客观的众创空间发展质量评价维度及其指标体系具有十分重要的意义。通过对政策文件分析可知，对众创空间发展质量进行有效评价，有利于加强众创空间的动态管理，为政府财政支持、奖励和惩罚提供决策依据，并可以防止众创空间的"虚假繁荣"，也是实施社会监督的有效手段。学者亦呼吁未来需要对众创空间发展质量进行科学、客观的评价，

　　* 本章部分内容发表在《科技进步与对策》2017 年第 24 期,第 137—145 页,作者为李燕萍、陈武。

但现有文献中关于众创空间发展质量评价的研究鲜见，多数研究都是对孵化器的结果绩效展开评价（范金、赵彤，2014），而2015年3月国务院办公厅印发的《关于发展众创空间推进大众创新创业的指导意见》明确提出众创空间构建的初衷是加快培育创新创业源头，推动中国创新发展动力转换，全面激发人们的创造力。2017年9月，科技部火炬中心正式发布《众创空间服务规范（试行）》和《众创空间（联合办公）服务标准》，从众创空间的服务对象、服务内容、队伍建设、运营管理、标准化等7个方面引导其往规范化、专业化方向发展，毫无疑问，仅从结果绩效角度评价众创空间的发展情况不够客观、科学和全面，需要从过程和结果两方面全面对众创空间发展质量实施评价。然而，目前对众创空间发展质量实施评价的结构维度尚未清晰，其评价指标体系也亟待开发，因此，本书欲运用政策文本和访谈资料，对其采用扎根理论方法进行分析，探究上述问题。

第一节 众创空间发展质量的内涵与评价

一 众创空间发展质量的内涵

绩效是对目标实现程度的一种度量。相对绩效，本书采用发展质量这一概念，德鲁克认为"质量就是满足需要"，质量是一个变化的、动态的、发展的概念，会随着时间、地点、使用对象、社会发展、技术进步而不断更新和丰富（符运能，2015），众创空间以满足创客、创新创业者的需求为服务目标，且是一个动态的过程，而非纯粹的追求初创企业成功率等结果指标。虽然，当前研究中尚未有众创空间发展质量的确切内涵，但部分众创空间由传统孵化器演变而来，故本质上也是一种新型孵化器，是其他类别孵化器的综合形态。同时，众创空间又是一种外部型平台组织，是指为促进双边或多边开展交流互动，以提升参与者创新能力并满足其异质性需求为目标，而在互联网背景下构建的一种能够对资源进行快速聚散与迭代的生态网络（陈武、李燕萍，2018）。此外，相较于传统孵化器，众创空间更加偏向于公益型孵化器。

已有研究认为孵化器的主要任务是为新创企业提供管理、咨询、网络等支持性服务（Carayannis、Zedtwitz，2005）。孵化器的孵化网络绩效是网络成员在孵化器影响下相互依赖、相互补充、资源共享，通过一系列协同互动的交互作用，实现在孵企业孵育与网络成员互动关系质量提升的综合效果，并将孵化网络绩效进一步划分为网络孵化绩效与网络关系绩效两个维度（胡海青、李浩，2016）。然而，由于政策制定者关注孵化器如何影响地方经济的发展，导致孵化器管理者更加关注短期绩效目标（Messeghem 等，2017），而产业集聚、创新生态环境的培育非短期内能够实现（Robert 等，2014）。目前众创空间的战略目标是推动创新供给侧改革，定位于服务创新源头，关注创新人才、创新环境和创新能力。由此可知，众创空间具有推动科技进步和社会发展、增强经济效益和改善创新创业生态环境的功能，符合中国科技创新政策的基本价值取向（王再进等，2017），且为长期发展导向。因此，众创空间发展质量的内涵，一方面可以借鉴孵化器绩效的内涵，根据众创空间的功能定位加以深化；另一方面可以结合分享/互联网经济的时代背景，拓宽众创空间发展质量的内涵。基于此，本书将众创空间发展质量界定为在互联网背景下，以众创空间平台为核心形成的推动创新创业资源实现无缝对接的生态网络，实现创客、创新创业者的培育和初创企业可持续发展的综合效果。

二　孵化器评价指标研究

对孵化器孵化绩效评价指标的相关研究已相当丰富，但总体上看，尚未形成统一的孵化效果评价指标体系。定量研究主要用构建计量模型和运用数理统计方法来评价孵化器绩效，定性研究方面则主要采用深度案例访谈来总结归纳孵化器的绩效（张力等，2016）。已有研究从入孵期、成功毕业率、入孵企业雇员增长率、创造就业机会数、孵化场地面积、成功孵化的企业数等方面评价孵化器绩效（Barbero 等，2012；Schwartz，2013）。也有学者从智力资本角度关注科技企业孵化器的发展绩效（牛玉颖、肖建华，2013），或采用平衡积分卡思想设计孵化器评价指标（Messeghem 等，2017）。同时，孵化器的网络绩效、孵化器内的初创型科技企业绩效（如年收入的变化、销售收入增长等财务指标）、入孵企业获得外部信任、树立正面形象、服务定制策略等也成为近年来学者关注的焦点（Löfsten、Lindelöf，2005）。

然而，现有研究都是基于传统孵化器情境下展开的，而众创空间是在分享/互联网经济背景下成长起来的新型孵化器，相较于传统孵化空间更加注重为创客、创新创业者或初创企业提供服务，服务对象更加大众化。同时，传统孵化器基本由科技型企业创建，主要目标是推进科技成果转移转化，而众创空间同时兼有企业和民营构建的部分，故其影响的深度和广度已经远远超出传统孵化器的范畴。因此，本书认为需要结合新的时代背景重新审视和构建众创空间发展质量评价结构维度及其指标体系。

第二节　研究方法与研究设计

一　研究方法

现有研究中涉及众创空间绩效评价的文献不足，而当前关于众创空间发展质量评价的政府政策文本和众创空间实践资料却十分丰富，扎根理论作为一种重要的质性研究工具，挑战了缺乏充足经验性资料的宏大理论和只有变量分析的经验研究，特别适合缺乏理论解释或现有理论解释力不足的研究。因此，运用扎根理论方法探究众创空间发展质量评价的结构维度最为合适。

二　样本选择

众创空间发展质量评价指标体系设计原则包括综合全面、具有代表性、针对性、可借鉴性、可操作性、定量与定性相结合等原则。本书主要是基于政策文本和访谈资料的分析，故在选取研究样本时主要遵循了以下原则：（1）全面性原则。在搜寻政策文本时尽可能多地覆盖样本，涉及了我国 31 个省市、自治区，因政策文本数量较少，故采用全面性选样原则。（2）代表性原则。由于众创空间数量已经超过 9000 多家，一方面选择那些具有代表性的省份为研究对象，即其政策往往具有一定的引领性，如重点探究北京、深圳、武汉、江苏等创新创业活跃地区。另一方面选择有代表性和典型性的众创空间为研究对象。（3）可借鉴性原则。可借鉴性是指所选取的研究样本能够为其他地区、众创空间提供参考作用，所以，既要选择那些社会影响力高的国家级、市级众创空间，也应包含一些地区典型的民营众创空间。

三　政策与访谈数据收集

（一）政策文本资料

刘志阳（2016）根据众创空间的分布数量将我国省市划分为四个能

级，本书参照这一划分收集各个地区的政策文本资料：第一能级众创空间的分布数量在 200 家以上，包括北京、上海、浙江、重庆、广东、山东等；第二能级众创空间的分布数量在 100—200 家之间，包括江苏、辽宁、河北、福建等；第三能级分布数量在 50—100 家之间，包括天津、陕西、湖北、湖南、云南、吉林、内蒙古等；第四能级分布数量在 50 家以下，包括安徽、江西、青海、贵州、宁夏等（刘志阳，2016）。最终收集 23 份省（市）、自治区政策文本（如表 7 - 1 所示）。

表 7 - 1　全国各省（市）、自治区众创空间绩效评价政策与指标统计

| 序号 | 指标体系 | | 政策文件名称 | 地区 | 区域能级 | 发布时间 |
	一级指标（数）	二级指标（数）				
1	—	—	—	北京	一	—
2	4	14	《上海市众创空间发展实施细则》《2015 年度普陀区众创空间服务绩效评估指南（试行）》	上海		2016 - 04 - 08
3	6	13	《关于组织开展 2015 年度众创空间绩效评价工作的通知》	广州		2016 - 04 - 30
4	4	23	《关于开展重庆市市级众创空间 2016 年度绩效评价的通知》	重庆		2016 - 08 - 30
5	7	9	《浙江省众创空间管理与评价试行办法》	浙江		2015 - 12 - 25
6	3	—	关于印发《济宁市科技企业孵化器（众创空间）认定标准和绩效考评办法》的通知	山东		2016 - 05 - 04
7	4	10	《南京市科技创业创新载体绩效评价办法（试行）》	江苏	二	2016 - 04 - 18
8	7	9	关于印发《石家庄高新区众创空间绩效考评办法（试行）》的通知	河北		2016 - 03 - 30
9	—	—	—	辽宁		—
10	—	—	—	福建		

续表

序号	指标体系 一级指标（数）	二级指标（数）	政策文件名称	地区	区域能级	发布时间
11	3	8	《关于开展 2016 年度武汉东湖新技术开发区科技企业孵化器（大学科技园）、众创空间绩效评估的通知》	武汉	三	2016 – 10 – 08
12	6	18	关于印发《天津市众创空间（区县部分）绩效考评指标体系（试行）》的通知	天津		2016 – 04 – 22
13	—	—	—	吉林		—
14	3	—	云南省科技厅关于印发《云南省众创空间认定管理办法（试行)》的通知	云南		2015 – 07 – 06
15	9	14	《湖南省促进众创空间发展与管理办法（试行）》	湖南		2016 – 06 – 01
16	—	—	—	内蒙古		—
17	3	—	《甘肃省众创空间管理办法（试行）》	甘肃		2015 – 07 – 30
18	—	—	《西安市众创空间认定管理办法（试行)》	陕西		2015 – 08 – 05
19	—	—	关于印发《安徽省众创空间备案实施细则》的通知	安徽	四	2016 – 03 – 21
20	—	—	《江西省众创空间认定管理办法（试行）》	江西		2016 – 04 – 21
21	4	—	《贵州省众创空间遴选和管理办法（试行)》	贵州		2015 – 06 – 04
22	—	—	《青海省众创空间认定管理办法（试行）》	青海		2017 – 04 – 05
23	4	—	关于印发《宁夏回族自治区众创空间认定管理暂行办法》的通知	宁夏		2016 – 09 – 08

注："－"表示未明确给出具体的测评指标体系（统计时间截至 2017 年 5 月 1 日）。

由表 7 - 1 可知，全国共有 18 省（市）发布了众创空间绩效评价办法，占 23 个省（市）的 77.3%。其中，9 个（占 50%）省（市）给出了明确的包含一级和二级众创空间绩效评价指标体系；5 个（占 29.4%）省（市）模糊地提出了一级众创空间绩效评价指标，指标权重和评价细则缺失；5 个（占 27.8%）省（市）出台了众创空间绩效评价政策，但未提供具体评价指标。故本书最终采用广州、上海、重庆、浙江、山东、江苏、河北、武汉等 14 省（市）的众创空间绩效评价指标政策文本作为分析资料来源，有效样本占比 60.9%。

（二）访谈数据

本书使用开放式问卷调查法获取众创空间发展质量评价访谈数据，研究团队分别于 2016 年 8 月、9 月、12 月在北京、武汉、深圳、中山、成都、海口等地的众创空间实施访谈调研。受访众创空间类型包括投资驱动型、培训辅导型、活动聚合型、地产思维型和综合创业生态体系型。一般而言，样本数越大，理论饱和度越高，依据 Fassinger（2005）等学者的研究成果，以 20—30 个样本数为宜。本书采用理论抽样方法，首先，抽取 5 家典型众创空间进行访谈，获取部分众创空间发展质量评价资料。其次，在第一次访谈数据的基础上，扩大研究样本直至研究类属达到饱和点。最后，进一步扩大样本抽样范围，再次验证类属饱和度。故本书最终访谈 36 位来自 35 家众创空间的主要负责人，每次访谈均由 3 位以上的研究人员参与，一人负责主提问，其余人员补充提问，访谈时，研究人员通过书面方式对要点进行记录，在征得访谈对象同意后进行录音。针对本书研究涉及的访谈问题是："**众创空间目前发展很快，您认为应该从哪些方面来评价众创空间的运营绩效？（如获得 A/B 轮融资创业项目数量、创客数量、收入、入驻项目、成功孵化的企业数量、创业服务能力、服务创业者数量、初创企业存活率等）。**"共记录文档资料约 1 万字。访谈样本涵盖国家级众创空间 14 家，占 35 家众创空间的 40%。从 36 位受谈者的职位结构看，创始人 7 人，占比 19.44%；总经理 14 人，占比 38.89%；副总经理 5 人，占比 13.89%；总经理助理 2 人，占比 5.56%；项目经理 6 人，占比 16.67%；主任 2 人，占比 5.56%。其中，有 22 家众创空间提出了绩效评价指标，有效样本占比 62.86%，13 家众创空间提供了设计评价指标的建议，但未提供具体的绩效评价指标。

综上，本书原始资料由政策文本和访谈资料构成，从中随机抽取 12 省政策文本和 15 家众创空间访谈资料进行编码分析，剩余 2 省和 7 家众创空间用于检验理论饱和度。本书遵循严格的扎根理论步骤，对文本资料进行编码和范畴化，并归纳建构理论模型，结合专家意见，对存在争议的概念和范畴进行修订和删减，以此提高研究的信度和效度。

第三节　众创空间发展质量评价结构维度

一　开放式编码

为更好地分析政策文本和访谈资料内容，本书首先进行开放式编码，并按照"省份—政策资料编号—指标"和"众创空间编号—指标"编号。例如，编码"JS – 4 – 7"表示江苏省的众创空间绩效评价政策文本，政策资料编号为 4 中的第 7 个评价指标；"C15 – 3"表示编号为 C15 的众创空间第 3 个绩效评价指标。通过对政策文本和访谈资料整理，一共得到 143 条政策文本编码和 87 条访谈资料编码的众创空间发展质量评价初始语句。经过多次对标签进行整理分析，本书共得到 19 个范畴（如表 7 – 2 所示）。

表 7 – 2　　　　　　　　　　开放式编码形成的概念与范畴

编号	范畴	概念
1	创新创业者集聚度	ZJ – 2 – 1 成功吸引入驻创新创业团队及上年度增量；TJ – 7 – 1 吸引入驻的创客、创业团队的数量；GZ – 1 – 4 线上创客集聚情况；GZ – 1 – 5 线下创客集聚情况；GS – 10 – 2 入驻备案的团队数；C12 – 2 创客质量；C16 – 1 入驻项目数量
2	企业集聚度	C22 – 3 企业的数量；CQ – 3 – 18 入驻科技型企业数；TJ – 7 – 2 在众创空间注册成立初创企业的数量和与上一考核期相比的增量；C14 – 16 新引进孵化企业数；ZJ – 2 – 1 入驻企业的数量及上年度增量
3	创业教育培训	GZ – 1 – 10 创业教育培训；NX – 13 – 1 开展培训辅导次数和培训人次；TJ – 7 – 13 众创空间聘任的创业导师开展创业辅导服务的次数；C16 – 2 开展专业的创业集训营活动

续表

编号	范畴	概念
4	创业交流活动	TJ-7-14 众创空间推荐参加创新创业大赛的项目数量和组织举办各类创新创业赛事的数量；HN-9-13 开展各类公益讲堂、创业论坛、创业训练营、投资路演、宣传推介以及举办各类创新创业赛事等活动的案例和次数；JS-4-10 创业创新活动开展情况；WH-6-4 创业活动交流；CQ-3-13 组织开展项目路演、创新创业培训、商务政务等基本服务
5	技术创新服务	HB-5-4 利用网上技术市场等平台为创业者推介科技成果，撮合成果对接并成功转移转化的案例及次数；GZ-1-6 公共技术服务；GZ-1-7 其他科技服务；CQ-3-14 提供投融资、人才保障、知识产权、成果交易、市场渠道、供应链等专业服务情况；HN-9-8 为创业者提供或与高校、科研院所及第三方科技服务机构等合作提供检验检测、研发设计、小试中试等专业技术服务案例及次数；TJ-7-5 利用互联网手段建立线上创业服务平台，为创业者提供各类创业服务
6	创业融资服务	ZJ-2-5 为创业企业进行创业融资的企业数、融资情况及上年度增量；GZ-1-8 提供投融资服务情况；GZ-1-9 创客获得投融资情况及成功孵化案例情况；JS-4-2 天使投资（种子）基金（资金）规模；WH-6-3 投融资服务能力；HN-9-10 建立投资基金或与天使投资人、创业投资机构建立合作关系，以股权投资等方式成功为创业企业进行创业融资的案例和数量；C15-4 企业融资率
7	企业孵化绩效	C21-1 成功孵化的企业数量；C21-3 初创企业存活率；C14-17 优质企业培育情况（融资）；SH-14-8 项目成立企业数；CQ-3-19 毕业科技型企业数；CQ-3-17 入驻企业产值；CQ-3-24 入驻企业利税；SH-14-10 新增获得知识产权企业数；C7-5 成功孵化企业的质量；HN-9-7 成功从众创空间进入市场进行商业化运营企业的数量；C9-3 服务企业（团队）数量
8	项目培育绩效	C14-2 获得 B 轮融资创业项目数量；C11-1 获得 A 轮融资创业项目数量；CQ-3-20 投融资项目个数及总额；C16-5 天使轮；C13-2 项目获得专业投资机构的投资

续表

编号	范畴	概念
9	创新创业者培育绩效	CQ-3-22创客团队注册成为企业数量；C2-2服务创业者数量；NX-13-4毕业团队注册企业数及其开展的业务情况；WH-6-6服务创客数量；ZJ-2-8推荐入驻孵化器、加速器、高新园区等的案例和数量及上年度增量
10	社会效应	CQ-3-21带动就业人数；TJ-7-3众创空间内初创企业实现就业人员的数量
11	运营与管理制度环境	C9-2创业投资制度；SH-14-3管理制度和运营模式；C1-4入孵企业毕业后对于空间的反馈帮扶机制；C19-3提供服务体系的完善程度；CQ-3-11入驻或签约合作的中介服务机构；JS-4-7人员、场地、管理等方面运营投入；WH-6-7利用互联网开展线上服务（含网站、微信、微博、App等）；HN-9-2财政补助资金管理情况；TJ-7-15建设完善服务对象评估筛选、总量控制、毕业与退出机制，基本信息档案管理、信息报告和开放披露等运营管理制度和各项制度的执行情况
12	创业导师队伍建设	ZJ-2-6创业导师人数、创业辅导活动次数及上年增量情况；GZ-1-13创业导师辅导服务情况；CQ-3-9导师队伍的规模和结构；HN-9-12专（兼）职天使投资人、成功企业家、资深管理者、技术专家、市场营销专家等创业导师数量和辅导活动的次数
13	空间硬/软件环境	GZ-1-1创业工位数；GZ-1-2创业配套硬设施；CQ-3-3线下服务载体建设情况；WH-6-2固定资产投入（含宽带、开源软硬件、装配工具、仪器设备、场地装修等）；C14-10空间环境；WH-6-1可自主支配的创业服务场地；GZ-1-3创业配套软服务；CQ-3-4线上服务平台建设情况
14	运营团队建设	C6-2运营团队专业化程度；C15-5资源对接能力；CQ-3-8运营机构专职工作人员的规模、结构及学历、能力；WH-6-5运营管理团队；C4-2过程呈现
15	服务能力建设	C5-1创业服务能力；C12-6服务创业者职业能力；SH-14-11每平方米经济贡献度；C14-12基金设立；SH-14-5开展公共服务；C1-6服务产品化的能力；C4-1专业服务能力建设；TJ-7-6签约并服务于创业者的各类创业服务机构（科研院所、大专院校、科技服务机构、专业代理机构、投融资机构等）的数量；YN-8-1创业承载能力；YN-8-2支撑服务能力

续表

编号	范畴	概念
16	可持续发展能力	SD-12-2可持续发展状况；YN-8-3社会协作能力；C1-2可持续性的创新氛围营造；C1-5空间的可持续运营能力；SD-12-1综合能力；SD-12-3整体水平；C1-1众创空间承载的内容；C7-3生存能力
17	财务绩效	C5-2收入；C12-8税收；C4-3印证的成果；TJ-7-17众创空间收入构成中服务及投资收入占总收入的比值；SH-14-2上年度财务状况；CQ-3-6争取各级财政资金情况
18	特色优势	JS-4-8特色化、专业化服务质量；SH-14-13各项荣誉称号；SH-14-14当年孵化活动服务支持；HN-9-3龙头骨干企业围绕主营业务方向建设的众创空间；HN-9-4科研院所、高校围绕优势专业领域建设的众创空间；HN-9-5依托国家自主创新示范区等建设的各具特色的双创基地；C7-1服务的差异；C7-2服务的深度；CQ-3-1运营机构性质（国有/国有参投/国有控股/民营/其他）；CQ-3-2众创空间类型（专业类/综合类）；JS-4-1备案级别（国家、省、市级）；C16-3服务的创新度及参与感
19	特色的成功创业服务	HN-9-14众创空间充分挖掘地方和自身资源创新性地为创业者提供有效服务的案例；TJ-7-19众创空间服务专员制度执行情况；TJ-7-20服务模式在区域范围内的辐射效应及对当地创新创业文化氛围的营造能力；C13-3项目获得全国性的商业创业大赛的大奖；NX-13-3获奖团队和企业数；C15-1投资案例；C15-2退出案例；TJ-7-9众创空间及入驻的创客、创业团队和初创企业获得各级政府部门支持的项目和荣誉的数量；HN-9-11与科技企业孵化器、加速器、高新园区合作为创业企业提供创业链条服务的案例和数量

二 主轴式编码

主轴式编码是在开放式编码的基础上更好地发展主范畴，通过聚类分析在不同范畴之间建立关联。本书研究发现，表7-2的范畴之间存在一定的逻辑推理关系，于是归纳出了6个主范畴，各个主范畴及对应的开放式编码范畴如表7-3所示。

表 7-3   主轴式编码

编号	主范畴	对应范畴	关系内涵
1	社会影响力	创新创业者集聚 企业集聚	在激烈竞争和高度不确定的环境中，众创空间的社会影响力在一定程度上成为其核心竞争力之一，体现在创新创业者和企业集聚程度上。因此，透过社会影响力指标，能够间接体现众创空间在特定区域、特定行业中的表现
2	创新创业服务内容	创业教育培训 创业交流活动 技术创新服务 创业融资服务	创新创业服务内容是能够直接体现众创空间真实的服务过程，培训、交流、技术、融资等服务内容既是我国建设众创空间初衷，孵化和培育创新的源头，也是创业者和初创企业最急需的资源。因此，将众创空间创新创业服务内容作为其发展质量的指标能够客观反映众创空间的创新创业服务水平
3	创新创业服务成效	企业孵化绩效 项目培育绩效 创新创业者培育绩效	企业、项目、创新创业者的培育绩效是众创空间发展质量的最直接体现，是众创空间在创新创业服务结果方面的关键量化指标。但众创空间作为培育创新源头的载体，服务成效只能作为众创空间发展质量评价的参考指标之一
4	创新创业服务能力	创业导师队伍建设 服务能力建设 运营团队建设 特色优势	优质的众创空间与强大的创业服务能力密不可分，创业导师队伍、服务能力、运营团队、特色都是凸显众创空间创新创业服务能力的重要因素，关系着创业者能否及时、精确地获取所需资源，也是创业者认可和接受众创空间的核心标准。创新创业服务能力指标是众创空间专业化、差异化程度的最直接的表现

编号	主范畴	对应范畴	关系内涵
5	创新创业服务环境	运营与管理制度环境 空间硬/软件环境	良好的创新创业环境是创业者开展创业活动的基本条件之一，完善的空间硬件、软件、运营与管理制度环境，一方面能够体现空间管理的规范程度，另一方面呈现出空间的价值理念和服务文化。因此，众创空间环境指标能够反映空间的管理水平和服务理念
6	特色服务与品牌建设	可持续发展能力 财务绩效 社会效应 特色的成功创业服务	众创空间的可持续发展能力、财务能力和社会效应是空间品牌建设的重要内容，对于形成空间社会口碑具有十分重要的作用，同时，特色的成功创业服务也是众创空间向外展示自身实力的重要方面，凸显了社会对众创空间的认可。因此，特色服务与品牌建设指标亦是众创空间发展质量的参考来源之一

在表7-3中，各主范畴的含义如下：社会影响力是指众创空间对创业者和企业的吸引程度。创新创业服务内容是指众创空间为创业者和企业提供的基础性和关键性服务构成。创新创业服务成效是指众创空间在服务和培育创业者和初创企业取得的综合结果。创新创业服务能力是指众创空间在为创业者和初创企业提供创业辅导、技术支撑、资源搭建等方面的能力。创新创业服务环境是指众创空间为保障创业者和初创企业正常运转而在管理制度、空间硬件和软件方面营造的服务环境。特色服务与品牌建设是指众创空间围绕自身特色和优势着力塑造的凸显自身能力的独特创新创业服务。

三　选择式编码

选择式编码主要是在前两个阶段的基础之上，探讨核心范畴和其他范畴之间的联系，将其进一步抽象化。通过对原始资料、初始概念和范畴系统地分析、梳理，本研究的核心问题可以范畴化为众创空间发展质量评价结构维度及其作用模型（如图7-1所示）。

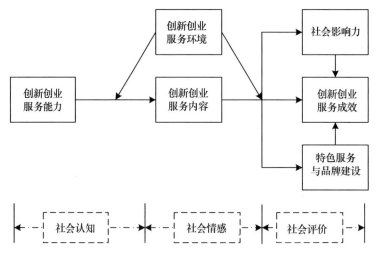

图 7 - 1　众创空间发展质量评价结构维度及其作用模型

四　众创空间发展质量评价结构模型阐释

众创空间是在互联网/分享经济背景下驱动创新发展战略的新动力（陈武、李燕萍，2017），承担着为创客、创新创业者提供低成本、便利化、全要素、开放式的创新创业服务。本书从"社会认知—社会情感—社会评价"三个方面对图 7 - 1 理论模型进行阐释，这是一个典型的"认知—态度—行为"理论框架。

（一）社会认知阶段

创新创业服务能力是影响众创空间兑现资源承诺的最直接因素，资源承诺为创业者的创业机会开发和创业机会发现提供了更多的机会并能降低不确定性（李燕萍等，2017），是众创空间竞争力的直接体现，也是高质量资源的信号（Vanacker、Forbes，2016），更是创业者信赖众创空间的重要依据，关系着创业者能否精准及时地获取其所需的资源。众创空间提供的创业服务内容由创新创业服务能力直接决定，正如某众创空间经理提道："每个团队都有自己擅长的领域和方向，我们偏向于智能硬件和生物医疗领域，是依据整个团队的背景……我们最早定位是投资机构和企业之间的翻译器，因为创始人的格局和各方面的原因……他们并不清楚投资机构想什么，需要什么，但是我们清楚……我们去跟这些早期的企业作对接，去告诉他们在这个领域里适合做什么，这是比较重要的。"表明众创空间创业服务能力由其运营团队、导师队伍、基础资源实力等构成，进而决定众创空间在创业交流、培训、融资、技术支撑等方面的创业服务，最终，影响到创业者对创业资源的获取和对众创空间的信任，直观反映在众创空间的社会影响力、创业服务成效和品牌建设层面。

（二）社会情感阶段

社会情感是众创空间与创业者在互动过程中形成的一种积极情感，这种情感建立在众创空间为创业者提供良好的空间环境和异质性资源的基础上。空间硬件、软件环境是创业者开展创业活动的基本条件，社交环境是创业者在众创空间中共创和分享知识的生态网络（Solberg、Durrieu，2006），制度环境则为创业者项目管理、融资、服务提供制度保障，共同影响着众创空间与创业者之间的情感，体现了众创空间的文化亲近和价值主张（李燕萍等，2017）。创业辅导、交流、路演、融资等创业服务则能够提升创业者的"获得感"，也是社会评价众创空间影响力、服务成效和品牌价值的直接来源。正如某众创空间负责人说道："我们做的最成功的一件事情就是入驻我们空间的创业者非常信任我们，当他们遇到任何困难的时候，最先想到的就是第一时间联系我们，这与我们提供的良好的空间管理环境和服务是分不开的。"众创空间服务环境能够增强创业服务能力对创业服务内容的影响，例如线上服务平台拓宽了空间网络资源对接渠道，能够弥补线下服务能力的不足，创业项目评估、筛选、退出机制能够保障运营管理者将更多的精力和优质资源对接给具有潜在价值的创业项目及团队，进而避免资源分散导致核心能力弱化的风险。

（三）社会评价阶段

社会评价是创业者根据众创空间披露的财务、创业者服务成效、初创企业服务成效等信息做出的价值判断，直接影响着创业者对众创空间的感知和信任（李燕萍等，2017）。例如，某位创业者选择微软黑科众创空间的缘由是："他们看中的就是可以享受微软提供的云计算、大数据、物联网等技术服务，能够帮助团队完善关键技术，接轨国际市场。"这说明创业者的选择偏好受到众创空间显性绩效的影响，高绩效意味着众创空间能够提供更多高质量、精准性的资源（Benjamin、Podolny，1999），彰显了众创空间在行业中的地位，创业者通过价值判断能够推断众创空间的创业服务能力和内容。众创空间亦可通过完善创业投资制度，服务体系等增强创业服务内容对社会影响力、创业服务成效和品牌建设的影响。

综上所述，众创空间发展质量评价结构包含六个维度，并遵循创业者的"认知—态度—行为"逻辑框架，即创新创业服务能力通过创新创业服务内容对社会影响力、创新创业服务成效实施影响，且创新创业服务环境调节五个维度之间的作用关系。

五 理论饱和度检验

理论饱和度是所有的类属在所属属性、维度和变化形式方面都获得了充分的发展。为检验理论饱和度，本书对剩余省份政策文本和众创空间访谈资料的内容加以编码和分析，举例如下：

（1）HB－5－6 创业导师人数、创业辅导活动次数及上年增量情况（创业导师队伍建设）；

（2）GZ－11－1 开展的培训辅导次数和培训人次（创业教育培训）；

（3）HB－5－8 推荐入驻孵化器、加速器、高新园区等的案例和数量及上年度增量（创新创业者培育）；

（4）C19－2 孵化成功的数量（企业孵化绩效）；

（5）C20－2B 轮融资的项目（项目培育绩效）。

本书对剩余 2 省和 7 家众创空间文本资料进行开放式编码分析后发现，并没有出现新的初始概念和范畴，同时未产生新的关系，故可以认为本书构建的图 7－1 理论模型是饱和的。

第四节 众创空间发展质量评价指标体系建构

一 众创空间发展质量评价指标体系建构

综上，本书认为众创空间发展质量评价要着重突出其培育创新创业源头，以及对创业者和初创企业培育过程的评价导向，凸显动态性特征。结合扎根理论分析结果，本书从社会影响力、创新创业服务内容、创新创业服务能力、创新创业服务成效、创新创业服务环境、特色服务与品牌建设六个方面构建众创空间发展质量评价指标体系，从管理、能力、品牌三方面对众创空间发展质量进行评价（如表 7－4 所示）。其中，创新创业服务能力、创新创业服务成效主要用于评价众创空间的能力培育状况，重点反映导师队伍、运营团队结构、专业化程度、盈利能力、创业者培育成效等的综合效果，包含 7 个二级指标、17 个三级指标；从创新创业服务内容、创新创业服务环境对众创空间管理建设情况进行评价，全面了解空间建设、制度完整性、创业培训等服务内容的频率和效果等，包含 6 个二级指标、20 个三级指标；品牌塑造主要从社会影响力、特色服务与品牌建设方面进行评价，重点评估空间品牌价值、社会效益、可持续发展能力、特色等，包含 6 个二级指标、16 个三级指标。

表 7 - 4　　　　　众创空间发展质量评价指标体系框架

一级指标	二级指标	三级指标
社会影响力	创新创业者集聚度	入驻创客、创业团队数量
		入驻创客、创业团队质量
		入驻创客、创业团队年度增长量
	企业集聚度	入驻的（科技型）企业数量
		入驻的企业年度增长量
		空间内注册成立的初创企业数量
创新创业服务内容	创业教育培训	开展创业培训辅导的次数
		创业培训辅导的人数
		专业创业集训营活动次数
	创业交流活动	组织举办各类创新创业赛事数量
		推荐参加创新创业大赛项目数量
		组织创新创业交流活动次数
		投资路演、论坛、公益讲座等次数
	技术创新服务	提供公共技术服务次数
		利用平台推介、撮合、转化成果次数
		对接高校、科研院所及第三方科技服务机构为创业者提供技术服务次数
	创业融资服务	创业融资企业数及年度增长量
		与投资基金、天使投资人、创投机构建立的合作关系数
		天使投资（种子）基金规模

续表

一级指标	二级指标	三级指标
创新创业服务成效	企业孵化绩效	成功孵化的企业数
		初创企业存活率
		成功孵化的优质企业数量
		新增获得知识产权企业数量
		入驻企业的产值与利税
	项目培育绩效	获得 A/B 轮融资的创业项目数量
		专业投资机构投资的创业项目数量
	创新创业者培育绩效	创业者/创客注册成立企业数量
		推荐入驻加速器、高新园区等的创业者/创客数量
		服务创业者/创客数量
创新创业服务环境	运营与管理制度环境	创业投资制度完善度
		评估筛选、毕业与退出机制、反馈帮扶机制、信息披露完善度
		服务体系完善度
	空间硬件/软件环境	创业工位数
		可自主支配创业服务场地面积
		固定资产投入
		线上服务平台完善度
特色服务与品牌建设	可持续发展能力	可持续创业氛围营造程度
		社会协作程度
	社会效应	空间内初创企业实现就业人员数量
	财务绩效	收入与税收
		获得的财政资金
		服务与投资收入占总收入的比重
	特色的成功创业服务	项目获得全国性创业大赛大奖数
		获奖创业团队与企业数
		获得各级政府部门支持的项目与荣誉数
		运用地方与自身特色资源创新性的服务创业者和企业的数量

续表

一级指标	二级指标	三级指标
创新创业服务能力	创业导师队伍建设	创业导师队伍规模和结构
		创业导师创辅活动次数及增长量
	服务能力建设	每平方米经济贡献度
		签约各类创业服务机构数量
	运营团队建设	运营团队人员规模、结构、学历
	特色优势	备案级别（国家、省市）
		专业化程度（依托龙头骨干企业、国家自主创新示范区、高校科研院所程度）
		各项荣誉称号

二　众创空间发展质量评价指标体系建构结果讨论

本书运用扎根理论方法，基于 14 省市众创空间发展质量评价政策文本和 22 家众创空间质性调查数据，归纳、提炼了众创空间发展质量评价结构维度，从"社会认知—社会情感—社会评价"的动态逻辑角度阐释了各结构维度之间的关系，体现了评价指标体系的动态性特征，呼应了本书提出的发展质量概念，并构建了一套包含 6 个一级指标、19 个二级指标和 54 个三级指标的众创空间发展质量评价指标体系，从动态视角丰富了现有研究采用静态评价指标的研究成果。本书研究结论与发现对推动众创空间发展质量评价指标体系建设和实践具有以下参考意义。

（一）创客、创新创业源头培育和初创企业孵化应是评价指标体系开发的指导原则

自 2015 年我国实施大众创业、万众创新、"互联网＋"行动战略等创新驱动发展战略后，作为支撑载体之一的众创空间呈现出"井喷"的发展态势，我国着力推动众创空间发展的初衷是提升自主创新能力，培育和扩大创新源头，极大地激发全民的创造力。因此，在开发设计众创空间发展质量评价指标体系时，应以创客、创新创业源头培育和孵化初创企业为指导原则，所以，应重点评价众创空间提供创新创业的服务过程，而相对弱化绩效产出指标。

（二）管理建设、能力培育和品牌塑造应是评价指标体系的构建方向

众创空间面临着经营不善、同质化严重、无盈利模式和入驻率低等的发展困境，构建生态网络成为解决这些困境的关键路径之一，构成这一生态网络的要素包含身份建构、文化亲近、资源承诺、价值主张和服务嵌入。由此，众创空间需要通过完善管理制度、强化创业服务能力的方式来完成品牌塑造，进而推动众创空间走向专业化、差异化发展路线，强化行业竞争力和提高创业者的参与度。因此，在构建众创空间发展质量评价指标体系时，应将管理建设、能力培育和品牌塑造作为评价其发展质量的落脚点。

（三）差异化配置不同类型众创空间质量评价指标体系维度的权重

本书未对众创空间发展质量指标体系的维度权重展开深入讨论，原因在于众创空间类型较多，其类型可以划分为投资培训型、共享办公型、融资服务型、专业服务型、媒体平台型、创客孵化型等。故采用德尔菲法和层次分析法（AHP），在确定每个维度的权重过程中较难取得较高的一致性检验结果，主要受到所选取专家来源的影响，不同类别的众创空间会影响其评价偏好。但通过实地调研发现，众创空间类别差异会显著影响众创空间发展质量评价结果的客观性、公正性、科学性和有效性。因此，本书提出可以基于同一发展质量评价指标体系，采用差异化的维度权重实施分类评价众创空间的发展质量，例如，投资培训型的主要目标是充分利用丰富的人脉资源，辅助提升创业者的综合能力，评价此类型众创空间时应更偏向于创新创业服务内容、创业教育培训、创业导师队伍建设。创客孵化型的主要目标是为创客提供互联网开源硬件、开放实验室、加工车间、产品设计辅导和创意交流空间，而创新创业服务能力、创新创业服务环境、创新创业服务内容是此类众创空间的重点评价内容。

第八章

基于 CCR 模型的创业孵化平台
组织培育进程评价*

    自 2015 年中国提出大力发展众创空间以来，众创空间已然成为驱动创新发展的重要载体，更是推动创新创业的关键动力，呈现快速发展态势。科技部发布的《中国火炬统计年鉴 2021》数据显示中国已有众创空间 8507 家，提供工位 149 万个，投入服务人员 9.5 万人，投入财政支持资金 32.2 亿元。然而，众创空间的"繁荣"景象引起了学术界和实务界的担忧，学术界和实务界普遍认为众创空间存在同质化、依赖政府补贴、入驻率低、地产模式为主导等问题（李燕萍等，2017），2018 年 9 月国务院发布《关于推动创新创业高质量发展打造"双创"升级版的意见》明确提出引导众创空间向专业化、精细化方向升级，此种情境下的众创空间如何实现可持续发展？亦有媒体质疑众创空间"过剩"问题不实。究其缘由在于大规模的资源投入众创空间建设，其产出是否取得预期成效？为此，对众创空间发展绩效实施评价，是解答上述问题的关键。针对这一问题，本书试图采用 DEA 模型，基于《中国火炬统计年鉴》数据，对中国 31 个省、市、自治区众创空间发展效率进行比较研究，从资源配置使用效率、规模效率、管理效率等层面科学客观评价众创空间运营情况，本书有望为解决对众创空间发展实践现存的争论提供现实依据，为政府科学优化资源配置和健全扶持政策提供实证依据。

---

* 本章部分内容发表在《调研世界》2020 年第 1 期，第 51—57 页，作者为陈武。

第一节 创业孵化平台组织培育进程评价回顾

众创空间发展质量是以众创空间平台为核心形成的推动创新创业资源实现无缝对接的生态网络（李燕萍、陈武，2017），与传统孵化器有着显著的差异，表现为传统孵化器以科技型企业为主导，以科技成果转化为目标，而众创空间建构主体和参与主体更加多元，且包括创客教育、创业孵化、资源共享等多元化功能（李燕萍、陈武，2017）。为此，众创空间效率评价指标亦与传统孵化器有所差异，需要从管理建设、能力培育、品牌塑造等层面综合评价众创空间发展效率。

现有研究关于众创空间发展效率评价的文献鲜见，2018 年 4 月以"众创空间""效率""绩效"为主题词，发现仅有 3 篇 CSSCI 期刊文献。已有研究主要分为三类：一是众创空间评价指标体系开发研究，如李燕萍和陈武（2017）基于 14 省份政策文本和众创空间访谈资料，采用扎根理论构建了一套包含创新创业服务能力等 6 个一级指标和创业教育培育等 19 个二级指标众创空间发展绩效评价指标体系；温美荣和马若熙（2017）则主要讨论了 KPI 方法在众创空间绩效评价中的优劣，但并未构建具体指标体系。二是基于特定区域内众创空间的发展效率评价研究，如李政刚（2018）运用区域聚类分析法，通过众创空间数量、场地面积、创业导师、在孵项目团队和企业家数等 6 个指标对重庆科技类众创空间的运营模式与机制、发展定位和生态建设进行了客观评价；陈章旺等（2018）则采用数据包络方法，对福州市众创空间的规模收益、产业效率、有效性进行了效率分析；张丹宁等（2017）通过构建包含种子资金总额等 8 个投入指标和服务创业团队数量等 8 个产出指标的运营效率指数、锡尔指数和集中化指数对沈阳市众创空间产业进行了测度。三是从政策文本视角评价众创空间扶持政策实施效果。如运用文本分析法，将众创空间扶持政策进行提炼编码，通过频数统计探究政策体系的整体性、协调性、结构性等（雷良海、贾天明，2017）。亦有研究借助共词分析工具，通过提取关键词方式构建众创空间政策文本关键词社会网络分析图，对比分析不同区域供给型、需求型、外包型、环境型政策之间的差异与联系（苏瑞波，2017）。

综上可知，已有研究主要存在两点不足：第一，多以定性和规范分析为主，定量研究不足，众创空间理论建构已取得一定成果，然而对"繁荣"与"过剩"的争论未能提供足够有效的证据。第二，众创空间发展效率评价能够为科学优化众创空间发展战略提供重要的理论支撑，而现有研究鲜少涉及。为此，本书基于统计年鉴客观数据，采用 DEA 方法，科学评价中国众创空间的资源投入及产出效率，以期为众创空间现存的争论提供实证依据，为政府优化资源配置和政策体系的完善提供操作性建议，亦为管理者合理布局众创空间提供决策参考。

第二节 DEA 研究方法与设计

一 研究方法

本书运用 Charnes 等（1978）开发的数据包络（DEA）方法，分析众创空间发展效率。DEA 是对组织效率进行评价的一种有效标杆管理工具，目标是以最少的投入获得最大的产出（Banker 等，1984），其模型在发展过程中不断得到扩展和完善。本书目标是识别投入众创空间资源的使用效率，为此，本书运用 DEA 中以投入为主导的 CCR 模型计算众创空间发展效率。本书效率评价模型如下所示，模型中变量的含义将在模型结果分析部分结合模型运算数值进行阐释。

$$
\begin{cases}
\min\theta \\
s.t. \ \sum_{j=1}^{n} \lambda_j x_j + s^+ = \theta x_0 \\
\sum_{j=1}^{n} \lambda_j y_j - s^- = \theta y_0 \qquad \text{（规划模型）}\\
\lambda_j \geq 0, j = 1, 2, \ldots n \\
\theta \ \text{无约束}, s^+ \geq 0, s^- \geq 0
\end{cases}
$$

二 评价指标选取

指标选取的恰当性是实现准确效率评价的基础，投入与产出指标选择过多会使 DEA 模型的判别能力显著下降，会导致绝大多数决策单元（DMUs）呈现效率最优状态（Cook 等，2014），进而无法对 DMUs 进行比较。为此，已有研究提供的经验法则建议决策单元数量至少应是指标数量的 2 倍以上（Golany、Roll，1989），而 Banker 等（1989）则建议 DMUs 应超过指标数量在 3 倍以上。本书遵循上述经验法则，同时兼顾指标的可获得性、典型性和科学性原则，参考已有研究构建的众创空间发展质量评价指标体系，最终选取众创空间工位数等 7 个投入指标和众创空间总收入等 4 个产出指标，用于分析评价中国 31 个省、市、自治区的众创空间发展效率（如表 8 - 1 所示）。

指标选取过程如下：首先，为保障数据的可获得性，本书参照科技部发布的 2017 年和 2018 年《中国火炬统计年鉴》提供的 26 个众创空间统计指标。其次，参考李燕萍和陈武（2017）从社会影响力、创新创业服务内容、成效、能力、环境，特色服务与品牌建设 7 个维度构建的指标体系对指标进行筛选，初步获得 19 个指标且覆盖所有维度。最后，依据经验法则和典型性原则精简指标，如众创空间总收入包含服务收入、投资收入、财政补贴 3 个指标，则只保留众创空间总收入指标，因为如果没有特别限定，则最好保留总量指标（Cooper 等，2007），最终，获得表 8 - 1 中的 11 个涵盖 6 个维度的投入与产出指标。

表 8 - 1　　　　　　　　　众创空间投入与产出指标

投入指标（Input）	产出指标（Output）
I1：提供工位数（个）	O1：常驻企业和团队拥有的有效知识产权数量（个）
I2：众创空间服务人员数量（人）	O2：众创空间总收入（千元）
I3：创业导师人数（人）	O3：团队及企业当年获得投资总额（千元）
I4：享受财政资金支持额（千元）	O4：创业团队和企业吸纳就业情况（人）
I5：举办创新创业活动（场次）	
I6：开展创业教育培训（场次）	/
I7：当年提供技术支撑服务的团队和企业数量（个）	

三　数据来源

本书研究数据来源于 2017 年和 2018 年《中国火炬统计年鉴》提供的众创空间发展情况统计数据（因西藏统计数据缺失，故未纳入本书研究范畴）。由于众创空间于 2015 年出现且发展迅速，故科技部将 2016 年众创空间与原有的科技企业孵化器数据并列统计，当前只有两年数据可供分析。

第三节　模型计算与结果分析

一　效率评价

本书采用 Deap2.1 软件，将投入/产出数据分别代入 BCC 模型，模型求解后得到的众创空间发展效率评价结果，如表 8－2 所示。其中，综合效率指标反映的是众创空间发展的综合绩效，是对决策单元的资源配置能力、资源使用效率等多方面能力的综合衡量与评价；纯技术效率指标是指剔除规模报酬影响后的众创空间发展的技术效率，即由管理和技术等因素对生产效率造成的影响；规模效率指标反映的是实际规模与最优生产规模之间的差距，是众创空间投入规模变化对综合效率的影响（Charnes 等，1978）。

表 8－2　　　　众创空间投入与产出效率评估

序号	地区	crste	vrste	scale		序号	地区	crste	vrste	scale	
1	北京	1.000	1.000	1.000	–	17	湖北	1.000	1.000	1.000	–
		1.000	1.000	1.000				1.000	1.000	1.000	
2	天津	0.554	0.556	0.997	irs	18	湖南	0.551	0.552	0.999	–
		1.000	1.000	1.000				1.000	1.000	1.000	
3	河北	0.429	0.432	0.992	drs	19	广东	0.594	0.595	0.999	–
		0.779	0.883	0.883	drs			0.791	1.000	0.791	drs
4	山西	1.000	1.000	1.000	–	20	广西	0.318	0.332	0.958	irs
		1.000	1.000	1.000	–			0.845	1.000	0.845	irs

续表

序号	地区	crste	vrste	scale		序号	地区	crste	vrste	scale	
5	内蒙古	1.000	1.000	1.000	–	21	海南	1.000	1.000	1.000	–
		1.000	1.000	1.000	–			0.944	1.000	0.944	irs
6	辽宁	0.966	0.968	0.999	drs	22	重庆	0.645	0.645	1.000	–
		1.000	1.000	1.000	–			0.714	0.786	0.908	drs
7	吉林	1.000	1.000	1.000	–	23	四川	0.575	0.577	0.998	irs
		0.875	0.906	0.965	drs			1.000	1.000	1.000	–
8	黑龙江	1.000	1.000	1.000	–	24	贵州	0.618	0.630	0.981	irs
		1.000	1.000	1.000	–			0.800	0.852	0.938	irs
9	上海	1.000	1.000	1.000	–	25	云南	0.523	0.531	0.985	irs
		1.000	1.000	1.000	–			0.685	0.687	0.996	irs
10	江苏	0.705	0.705	1.000	–	26	陕西	0.564	0.564	1.000	–
		0.698	0.966	0.723	drs			0.711	0.713	0.998	irs
11	浙江	0.622	0.622	1.000	–	27	甘肃	0.720	0.729	0.988	irs
		0.734	0.890	0.825	drs			0.836	0.912	0.917	drs
12	安徽	0.777	0.777	1.000	–	28	青海	1.000	1.000	1.000	–
		0.744	0.768	0.970	irs			1.000	1.000	1.000	–
13	福建	0.526	0.526	0.999	–	29	宁夏	0.833	1.000	0.833	irs
		0.732	0.733	0.999	irs			0.729	1.000	0.729	irs
14	江西	1.000	1.000	1.000	–	30	新疆	0.712	0.713	0.998	irs
		1.000	1.000	1.000	–			0.941	0.962	0.978	irs
15	山东	0.543	0.543	1.000	–	31	新疆兵团	0.803	1.000	0.803	irs
		0.783	1.000	0.783	drs			0.734	0.917	0.801	irs
16	河南	0.623	0.626	0.996	irs		均值	0.748	0.762	0.985	
		1.000	1.000	1.000	–			0.873	0.935	0.935	

注：每个省份的第一、二行数据分别由 2018 年、2017 年数据得出。crste 表示基于 CCR 模型的技术效率（综合效率），vrste 表示基于 BCC 模型的技术效率（纯技术效率），scale 表示规模效率，drs 表示规模报酬递减，irs 表示规模报酬递增，"—"表示规模报酬不变。

由表 8-2 可知，2018 年中国 31 个省、市、自治区众创空间发展的综合效率整体表现良好，其均值为 0.748。其中，北京、上海、江西、湖北、新疆等 13 省、市、自治区的综合效率高于平均值，而河北、江苏、山东、云南等 18 省、市、自治区的综合效率则低于平均值，广西的综合效率值最低，只有 0.318。在纯技术效率方面，北京、内蒙古、湖北、广东等 12 省、市、自治区的众创空间发展实现最优纯技术效率。规模效率方面（ > 0.99），天津、上海、四川、青海等 25 省、市、自治区的众创空间发展达到了规模效率最优，其投入和产出相对其他决策单元已达到最佳状态，众创空间发展效率相对较高。

根据综合效率指标，2018 年众创空间综合效率为 1 的 DMUs 有 10 个，占比 32.2%，实现 DEA 有效；综合效率大于 0.8 的 DMUs 有 13 个，占比 41.9%；其余 58.1% 的省、市、自治区的众创空间发展存在较大的改进空间。

二　有效性分析

DEA 有效的充要条件是线性规划模型的最优解 $\theta^* = 1$ 且 $s^{*+} = 0$，$s^{*-} = 0$（θ 表示 DMUs 离有效前沿面或包络面的一种径向优化量或"距离"；s^{*+} 表示松弛变量；s^{*-} 表示剩余变量），此时，决策单元的规模和技术均有效，即在 χ_n 个投入量的基础上获得了最优的产出 Y；若 $\theta^* = 1$ 且 $s^{*+} \neq 0$ 或 $s^{*-} \neq 0$，则决策单元为弱 DEA 有效，决策单元的经济活动不是同时为技术效率最佳和规模最佳，可通过减少投入获得原产出或者在投入不变的情形下，将产出提高；若 $\theta^* < 1$，则决策单元的 DEA 无效，其经济活动既不是技术效率最佳，也不是规模最佳，需要重新调整投入与产出之间的组合关系。

根据上述有效性判别原则，2018 年众创空间中 DEA 有效的省份共有 10 个，占比 32.2%，北京、上海、湖北、海南、青海等省份同时实现了规模与技术有效；共有 0 个省份为弱 DEA 有效；其余 21 个省份众创空间均为 DEA 无效，占比 67.7%，故中国有超过半数以上省份众创空间存在改进空间，由此，可初步判断众创空间并不存在严重"过剩"问题。

三　规模收益分析

当 $\alpha = 1$（其中 $\alpha = \sum_{j=1}^{n} \lambda_j$，$\alpha$ 为 DMU_j 规模收益值），说明决策单元规

模报酬不变，表明 DMU$_j$ 达到最佳规模收益；当 $\alpha < 1$ 时，说明规模报酬递增，表明基于 DMU$_j$ 当前投入水平，适当增加投入，会促使产出量增加；当 $\alpha > 1$ 时，说明规模报酬递减，表明基于 DMU$_j$ 当前投入水平，无须再增加投入。

基于上述原则，结合表 8－2 可知，2018 年北京、山西、青海等 19 个省份众创空间处于规模报酬不变阶段。在纯技术效率最佳的 12 个省份中，新疆维吾尔自治区和宁夏回族自治区众创空间处于规模报酬递增阶段，其余 10 个省份为规模报酬不变。在非技术有效的省份中，天津、河南、甘肃、广西等 8 个省份众创空间处于规模报酬递增阶段，处于该阶段的省份，可以继续扩大众创空间投入，但在扩张规模的过程中，仍然需要重点关注技术要素对综合效率的影响；河北和辽宁 2 个省份众创空间处于规模报酬递减阶段，处于该阶段的省份，空间资源等物理环境要素已达最优，需要重点通过提升管理能力和技术水平来提高资源配置效率。

四 投影分析

投影分析是对非 DEA 有效的 DMUs 在有效投影前沿面的径向优化量，可用于分析不同或同一时期 DMUs 在投入松弛变量（投入冗余）和产出松弛变量（产出不足）层面需要加强和改善的量。

众创空间非 DEA 有效 DMUs 投影分析结果，如表 8－3 所示。2018 年河北、云南、浙江等 21 个省、市、自治区在创业教育培训方面投入相对冗余；安徽、山东、陕西等 18 个省份在创业导师人数、举办创新创业活动、提供技术支撑服务的团队和企业数量方面投入冗余；湖南、广东等 4 省份众创空间服务人员数量、享受财政资金支持额方面投入冗余；仅有辽宁和宁夏在提供工位数方面投入冗余。而在产出调整方面，共有天津、河北、广西、重庆、新疆、云南等 12 个省份集中在团队及企业当年获得投资总额指标方面产出相对不足。就具体省份而言，辽宁、吉林、湖南等 8 个省份只表现为投入冗余，产出已达最优；河北、江苏、浙江、安徽、贵州、陕西等 12 个省份均只有一个产出指标不足，说明相对其余省份，众创空间产出较优；投入冗余指标在 5 个以上的省份有天津、广西、四川、宁夏等 17 个，上述省份需要加强供给侧结构改革，重点优化资源配置。

表 8 - 3　众创空间非 DEA 有效 DMUs 投影分析（投入与产出松弛值）

序号	地区	O1	O2	O3	O4	I1	I2	I3	I4	I5	I6	I7
2	天津			609017	1755			1974	15349	1480	1025	311
3	河北			154536		0	0	865		150	813	203
				179413		2495	623	790		0	546	0
6	辽宁			0		7887	186	1302			802	1124
7	吉林	0		839322		0	0				0	0
		690				28681	694				491	86
10	江苏			842822			0	2572	76658	3624	2238	538
				645333			707			0	80	33
11	浙江	1219		0				2718	23850	3659	3226	1149
		0		13823				0		1540	826	0
12	安徽		27916				739	630	43615	1441	923	803
			2108				1388	0		31	196	337
13	福建			861899		0	0	1596	2015	1014	988	187
				0		9443	2448	830	0	0	497	0
15	山东		0	1906410			0	1353		2522	2234	627
			90235	3912707			11804			1691	1955	132

续表

序号	地区	O1	O2	O3	O4	I1	I2	I3	I4	I5	I6	I7
16	河南		0	1241788			400	631		1002	1836	898
			600839	0			0	0		0	0	0
18	湖南						174		57357	695	696	293
19	广东				0	0	3613		14415	3890	2160	1611
					14979	5249			16019	1149	530	1342
20	广西		0	103865		0	0	171	116	69	20	73
			5970	14341		1433	70	73	0	114	38	0
21	海南		0			0	0	0	0	0	0	0
			431			758	43	27	4080	243	90	0
22	重庆		0	2263768		0		1454	0	547	426	161
			234801	4444707		521		172	11365	0	205	0
23	四川	1342		413122				1139	3722	1483	903	75
		0		0				0	0	0	0	0
24	贵州			66042		0	877	143	28379	173	337	87
				245204		351	0	0	9981	262	0	82
25	云南		0	621674				682	14596	510	1715	224
			264801	533964				259		0	803	30

续表

序号	地区	O1	O2	O3	O4	I1	I2	I3	I4	I5	I6	I7
26	陕西	0	0	591819		0	0	1345	0	1591	562	603
		80	114370	0		4574	627	0	239	0	0	0
27	甘肃		0				2015	831		927	798	684
							2797	0		241	1050	203
29	宁夏		23580			412	108	122		4	29	81
						0	195	21		30	384	84
30	新疆			35263			310	316	1236	323	194	648
				69650			0	0	0	255	172	43
31	新疆兵团		0			303	956	38		39	48	150
			27769			859	0	41		62	153	96
83	均值	900	313291	57	268		642	8604	811	709	340	
25		49817	345776	483	1726		92	1808	180	267	80	

注：每个省份的第一、二行数据分别由 2018 年、2017 年数据得出，其中天津、辽宁、湖南只在 2018 年出现 DEA 无效，空白处的数值均为 0。投入指标数值均表示投入冗余值，产出指标数值均表示产出不足值。

五　众创空间发展效率趋势分析

相较于 2017 年，2018 年众创空间发展效率呈现出如表 8 - 4 所示的变化，主要表现在：（1）发展规模饱和，但效率下降。93.5% 的省份众创空间发展规模基本饱和，比 2017 年提升 23 个百分点。规模报酬不变的省份个数上升 19.4%，管理能力和技术因素整体下降 22.7%，成为抑制众创空间发展效率的核心要素。（2）资源投入增长迅速，但有效性降低。资源配置和使用效率总体下降 16.7%，投入冗余要素超过 5 个以上的省份从 2017 年的 5 个，增长到 2018 年的 17 个。（3）众创空间收入不断上升，但创业团队及企业获得投资的难度亦呈上升趋势，从 O3 指标的总体均值来看，比 2017 年总体难度提升 10.4%。

表 8 - 4　　　　　　　2017 年、2018 年众创空间发展效率趋势分析

指标	2017	2018	指标	2017	2018
综合效率均值	0.873	0.748	纯技术效率最优省份个数	18 (58.1%)	12 (41.9%)
纯技术效率均值	0.935	0.762	规模效率最优省份个数	14 (45.2%)	25 (80.6%)
规模效率均值	0.935	0.985	规模效率 > 0.9 的省份个数	22 (70.9%)	29 (93.5%)
DEA 有效的省份个数	13 (41.9%)	10 (32.2%)	规模报酬不变省份个数	13 (41.9%)	19 (61.3%)
综合效率 > 均值省份个数	16 (51.6%)	13 (41.9%)	规模报酬递减省份个数	8 (25.8%)	2 (6.5%)
综合效率 > 0.8 的省份个数	19 (61.3%)	13 (41.9%)	规模报酬递增省份个数	10 (32.2%)	10 (32.2%)

注：括号内数值为省份个数占总省份个数的比例。

第四节　众创空间培育效率评价结果讨论

本书采用 DEA 模型，基于《中国火炬统计年鉴》统计数据对中国 31 个省、市、自治区众创空间发展过程中的资源配置使用效率、规模效率、

管理效率进行了比较研究，得出以下结论。

一　中国众创空间发展效率整体表现较好，但地区之间发展极不平衡

由测算结果可知，中部六省和东北三省众创空间发展效率最优，除河南省、辽宁省分别处于规模报酬递增（减）阶段外，其余省份均实现了最佳资源配置、规模发展和管理效率。东部地区省份发展效率极不平衡，仅北京、上海、海南的众创空间发展效率达到最优，天津处于规模报酬递增阶段，河北处于规模报酬递减阶段，其余 5 省均处于规模报酬不变阶段，资源配置和管理效率均表现不佳，存在较大的改进空间。西部地区省份表现出良好的增长势头，内蒙古和青海的众创空间发展效率达到最优，除重庆和陕西外，其余 8 个省份均处于规模报酬递增阶段，但后续发展需要在控制已有发展规模的基础上，重点增强资源管理能力和技术水平。

二　众创空间发展的"过剩"问题并不突出，但已接近饱和极限

众创空间的发展速度超过了 2015 年之前孵化器数量的总和，由此引发学术界和实务界对众创空间"过剩"问题的担忧，在北京、深圳、武汉、合肥等地调研过程中，多数众创空间负责人表示当前环境中的众创空间太多，将会出现倒闭潮。本书发现 25 个省、市、自治区实现了规模效率最优，其余省份的规模效率介于 0.803—0.990 之间，均值为 0.985，从提供工位数指标（间接反映众创空间的物理面积）来看，仅有辽宁和宁夏 2 个省份在这一指标上呈现投入冗余情况，故本书研究结果表明众创空间发展的"过剩"问题并不严重，但绝大多数省份已然接近饱和极限，未来需要通过产业结构升级，技术创新等途径驱动众创空间实现可持续发展。

三　管理能力和技术效率较低成为制约众创空间发展的关键"桎梏"

众创空间在中国实践较短，近年来大量利好政策促使诸多主体以"摸着石头过河"的心态盲目"跟风"（陈武、李燕萍，2018），而运营管理人才的匮乏，导致来源于传统企业的管理者和服务者，其服务和管理理念尚未完全脱离原有组织架构，往往会带来"熟悉陷阱"的风险

（Ahuja、Lampert，2001），进而造成管理效率低下、资源配置效率不高。研究结果显示有 19 个省份的管理效率亟待改进，特别是西部地区 66.7% 省份的管理效率低于全国平均水平，而在开展创业教育培训（I6）、举办创新创业活动（I5）、享受财政资金支持额（I4）指标上出现投入冗余的省份分别有 21 个、20 个、12 个；团队及企业当年获得投资总额（O3）指标上出现产出不足的省份有 12 个，四个指标反映出众创空间在资源配置、入驻创业团队管理等方面的管理能力与服务水平较低。由此，表明强化管理能力是提升众创空间发展水平的关键路径。

第九章

基于共词分析法的创业孵化
平台组织培育政策比较*

自 2015 年至今，众创空间已然成为驱动创新发展的重要载体，其发展速度超过以往历史的总和，据《中国创业孵化发展报告 2022》显示，截至 2021 年年底，中国众创空间已经达到了 9026 家。产生这一现象的重要原因之一则是大量利好政策直接驱动的结果（李燕萍、陈武，2017）。中国地方政府颁布了大量的政策性文件，致使众创空间的发展空前"繁荣"，仅 2018 年的增长率达到了 21.26%，然而，众创空间发展过程则暴露出同质化、依赖政府补贴、入驻率低、地产模式为主导等"繁荣"背后的"隐忧"问题。因此，探究众创空间发展政策的实施效果，有利于发现政策实施效果与产业发展实际之间的差异，通过揭示其中的问题来优化完善政策。

众创空间政策相关研究主要集中在三个方面：一是建立框架模型实施政策量化分析，如通过建立 X、Y 二维政策工具框架模型，分析上海众创空间发展政策面临的问题，并提出解决方案（雷良海、贾天明，2017）。二是建立 PMC 指数模型展开政策量化评价，如通过构建双创 PMC 指数模型对 2017 年的国家与省部级的 10 项双创政策进行量化评价，并根据 PMC 模型快速准确定政策提升路径（张永安、郗海拓，2018）；运用文本挖掘法对北京市众创空间政策制度展开分析，并建立 PMC 指数模型，发现北京市所颁布创新创业政策评分处于良好范围，但依旧有部分问题需要进

---

  * 本章部分内容发表在 2020 IEEE Conference on Telecommunications, Optics and Computer Science（TOCS）国际会议论文集,2020 年 12 月 11—13 日,第 29—34 页,作者为陈武、扬天南、赖利燕。

行改进（臧维等，2018）。三是针对政策作用的着力点方面将政策进行分类分析，如将政策划分为供给型、需求型以及环境型三类政策工具等（Rothwell、Zegveld，1985）。

综上所述，众创空间政策文本的相关研究为分析政策实施的优劣奠定了良好的基础。鉴于众创空间概念及其相关扶持政策提出时间不长，且各省市出台的政策不尽相同，对于政策的有效性还存在争议，故本书通过选取创新创业发展较好的四个省市的政策进行文本分析，对各个省市的政策比较，由此探索支持众创空间发展的有效政策。

第一节 众创空间政策共词分析研究设计与分析

一 共词分析方法

共词分析法是一种重要的情报研究方法，属于内容分析法的一种，它利用两个或两个以上的关键词共同出现的频次进行聚类分析，反映出关键词之间的亲疏关系，揭示当前的研究主题及主题之间的关系。因此本书使用共词分析法探究政策实施的主要内容及方向。

二 共词分析数据收集

本书收集整理北京（21篇）、湖北（22篇）、四川（20篇）、吉林（18篇）四个具有代表性省份的众创空间支持政策。

三 政策共词分析

首先，运用 ROSTCM6.0 软件，提取出政策文本中出现频次最高的前20个关键词，如表9-1所示。其次，使用 Netdraw 软件，绘出高频词的语义网络分析图。

表9-1　　　　　　　四省市众创空间支持政策高频关键词

序号	北京市	词频	湖北省	词频	四川省	词频	吉林省	词频
1	企业	846	创业	988	创业	894	创业	1038
2	服务	584	企业	705	企业	632	企业	578

续表

序号	北京市	词频	湖北省	词频	四川省	词频	吉林省	词频
3	中关村	472	发展	650	创新创业	599	创新创业	506
4	创新	469	创新	567	服务	568	服务	484
5	机构	410	服务	501	就业	389	就业	424
6	资金	376	科技	425	发展	373	发展	337
7	人才	371	人才	403	建设	257	创新	302
8	项目	323	建设	369	科技	251	资金	274
9	创业	280	就业	356	政策	241	政策	259
10	技术	264	技术	308	创新	227	建设	244
11	发展	261	返乡	276	人员	215	项目	235
12	管理	254	人员	271	给予	213	人员	229
13	平台	247	政策	250	返乡	211	单位	216
14	单位	231	平台	239	高校	203	人才	205
15	建设	227	建立	238	机构	202	机构	199
16	创新创业	184	鼓励	228	推进	179	基地	197
17	文化	169	改革	223	补贴	178	科技	196
18	给予	168	推进	221	鼓励	177	平台	188
19	投资	161	单位	211	平台	176	培训	187
20	示范区	149	农业	209	建立	159	建立	180

(一) 北京市众创空间支持政策文本共词分析

由表9-1可知北京市比较注重众创空间的服务工作，通过以中关村为中心建立企业示范区发展创新创业工作，注重在金融服务、人才政策、创新发展等方面支持众创空间。图9-1显示北京市众创空间支持政策中还包括中心、融资、自主、领军、知识产权等关键词。

图9-1清晰地展示了北京市众创空间支持政策关键词的网络结构，网络中心的节点包括企业、服务、创新、机构和示范区等。从创新的内向中心度（其他网络节点指向创新节点）来看，服务、平台、资金、自主、技术等都与其有直接的关系，这说明北京市在发展创新工作的过程中比较注重服务和平台方面的管理和建设，鼓励创业企业在发展过程中自主创新、提升技术，并且着重解决新创企业面临的资金少融资难等问题。从企

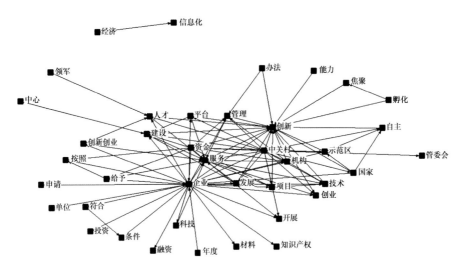

图9-1 北京市众创空间支持政策关键词网络图

业的外向中心度（企业节点指向其他网络节点）来看，知识产权、科技、人才等是企业的外向直接关系，这又说明北京市在推进创新创业企业发展过程中较为重视知识产权的保护、科技的发展以及人才的培养等方面。

（二）湖北省众创空间支持政策文本共词分析

由表9-1、图9-2可知，湖北省注重众创空间服务工作，对创新创业企业的发展、资源吸引和科技创新等方面都有相应的政策措施。湖北省政府着力推动创新创业平台建设，鼓励各类人员积极参与到国家"双创"大潮中。

图9-2显示与北京市相同网络中心的节点涉及了企业、创业、服务、创新、发展等关键词。除此之外，在创业的内向中心度部分还涉及返乡、就业、项目、人员等关键词，这说明湖北省在支持众创空间发展过程中能够结合本省特色，利用政策优势吸引在外务工人员返乡创业就业，注重留住"家乡人"。同时从企业的内向中心度来看，高校、人才、机构等都与企业有直接关系，这说明湖北省在发布众创空间的支持政策中将湖北高校资源也纳入其中，高校是人才的聚集地、创新创业活动最为活跃的地点之一，利用高校的人才优势促进创新创业的发展，出台政策推动高校进行创新创业活动有利于带动整个地区的创新创业大浪潮。

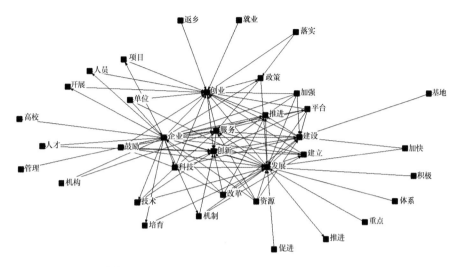

图9-2　湖北省众创空间支持政策关键词网络图

（三）四川省众创空间支持政策文本共词分析

表9-1和图9-3显示，四川省具有与北京、湖北相同的政策价值导向，四川省支持众创空间发展政策的关键词也主要集中在促进创新创业、提高企业服务、推进企业发展等方面。

从图9-3可以看出，除去图中中心区域的创业、服务、建设、发展等关键词外，图中创业和企业的直接关系词中还出现了经济、改革、载体、返乡、补贴、技术等，这表明四川省政府在制定众创空间扶持政策的过程中，能够因地制宜制定出通过经济改革、创建创业载体、发放补贴以及留住返乡创业人员等政策来吸引更多的创业者在四川开展创业活动。企业的外向中心词中还包括高校、平台、科技等，这说明高校平台建设以及科技成果转化对促进对企业发展有重要作用，四川省积极推动高校资源为创新创业服务工作提供必要的技术及人力支持。

（四）吉林省众创空间支持政策文本共词分析

由表9-1和图9-4可知吉林省众创空间政策关键词主要为创业、企业、服务、创新创业等，说明吉林省众创空间支持政策在于积极为创业企业和创新创业活动服务，打通服务创业者的最后一公里。

图9-4关键词网络图显示网络中心与北京、湖北和四川基本相同。

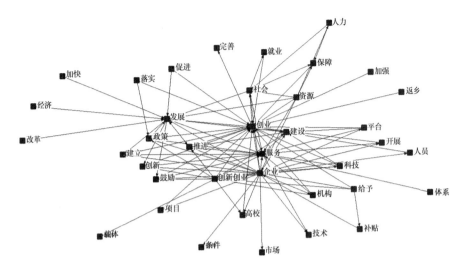

图9-3 四川省众创空间支持政策关键词网络图

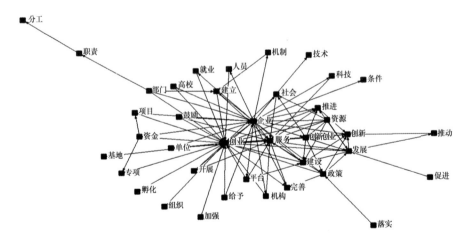

图9-4 吉林省众创空间支持政策关键词网络图

从创业的内向中心度来看，孵化、基地、高校、人员等都与创业有直接关系，说明吉林省在众创空间支持政策实施方面积极创建各类孵化基地，为创新创业企业发展和创新人才培养提供平台和帮助。另外吉林省同样将高校纳入创新创业发展中，使高校充分发挥育人功能，鼓励高校教师以及毕业生积极创业，为创新创业活动增加活力。从企业的外向中心度看，科技、技术与企业有外向直接关系，这说明吉林省在发展创新创业的过程中较为重视科技、技术创业这一板块，推动科技成果转化以及推动科技人员投身创新创业都是吉林省推动创新创业发展的重要战略。

第二节　众创空间政策异同点分析

一　众创空间政策相同点

（一）服务意识方面

四个省份均对众创空间发展的服务工作高度重视，均创建了专门的服务系统，为创业者提供注册、工商、税务、财务、社保等代理服务及创业咨询、投融资等增值服务。另外，湖北、四川两省针对返乡创业人员提供专门的返乡创业服务窗口，为返乡创业人员提供全方位帮助。政府的政务能力以及服务水平的提高为创新创业活动的顺利进行奠定了坚实的基础。

（二）平台建设方面

四省份根据中共中央总体要求，在省内创建设施全面的创业孵化平台，为创业者开展创业活动提供指导。此外创业孵化平台还可以为创业者快速匹配资源，通过链接创新创业过程中所需要的人、财、物、组织等相关资源，最大限度地满足创业者的需求，平台间资源相互链接形成一个地区内网络系统，为地区内创新创业工作的开展提供了必要条件。

（三）财税政策方面

四省份针对创业企业出台了一系列财税支持政策。在税收方面，全面落实创业创新税收减免、科技成果转化税收优惠等政策。在补贴方面，对创业者给予一定的补贴支持，鼓励对众创空间等孵化机构使用的办公用房、用水、网络等软硬件设施给予适当补贴，为创业者减少创业压力。

二　众创空间政策差异化

众创空间已然成为驱动经济发展的重要载体，但由于各省的经济发展水平、产业形态等情况有所不同，因此各省制定的众创空间政策有所差异。

北京市作为国内一流城市和创新人才聚集高地，众创空间政策的着力点集中在建设成为国内领先、国际一流的创新创业地区，特别侧重培育创业领军人才，在知识产权保护方面，成为引领其他城市开展知识产权保护的"风向标"。

湖北省是全国发展创新创业城市中的后起之秀，在众创空间支持政策的制定方面偏重于吸引返乡创业人才，为返乡人才提供税收优惠服务以及创业场地等。另外，相较于其他中部地区城市，能够充分利用丰富的高校人才资源这一独特优势来推动创新创业。其政策着力点在于巩固本土化优势，争取发展成为中部地区创新创业示范基地。

四川省属于西部城市中的创新创业代表性省份，虽然地区整体经济水平较为落后，但在推动创新创业发展过程中，提出利用发放补贴留住返乡人才等方式来吸引创业者实施创业活动。其政策着力点在于弥补自身不足，让创新创业活动带动本地区经济和就业。

吉林省作为东北地区的典型城市，东北老工业基地资源丰厚，其创新创业活动发展十分迅速，吉林省比较注重通过建设孵化基地帮助创业者创业，促使新创企业成长，借此推动整体创新创业活动发展。除此之外，与湖北省相同，吉林省也充分利用高校资源推动创新创业活动，鼓励教师、学生积极参与创新创业。其政策着力点在于借助自身优势开展创新创业活动，力争成为东北地区示范性创新创业城市。

第 十 章

促进创业孵化平台组织发展的
对策建议与未来议题

第一节 研究结果与理论贡献

　　发展动力转换是贯彻实施创新驱动发展战略、人才强国战略、乡村振兴战略、"双创"战略的新时代命题。本书以"创业孵化平台组织（众创空间平台组织）构建机理与培育效果评价"为主线，从创业孵化平台组织和创客资本内涵与特征，创业孵化平台组织构建机理与培育效果评价层面深度挖掘创业孵化平台组织驱动创新发展的动力机制。具体可将本书研究内容归纳为如图 10 - 1 所示的创业孵化平台组织驱动创新发展动力逻辑框架。

　　创新发展动力的转换需要激发更多的创新主体参与，这也是中国实施大众创业、万众创新战略的重要原因。然而，创客、创新文化的缺失，致使创新参与主体仍然停留在精英阶层，而草根大众的创新潜力未被开发，因此，处于图 10 - 1 创意阶段（幻想、遐想、设想建构阶段）的创新主体"激活"成为创新发展动力转换的首要问题，这便衍生出众创平台载体如何提升创客与创业者的参与度？本书构建的理论模型从身份、文化、服务、资源等角度阐明提升创新主体参与度的逻辑机制（图 4 - 2）。创新主体的创新意愿被"激活"后，如何将其拥有的创客资本转化为生产力，成为图 10 - 1 创意转化阶段（桌面制造、变虚为实）的核心问题，由此衍生为创业孵化平台组织如何构建满足创意转化所需的资源生态圈？而现实情境却表现为"庙"多"僧"少的生存环境，故上述问题进一步衍生

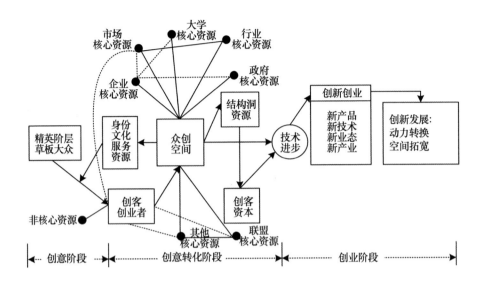

图 10-1　众创空间平台组织驱动创新发展动力逻辑框架

为创业孵化平台组织通过何种竞争力完成异质性生态圈建构？如何培育此种竞争力？为此，本书从社会网络与资源依赖理论视角，探究了创业孵化平台组织构建，图 6-1 所示资源网络的五种竞争力构成要素及其培育路径。借助创业孵化平台组织生态圈，致使技术进步不再局限于由少数精英、企业闭环研发过程推动，同时联结形成由大学、产业、政府、公民社会、自然环境共同构成的精英与草根并肩的螺旋体式的新型创新联合生态体，协同推动技术进步。

综上所述，本书得出以下结论和相应的理论贡献：

一　创业孵化平台组织具有独具一格的内涵与特征

本书提出创业孵化平台组织促进双边或多边开展交流互动，以提升参与者（个体、组织和企业）创新能力并满足其异质性需求为目标，而基于互联网背景构建的一种能够对资源进行快速聚散与迭代的生态网络。创业孵化平台组织所特有的能够为平台组织和创客、创业者带来双重价值增值的创新创业服务网络资源构筑能力则是其竞争力的重要来源。本书同时发现创业孵化平台组织具有与平台和平台组织相似的特点，创业孵化平台组织提供互动交流界面，参与者可以在平台发布或分享自己的创意，也可以提供自己的创意产品或服务，可实现资源的快速集聚与迭代，最大限度满足参与者的异质性需求，能够推动生态网络的形成以及促进创新能力的提升，最终驱动创新发展。

二　创业孵化平台组织面临"身份—文化—资源"三重发展瓶颈

创业孵化平台组织在塑造"我们是谁"的组织特征过程中，运用了大量的特征性资源不断进行自我修订，通过全面整合基础资源、社会资本、联盟资源、合作资源等构建平台生态资源网络，以此彰显众创平台的创新创业服务能力，体现组织的身份和地位。案例研究发现，平台组织发展初期，以获取政府补贴的浅层制度嵌入只能缓解平台组织发展的短期需求，但后期发展必须"跳脱"工位租赁和"跑"政策模式，否则将会陷入"造血"能力不足的发展困境。此外与依托单位、同行、社群、社区、企业、创业者等关系节点的结构性嵌入和文化嵌入程度较低，亦使平台组织无法高效对接依托单位、社区、社群资源、创业者需求等。嵌入性结构弱势促使平台组织较易出现服务、空间同质，创业、服务资源塌陷，定位、价值观模糊等问题，致使平台组织难以构建身份特征、结构洞资源及亲和文化。故组织身份同质、结构洞资源塌陷和文化疏离成为阻碍平台组织构建持续竞争优势的关键难题。

三　创业孵化平台组织需要通过多阶段多路径构建竞争力

一是多阶段构建创业孵化平台组织竞争力。本书发现创业孵化平台组织生态圈建构能力要素结构涵盖了身份建构、文化亲近、资源承诺、价值主张和服务嵌入五个要素。并遵循创客的"认知—态度—行为"导向的逻辑框架，即从身份建构、文化亲近要素到平台组织对创客的资源承诺形成需要经历认知嵌入、情感嵌入和行为互动三个阶段，并且不同阶段对创客发挥影响力的要素有所不同。其中，身份建构和文化亲近在认知嵌入阶段对创客的认知信任产生影响，价值主张和服务嵌入在情感嵌入阶段对创客的情感信任产生影响，资源承诺在行为互动阶段对创客的结构洞、机遇开发和机遇发现产生影响。

二是多路径构建创业孵化平台组织竞争力。创业孵化平台组织若要向创业者精准地嵌入创业导师、团队招聘、技术支撑、投融资对接等资源，使创业者在平台组织构建的生态网络中创造和共享知识，前提条件是需要平台组织占据网络中的核心位置，并形成较高强度的关系嵌入、结构嵌入等，为此，需要创业孵化平台组织通过整合内外部资源完成身份建构，以此确立自己的地位和声望，并通过营造良好的空间氛围拉近与创业者的心理距离，为资源承诺奠定基础。此外，创业孵化平台组织的价值主张越清晰，亦说明其自身定位较为明确，且与同行的差异化较高，能够大量集聚某一行业或领域的关键性资源，以此满足特定创业领域的资源需求，由此进一步提升了创业孵化平台组织的身份、地位。服务嵌入程度越高，表明创业孵化平台组织的创业服务理念、服务方式和服务能力较强，具有专业化的创业服务团队，能够通过服务提升身份建构资源的附加值。为培育上述竞争力，本书提出创业孵化平台组织可以通过园区共生、需求驱动和联盟协同三种路径实现制度嵌入、关系嵌入、结构嵌入和文化嵌入，推动平台组织将合法性资源、制度资源、联盟资源和社会资本等嵌入创业孵化平台组织生态圈，通过嵌入性资源整合，提升创业孵化平台组织的身份建构、文化亲近和资源承诺能力，最终完成品牌塑造，实现组织身份同质、文化疏离和结构洞资源塌陷三大难点的突破，并获得社会认同和社会地位的提升。

四 推动"需求侧"分析范式在平台组织竞争力理论中运用

产业组织经济学致力于从平台架构创新（Gawer、Cusumano，2014）、定价设计（Rochet、Tirole，2006）的"供给侧"层面，构建异质性资源方式获取平台竞争优势。而创业孵化平台组织若要在"庙"多"僧"少的情境中实现发展，需要重点突破组织身份同质、文化疏离和结构洞资源塌陷三大难点，本书从嵌入性视角归纳提炼了"双创"情境中的创业孵化平台组织通过园区共生、需求驱动和联盟协同三种路径实现竞争力培育的理论框架。与产业经济学视角不同，"双创"环境中的创业孵化平台组织则需要围绕"创业者需求"这个核心，由"需求侧"向资源供给侧发起"价值捕获"策略，通过全面整合政府、社区、市场、联盟等资源构建适应平台组织发展的资源生态圈，本书通过引入嵌入性理论，从动态微观视角考察了平台组织运用制度、结构、文化等嵌入方式完成组织身份构建、文化亲近和资源承诺能力的培育机制。

五　组织管理视域下的创业孵化平台组织具有差异化的竞争力结构与测量工具

本书通过质性和量化研究发现创业孵化平台组织竞争力结构由身份建构、文化亲近、价值主张、服务嵌入、资源承诺五个因子组成，将平台竞争策略的研究视线从关注价格、平台架构转移到关注如何通过建构身份、文化、服务来激发平台组织的吸引力及网络效应，深化管理者对影响平台组织竞争力因素的新认识，为进一步研究平台组织竞争力提供理论基础。此外，经探索性因子分析发现 15 个条目的 5 个因子众创空间平台组织竞争力修订量表信效度良好，验证性因子分析发现二阶五因子结构模型在统计和理论上更为合适，且发现创业孵化平台组织竞争力对创业者参与度具有显著正向影响。本书从实证研究角度拓展了产业经济学、战略及技术管理视角，采用经济学方法、案例研究、质性研究推导和描述平台竞争过程。

六　创客资本驱动经济社会发展的内在逻辑与其核心特质相关

本书认为既往研究从行为论、角色论、特质论视角界定了创客内涵，然而三类视角分别从创客表现出的 DIY 行为，消费者、生产者、设计者等多元角色融合，以及享受创新等特质来描绘创客，导致对创客内涵的界定较为泛化，进而对创客的理解也仅限于浅层表象。创客具有纯粹梦想、高涨激情、敢于冒险等个性特质和融玩于学、乐于分享、善于设计等行为特质，上述结论从创客行为表象描绘了创客特质，却较难解释创客与创新驱动发展（如社会变革、大众创新、技术创新）的逻辑机理。本书提出创意制造、开放协同、网络共生、边际非稀缺四个创客资本核心特征，从创客产生与发展的外驱力和创客网络行为结果效应方面深度刻画了创客资本演化过程，展现了创客通过创业孵化平台组织社会网络与外部社会环境的互动逻辑，揭示了创客特质与其他社会要素有机组合，这不仅从内在本质角度回答了创客与经济社会发展的内在逻辑，也更系统阐述了创客资本的生成机理，是对创客内涵和特质理论的深度拓展。

第二节 促进创业孵化平台组织发展的对策建议

一 驱动创业孵化平台组织发展的政策建议

综合国家创新驱动发展战略和国务院 2018 年发布的《关于推动创新创业高质量发展打造"双创"升级版的意见》等政策文件要求，为政府科学优化资源配置和健全扶持政策，本书结合研究结论提出如下政策建议。

（一）政府可通过阶梯式政策组合工具引导东部资源向西部流动

本书指出东、西部地区众创空间分别处于规模报酬递减（增）阶段，且西部地区管理效率普遍低于全国平均水平，在众创空间收入和团队及企业当年获得投资总额产出显著低于其他地区，而东部地区众创空间在服务人员和教育培育方面的投入过多。为此，政府可通过构建由上至下的"制度—产业—企业"阶梯式政策框架引导东部资源流向西部，制度层面可以给予西部地区政府较为宽松的财政、金融政策，用于吸引优质企业落户西部，提升造血功能；产业层面则需要国家重点扶持西部地区的优质产业，引领外部资源流入，形成"产业引领＋资源带动"的新型造血模式；企业层面则需要通过优惠政策引导东、中、东北地区优质众创空间向西部地区布局，提升西部地区众创空间的专业技术水平。既可以转移东部地区的"过剩产能"，亦可以促进西部地区优质资源大开发，驱动实现东西资源联动和互补。

（二）积极推动创业孵化平台专业化升级与强化管理人才队伍培育"两手抓"

政府的指标化政策和管理效率的缺失是导致当前众创空间呈现"繁荣"与发展效率不高这一矛盾的关键原因，仅通过扩大物理空间等粗放型资源投入策略不利于众创空间的可持续发展。为此，需要政府通过调整资源配置方式，促进众创空间专业化能力升级，如重点扶持聚焦特定行业领域的众创空间，并树立专业化典型案例，在设置考核指标体系的过程中，同时纳入工位数等硬指标和管理能力等软指标，采用第三方评估机构深入现场对众创空间实施动态评价。此外，政府可通过联合高校、企业、众创空间等主体，运用集中培训方式（如武汉市经济与信息化委员会联合光创业咖啡举办创业辅导培训班）培育众创空间运营管理人才队伍，以此提高众创空间的资源配置效率、专业创辅能力。

（三）形成中央引导地方创新的政策配置格局

目前的创新创业政策已经逐渐形成了中央下发整体性引导文件，各个地方发挥创造性和积极性对政策加以完善的格局。根据文本分析结果可知北京、湖北、四川、吉林四个创新创业发展较好省份的政策中心关键词均相似，四个省份政策能够充分与中央文件相结合，根据中央文件的重要精神促进众创空间发展。除此之外，各地还需结合自身发展实际，因地制宜地制定创业政策，发挥地方政府的积极性及创造性。其他省份在未来发展创新创业工作中要更加注重中央引导与地区创新相结合，使众创空间发展嵌入到区域整体性发展格局中。

（四）不同地区可采用联合政策制定方式推动协同发展

创新创业产业的发展需要结合各个领域政策，因此，各部门、各地区之间共同协同制定政策能够进一步推动创新创业产业的发展。通过借鉴发展水平相同的地区发展经验，可以快速提升创新创业水平，实现协同发展。

（五）激活高校资源助力创业孵化平台组织发展

高校以及研究机构是驱动创新创业的核心主体之一。依据本书分析结果，可知湖北、四川、吉林三省份都将高校纳入创新创业政策体系中，使其发挥高校引领作用，鼓励学生创新创业。此外，所颁布政策均包含积极促进高校科技成果转化落地等，为此，将高校规划到整个创新创业发展体系中对于区域内的创新创业工作有极大的促进作用。

二　驱动创业孵化平台组织发展的管理对策

创业孵化平台组织正处于繁荣与过剩的"十字路口"，如何应对"庙"多"僧"少的挑战，本书提出如下管理对策。

（一）创业孵化平台组织需要在快速增长阶段摒弃单方"索取"思维

在创业孵化平台组织发展初期，可通过单方"索取"走向联合共赢的方式构筑制度性资源渠道。创业孵化平台组织发展初期，政府为推动"双创"载体在短期内形成引领效应，往往会通过释放政策资源对市场进行较高程度地干预，此时，政府是资源和合法性的核心来源，企业自然需要寻求政府支持，主动嵌入正式制度，使企业经营决策能够获得监管机构的认可并减少管制约束，成为新创企业实现生存和发展的关键路径（杜运周等，2009）。政府也愿意吸收商业领袖参政来实现对经济社会的控制（冯天丽等，2010），构建共赢式的政企关系能够帮助企业了解政府运作模式并增进政企互信，在减轻政府监管负担的同时，允许企业获取政府控制资源（Haveman et al.，2017）。但是，案例情境表明，政府干预行为会引致大量的竞争者争夺稀缺资源，"庙"多竞争环境导致同质化、依赖补贴、无清晰模式等制约性要素产生，甚至引发恶性竞争（熊艳等，2017）。因此，一方面，创业孵化平台组织应通过获取制度嵌入机会，构筑合法性资源渠道，获取政府合法性身份和政策保护性资源来提升社会曝光度，降低环境不确定性风险，推动组织身份异质性的初期建构。另一方面，"双创"环境下的政府更偏向于成为创业孵化平台组织的合伙人，而非纯粹的资源供给者，且补贴类资源具有不可持续的特征，为此，创业孵化平台组织需要根据所处行业特性、政府政策导向和自身发展特点等情况，摒弃单方"索取"思维，通过嵌入政府主导园区、嵌入政府需求和政府—平台联盟路径，推动创业孵化平台组织与政府结成联合共赢关系，更有利于创业孵化平台组织的生存、发展和扩张。具体而言，实力较强的创业孵化平台组织以自我为中心，通过价值共创方式吸纳政府、企业、社区、同行等资源；资源基础薄弱的创业孵化平台组织则以社群关系嵌入方式与同行缔结联盟，联盟能够成为获取制度、信息资源的通道，亦是构建组织身份和推动文化建设的"窗口"，避免在"庙"多的竞争环境中被淘汰。

（二）创业孵化平台组织需要在稳步发展阶段发起"价值捕获"策略拉拢"供给侧"资源

在通向稳步发展阶段，创业孵化平台组织可通过价值攫取走向价值共创方式围绕需求侧"捕获"供给侧资源。源源不断的创业者"输入"和"输出"是众创平台走向可持续发展的前提条件，故满足创业者的异质性需求是化解"僧"少竞争环境的核心手段，需要创业孵化平台组织具有较强的资源集聚与迭代、文化亲近、资源承诺等能力。同时组织的结网行动和社会关系的塑造亦受到社会风俗习惯和文化传统的影响（Zukin、DiMaggio，1990）。因此，创业孵化平台组织可以围绕创业者"需求侧"

向资源"供给侧"发起"价值捕获"行为，进而破解组织身份同质、文化疏离和结构洞资源塌陷问题。价值捕获是通过交易链将不同的价值主体连接起来，以此推动经济价值的产生（Gans、Ryall，2017），价值共创强调通过资源整合、服务交换等方式实现价值主体之间的动态耦合，进而共同创造价值（Vargo、Lusch，2016），而价值攫取则相反。所以，创业孵化平台组织需要根据自身已有的资源特色和能力，通过资源重构推动生态圈的构建，具体而言，实力较强的创业孵化平台组织可以发挥其在政府资源获取、产业链等方面的先天优势，通过G—P联盟、政府需求嵌入、社区文化嵌入等价值共创方式吸纳政府、企业、社区、同行等资源，构建专业化"双创"生态基地。资源基础薄弱的创业孵化平台组织虽然处于社会网络的边缘，但可通过园区、需求、联盟三种路径实现社群关系嵌入、需求嵌入和联盟嵌入，采用"价值捕获"策略拉拢来自政府、同行、产业等方面"供给侧"资源，逐渐修补平台资源直至形成独特的结构洞资源。最后，通过筛选和培育优质运营管理人才，以此提升资源对接效率和准确性，降低初创企业能力适应和"新颖性缺陷"风险。

（三）创业孵化平台组织可遵循创客的"认知—态度—行为"框架分阶段培育竞争力

创业孵化平台组织可以遵循认知嵌入、情感嵌入和行为互动分阶段培育生态网络建构能力要素，进而主动构建自身生态网络。本书发现创业孵化平台组织发展增速过快，社会对创客尚未形成普遍的价值认知，创客资源相对稀缺，导致创业孵化平台组织间的竞争非常激烈，出现了所谓的倒闭、无人参与等"寒冬"现象。创业孵化平台组织可以按照认知嵌入、情感嵌入和行为互动三阶段路径生成五种生态网络建构能力要素。具体来说，网络建构初期，创业孵化平台组织可以通过基础资源自生或者通过人工设计方式树立品牌和地位，营造亲和创客需求的文化，将创业孵化平台组织生态网络的身份和文化要素嵌入社会认知中。网络建构中期，通过价值主张和服务嵌入完成自身社会归类，而初始分类非常重要，源于人们通常不愿意更新他们的初始分类（Macrae、Bodenhausen，2000），这一过程对于构建创业孵化平台组织与参与者间的情感纽带，锁定稀缺创客资源至关重要。网络建构后期，创业孵化平台组织面对多主体协同治理，需要在初期和中期要素推动下不断增益资源承诺要素，既可以继续提升平台组织在社会网络中的位置和关系嵌入深度，甚至推动平台从边缘走向核心，也可以降低参与者感知到的不确定性风险，进而提升创业孵化平台组织的吸引力和竞争力。

（四）创业孵化平台组织需要将创客需求嵌入竞争力要素培育过程中

平台组织可以通过将创客需求嵌入竞争力要素培育过程的方式对其信任、结构洞和机遇开发等施加影响，进而激发创客参与度。参与度的强弱与组织环境、个体成长机会、个体品牌资产增益等（Haynie et al.，2016；Owens et al.，2016；Kashive、Khanna，2017；郭钟泽等，2016）的可获得性密切相关。创客"获得感"是创客透过平台组织所获取的种种实实在在的"得到"，即来源于平台组织提供的基础资源以及由基础资源衍生和延伸形成的社会网络资源，能够切实精准解决创意、创新、创业活动中的各类障碍。结合本书研究结论，我们认为平台组织可以在不同阶段对创客施加影响以提高其参与度，即认知嵌入阶段：平台组织可以在创始人的社会影响力、政府机构等基础资源和社会资本优势条件下进行身份构建，并配合软硬件文化的亲和力影响创客的认知信任。情感嵌入阶段：在认知信任的基础上，将平台组织的价值主张和服务嵌入创客的异质性需求中，组织在做出资源承诺决策的同时，也是在其构建的网络中共创和分享知识（Solberg、Durrieu，2006），积极服务和分享知识的组织情境是平台组织与创客构建共同情感纽带的最佳契机，进而增强创客对平台组织的情感信任。行为互动阶段，平台组织为创客提供市场承诺和关系承诺，异质性资源的"嫁接"改变了创客的结构洞，降低外部环境对其创新创业活动带来的不确定性，并能够提升创客机遇开发与机遇发现的机会和能力，创客参与度也将得到激发和提升。

（五）创业孵化平台组织需要注重"身份—文化—服务—资源"的整体重构

本书提出诸多创业孵化平台组织尚未形成独具特色的创业文化，其价值主张主要体现在身份建构层面，即创业孵化平台组织从行动层面主张能够为创业者提供何种创业资源和创业服务，而在文化层面的构建深度不足。一是创始人、创始团队的文化印记与创业文化冲突或尚未形成创业孵化平台组织特有的文化印记；二是运营团队成员尚未理解或接受创业孵化平台组织的文化印记，在将服务嵌入到创业者的过程中，依赖于个体原有的经验，特别是来源于传统企业组织的管理者存在"熟悉陷阱"的风险问题。因此，创业孵化平台组织需要将组织文化理念嵌入价值主张中，并通过招聘具有互联网思维的运营人才、培育运营团队等措施提升服务嵌入过程中的文化嵌入。通过文化印记化解管理者的"熟悉陷阱"风险问题，切实提高运营团队的服务水平，进而影响创客、创业者的自我选择偏好、认知、情感等。三是创业孵化平台组织应在明晰生态圈构建定位的基础上，全面调动、整合各类资源完成身份、文化建构，再通过构建系统性的服务体系提升资源和服务的附加值，全面增强兑现创业者资源需求的能力，最终真正构建具有持久竞争优势的平台生态网络。

（六）创业孵化平台组织应通过将自身专业特色与区域产业融合的方式实施战略布局

本书指出除西部地区外，东、中、东北地区省份创业孵化平台组织布局近饱和状态，此种情境下，创业孵化平台组织若要维持竞争优势，或继续推动战略布局，则需要将自身专业特色与区域产业进行融合，源于与此类融合有利于创业孵化平台组织获取制度资源，亦可带动其他结构性资源嵌入自身生态网络。如武汉烽火创新谷依托地方政府推动智慧城市产业发展的契机，充分发挥自身在光纤通信领域的技术优势，获得政府近10亿元的资源投入，并迅速成长为国家级专业化"双创"示范平台。IC咖啡借助武汉发展芯片产业的机会迅速在武汉布局，并实现了与深圳、上海之间的资源联动。由此，可见在创业孵化平台组织发展规模接近极限，而管理效率成为发展"桎梏"的宏观环境中，创业孵化平台组织依托专业特色的天然优势，与区域产业融合能够显著提升资源配置、管理效率，并增强实现可持续发展的竞争优势。

（七）创业孵化平台组织可在助推创客资本积累的过程中增强自身社会资本

创客资本特征表明互联网、数字技术等影响创客发展的因素，以及创客行为的结果效应均与其所嵌入的社会网络密切相关，为此，创客应结合个人特质、个性化需求等选择相匹配的创客网络社群，在网络社群自治机制的推动下与社群形成网络共生关系，以此进行广泛的协同合作，完成创意制造并向社群分享创新成果，最终实现创客资本积累并转化为产品。创业孵化平台组织则是连接创客与外部环境的重要"桥梁"，特别是推动创客资本转化为边际非稀缺资源的网络枢纽，也是提高创业孵化平台组织社会资本积累的核心渠道。为此，创业孵化平台组织应通过创新线上、线下社区自治理机制，建设高质量的创客网络社群方式强化创客与自身的网络共生关系，以此"捕获"高质量的边际非稀缺资源并加快资源流转，实现创客资本和自身社会资本的双重积累，助推创业孵化平台组织往专业化、精细化方向升级。

第三节　创业孵化平台组织发展研究未来议题

虽然本书采用了混合式研究设计，并尽可能以大样本方式验证研究结论，但仍然存在一定的局限性，主要包括：（1）运用有限且处于发展中的案例难以全面刻画创业孵化平台组织的竞争力培育模式。"双创"环境中的创业孵化平台组织面临的竞争环境复杂多变，且正处于快速发展的阶段，其竞争风险和竞争力培育难以较为清晰地刻画和表述，故本书对创业孵化平台组织竞争环境识别和竞争力培育路径的描述尚不够清晰。（2）扎根研究仍然存在样本局限性问题。虽然本研究采取通过理论抽样、多区域抽样和分时段抽样的方式来增强样本的代表性，且通过严谨、规范的扎根理论研究过程结合资源依赖、社会网络理论对质性资料进行了详细的对比、归纳、提炼分析，并对理论饱和度进行了检验，以此降低研究结论的偏差，但相对于发展迅猛的创业孵化平台组织，本书研究样本仍然略显单薄。（3）未将创业孵化平台组织类别要素纳入研究范畴。已有研究表明，创业孵化平台组织具有"自己玩"型与"集体玩"型、无配套型与有配套型、创业型与兴趣型、专业型与综合型等八种类型（林祥等，2016），每种类别创业孵化平台组织的生态网络建构能力构成要素可能会存在差异，其生成路径亦有可能不同，但本书并未结合创业孵化平台组织类型对生态网络建构能力要素加以甄别、描述和对比。（4）量表的实证比较和聚合效度验证缺失。现有研究中尚无从组织管理视角测量平台组织竞争力的量表，故本书无法通过实证对比和理论比较两个层面深度探究本书开发的量表与已有测量工具之间的区分效度和预测效度。同时，问卷数据均来源于运营团队成员的自评数据，故聚合效度检测不足，但就测量条目而言，只有运营团队成员才能真实掌握创业孵化平台组织的具体运营实践情况，相较于创业孵化平台组织之外的第三方，运营团队成员的评价比较客观、真实和全面。

鉴于此，本书提出以下未来研究议题：

一　创业孵化平台组织特征挖掘与演化进程追踪

一方面，虽然本书综合文献、访谈数据、网络媒体数据，采用社会网络分析探究了创业孵化平台组织的内涵与特点，然而，创业孵化平台组织的相关研究于 2015 年兴起，尚未形成系统的理论研究体系，当前创业孵化平台组织仍然处于"野蛮生长"和寻求转型发展的阶段，在未来一段时间，将会经历兼并、联合、倒闭等"洗牌"过程，最终往专业化、品牌化、精细化方向发展。故随着后续研究的不断深入和发展，特别是诸多传统企业组织完成平台化转型后，定然会涌现众多新的特点，届时创业孵化平台组织的特点将会进一步扩展和丰富，理论体系亦会更加完善。另一方面，创业孵化平台组织已经发展出媒体、创投、联合办公（氪空间）等多元化业务。海尔等传统企业均在打造适合自身发展的平台，这些企业基本都是围绕既有的产业链来布局平台，此类布局策略不但容易成功，且能够推动企业进一步发展并成为某产业领域的领导企业，另一方面也会限制企业进入其他行业的机会，也难以成为集数亿规模用户的平台组织。未来需要采用案例研究、社会网络等方法探究创业孵化平台组织和传统企业的平台化过程，揭示创业孵化平台组织和传统企业在互联网时代的转型升级逻辑。

二　创业孵化平台组织与平台参与者间的交互机制

参与者的数量和质量是创业孵化平台组织竞争力的关键来源，决定着创业孵化平台组织的"快速长大"和"赢者通吃"策略的成败。那么创业孵化平台组织采取何种策略将参与者引入自身的社会网络更为有效？如何激发和提升参与者的参与度？平台组织如何设计才能更好地选择目标参与者加入？后续研究需要进一步揭示创业孵化平台组织与参与者之间相互作用的内在机理，更加清晰地描绘创业孵化平台组织选择谁、如何形成网络的线索。未来研究需要进一步验证创业孵化平台组织竞争力对平台组织绩效、创业者创业能力、参与度、创业绩效等方面的关系研究，寻找更多的调节边界或中介机制，更好地解释创业孵化平台组织竞争力对组织与个体的影响过程及边界，从微观层面丰富社会网络理论和组织生态理论。

三　创客资本统计测度及其与创新要素组合关系

本书认为创客资本不同于人力资本、社会资本，那么，如何测度创客资本？后续研究可采用扎根理论方法、逻辑归纳、提炼多元主体访谈数据，构建创客资本测度指标，随后，采用实证研究方法，通过探索性和验证性因子分析确定创客资本维度与测度指标构成及其信效度，并进一步构建、检验与创客资本相关的前因与结果效应模型，再次确定测度指标体系的可靠性，丰富和发展创客资本理论。互联网、平台经济、数字经济是推动创客繁荣发展的前因，创客又是驱动协同创新、数字制造、创新扩散、社会创新的关键动力，可见，创客是以数字化制造为核心的第三次工业革命的主导力量，也是推动中国新旧发展动力转换，经济转向高质量发展核心要素之一。那么，创客资本及其与技术、制度等创新要素如何组合才能成为助推创新发展的"催化剂"？未来可采用QCA（定性比较分析）等方法探究创客资本的创意制造、网络共生、开放协同、边际非稀缺特征与技术、制度等创新要素之间的组合关系，更深层次地揭示创客与经济社会发展的关系。

四　创客资本与孵化网络场景交互机制

本书提出创客资本与创客所嵌入网络存在密不可分的依存关系，创客资本可通过社会网络实现积累，社会网络也可通过创客资本的嵌入增强网络效应，现有研究表明创客网络社群是创业孵化平台组织内部社会资本的重要来源，此类社会资本以高频率互动和强感情力量为特征，同时创业孵化平台组织外部社会资本能为创客创新创业提供新的或有用的信息和资源支持。那么，创客资本与网络场景之间存在何种交互作用机制，促使彼此之间实现共同成长？未来可通过案例研究、实证研究，探究创客资本的四个特征与创业孵化平台组织社会网络场景之间的交互机制对网络共生关系、创客成长、平台生态系统的影响机理。既可以拓宽创客社会关系研究，也可从管理学视角突破产业经济、技术经济视角下的平台策略研究聚焦静态分析方面的局限性，繁衍平台网络竞争策略理论。

附　　录

一　创业孵化平台组织构建访谈提纲

1. 您的众创空间何时创立？众创空间的核心价值观是什么？

2. 众创空间创立初期，是以个人还是团队（合伙人）形式发起创立？属于何种类型的众创空间？您认为此类众创空间的特点主要有哪些？众创空间初创期的核心竞争力体现在哪些方面？（如创始人的社会影响力、资源精准定位、全程化的跟踪反馈服务、专业化的运营团队）

3. 经过一段时间的发展，支撑众创空间发展的核心竞争力是否有所变化（变革与创新）（如初创期核心竞争力不断增强，或者精简，或者形成了其他新的核心竞争力与初始竞争力并行或者被替代），变化后的核心竞争力主要体现在哪些方面？

4. 您众创空间的校友网络情况如何？（校友网络主要指能够为众创空间提供支持的，有前期合作关系的个人或公司，例如从众创空间孵化的项目，成功后为众创空间发展提供支持），有校友网络支持成功的案例吗？

5. 您众创空间的创业导师团队规模如何？来源和结构是怎样？（如天使投资人、成功企业家、资深管理者、技术专家、市场营销专家等组成），这是否也是您众创空间竞争优势的重要方面？

6. 您的众创空间资金来源如何（如自筹、基金、企业、投资人、国家补贴）？各自的比例或结构怎样？

7. 您的众创空间如何帮助创客实现创意？怎样帮助有前景创意产品的发明人或者团队创业的？

8. 您的众创空间是否与国内、区域内的其他众创空间、孵化器等有交流与合作？交流与合作的方式如何？

9. 您认为众创空间能够吸引创新者、创业者、创客广泛参与的重要元素主要有哪些？有调查显示7成众创空间入驻率不足50%，您认为主要原因是什么？

10. 众创空间目前发展很快，您认为应该从哪些方面来评价众创空间的运营绩效？（如获得A/B轮融资创业项目数量、创客数量、收入、入驻项目、成功孵化的企业数量、创业服务能力、服务创业者数量、初创企业存活率等）

11. 在促进众创空间专业化发展方面，您主要采取了哪些措施？（比如与龙头企业、中小微企业、科研院所、高校、创客等开展多方协同合作，吸引大量科技人员）

12. 如何评价当前众创空间的发展情况，众创空间之间的竞争情况，您认为我国众创空间发展所面临的最大问题有哪些？发展趋势如何？

13. 您认为众创空间与孵化器的差异主要表现在哪些方面？（工作空间、网络空间、社交空间和资源共享空间等的差异）

14. 众创空间在不同省（市）发展过程（跨区域发展）中遇到的障碍有哪些？

15. 您认为众创空间所需的专业运营管理者或团队最重要的能力是什么？

16. 请列举影响众创空间发展的重大事件（正面和负面事件，例如2016年1月获批成为国家级众创空间）。

二　创业孵化平台组织竞争力测量量表

1. 我们创始人/创始团队的社会影响力非常强

2. 我们众创空间的品牌影响力非常强

3. 政府为我们众创空间发展提供的支持力度非常大

4. 创业者非常喜欢我们营造的空间氛围

5. 创业者非常认同我们从高校、同行、本土、企业等方面整合的多元化资源

6. 创业者非常喜欢我们提供的开源硬件和软件环境

7. 我们建立众创空间的初衷是为了最大限度地降低创业者的创业成本

8. 我们建立众创空间的初衷是为了最大限度地降低创业者的创业风险

9. 我们建立众创空间的初衷是为了培育创客、创业者及创客文化

10. 帮助创业者成长是我们非常重要的服务理念

11. 通过建设全方位创业服务能力的运营团队为创业者服务是我们非常重要的服务措施

12. 为创业者提供诸如全程化跟踪、专业创辅等独特的创业服务是我们非常重要的服务方式

13. 我们能够为创业者精准及时地配置其需要的资源

14. 我们能够为创业者对接众创空间校友资源

15. 我们能够为创业者组建规模合理的创业导师队伍

三　创业者参与度测量量表

1. 早上起床时，您很乐意去继续完成创业项目

2. 进行创业活动时，您总觉得干劲十足

3. 即使创业活动进展不顺利，您也不会灰心丧气，能坚持不懈

4. 您能持续工作很长时间，期间不需要假期休息

5. 进行创业活动时，您的心情非常开朗，精神愉悦

6. 进行创业活动时，您感到精力充沛

7. 创业对您来说，没有挑战性

8. 您所做的创业项目能够激励您

9. 您非常热衷于自己所从事的创业项目

10. 您为自己所从事的创业项目感到骄傲

11. 您觉得您所从事的创业活动非常有意义

12. 当您在进行创业活动时，您忘记了周围的一切

13. 当您在进行创业活动时，感觉时光飞逝，总是不知不觉就过去了

14. 当您在进行创业活动时，您满脑子只有这件事情

15. 让您放下手中的创业项目工作，是一件很困难的事情

16. 您进行创业项目的时候，完全沉浸在其中

17. 当您专心进行创业项目时，您感觉非常快乐

参考文献

习近平:《高举中国特色社会主义伟大旗帜为全面建设社会主义现代化国家而团结奋斗》,《人民日报》2022 年 10 月 26 日第 1 版。

习近平:《为建设世界科技强国而奋斗》,《人民日报》2016 年 6 月 1 日第 2 版。

刘延东:《深入实施创新驱动发展战略》,《人民日报》2015 年 11 月 11 日第 6 版。

张高丽:《坚定不移贯彻五大发展理念确保如期全面建成小康社会》,《人民日报》2015 年 11 月 9 日第 2 版。

毕菁佩、舒华英:《基于竞争平台的新老用户定价策略分析》,《管理学报》2016 年第 8 期。

蔡宁、王节祥、杨大鹏:《产业融合背景下平台包络战略选择与竞争优势构建——基于浙报传媒的案例研究》,《中国工业经济》2015 年第 5 期。

蔡宁伟:《自组织与平台组织的崛起》,《清华管理评论》2015 年第 11 期。

陈夙、项丽瑶、俞荣建:《众创空间创业生态系统:特征、结构、机制与策略——以杭州梦想小镇为例》,《商业经济与管理》2015 年第 11 期。

陈威如、徐玮伶:《平台组织:迎接全员创新的时代》,《清华管理评论》2014 年第 Z2 期。

陈武、陈建安、梁燕等:《社会网络视角下的创客资本研究》,《科技进步与对策》2021 年第 7 期。

陈武、李晓园:《众创空间平台组织竞争力的结构、测量及对创业者参与度的影响研究》,《管理评论》2022 年第 2 期。

陈武、李燕萍:《嵌入性视角下的平台组织竞争力培育——基于众创空间的多案例研究》,《经济管理》2018年第3期。

陈武、李燕萍:《驱动创新发展的动力模式演变》,《科技管理研究》2017年第14期。

陈武、李燕萍:《众创空间平台组织模式研究》,《科学学研究》2018年第4期。

陈武:《基于CCR模型的中国众创空间培育进程研究》,《调研世界》2020年第1期。

陈亚吉、马鹏、潘美佳:《从资源供给到差序嵌入的二阶演化机制》,《企业经济》2015年第10期。

陈章旺、孙湘湘、柯玉珍:《众创空间产业效率评价研究》,《福州大学学报》(哲学社会科学版)2018年第1期。

程贵孙、陈宏民、黎倩:《考虑消费者广告偏好差异的媒体平台竞争》,《系统管理学报》2016年第6期。

刁晓纯、苏敬勤:《产业生态网络中结点企业参与模式识别及柔性比较》,《管理评论》2008年第10期。

丁宏、梁洪基:《互联网平台企业的竞争发展战略——基于双边市场理论》,《世界经济与政治论坛》2014年第4期。

杜运周、任兵、张玉利:《新进入缺陷、合法化战略与新企业成长》,《管理评论》2009年第8期。

范金、赵彤:《孵化器内初创型科技企业绩效综合评价》,《南京社会科学》2014年第7期。

费坚、赵海涛:《众创空间视域下大学科技园创新发展的市场驱动力》,《阅江学刊》2015年第5期。

冯天丽、井润田、王国锋:《私营企业政治资本与国有银行借贷的实证研究》,《预测》2010年第3期。

付志勇:《面向创客教育的众创空间与生态建构》,《现代教育技术》2015年第5期。

顾建平、金胜男、孙宁华:《企业家灵性资本研究动态》,《经济学动态》2017年第9期。

顾瑢:《众创空间发展与国家高新区创新生态体系建构》,《改革与战略》

2015 年第 4 期。

郭晓凌：《中西合璧还是不伦不类？——消费者对文化杂合产品的差异化态度》，《北大商业评论》2015 年第 8 期。

郭永辉：《自组织生态产业链社会网络分析及治理策略——基于利益相关者的视角》，《中国人口·资源与环境》2014 年第 11 期。

郭钟泽、谢宝国、程延园：《如何提升知识型员工的工作投入？——基于资源保存理论与社会交换理论的双重视角》，《经济管理》2016 年第 2 期。

胡鞍钢、周绍杰：《绿色发展：功能界定、机制分析与发展战略》，《中国人口·资源与环境》2014 年第 1 期。

胡贝贝、王胜光、任静静：《互联网时代创业活动的新特点——基于创客创业活动的探索性研究》，《科学学研究》2015 年第 10 期。

胡海青、李浩：《孵化器领导力与孵化网络绩效实证研究》，《管理评论》2016 年第 3 期。

黄紫微、刘伟：《价值网视角下创客空间与创客协同创新的三阶段演化》，《科技进步与对策》2016 年第 14 期。

纪婷琪、张颖、孙中元：《打造孵化小微创客的平台型组织》，《中国人力资源开发》2015 年第 10 期。

江积海、李琴：《平台型商业模式创新中连接属性影响价值共创的内在机理——Airbnb 的案例研究》，《管理评论》2016 年第 7 期。

江积海、王烽权：《O2O 商业模式的创新路径及其演进机理——品胜公司平台化转型案例研究》，《管理评论》2017 年第 9 期。

姜定宇、郑伯壎、任金刚等：《组织忠诚：本土构建与测量》，《本土心理学研究》2003 年第 19 期。

井润田、赵宇楠、滕颖：《平台组织、机制设计与小微创业过程——基于海尔集团组织平台化转型的案例研究》，《管理学季刊》2016 年第 4 期。

井润田、赵宇楠：《平台组织：热潮中的反思》，《清华管理评论》2016 年第 9 期。

孔栋、左美云、孙凯：《"上门"型 O2O 模式构成要素及其关系：一个探索性研究》，《管理评论》2016 年第 12 期。

雷良海、贾天明：《上海市众创空间扶持政策研究》，《上海经济研究》

2017 年第 3 期。

李超平、时勘：《变革型领导的结构与测量》，《心理学报》2005 年第
6 期。

李春利、高良谋、安岗：《数字平台组织的本质及演进：基于分工视角》，
《产经评论》2021 年第 6 期。

李雷、赵先德、简兆权：《网络环境下平台企业的运营策略研究》，《管理
科学学报》2016 年第 3 期。

李瑞军、吴松：《"众创空间"视域下大学生创业教育的思考》，《思想教
育研究》2015 年第 7 期。

李思、张鹏程、张娟：《中国人力资源管理的新机遇与新路径》，《管理学
报》2017 年第 4 期。

李晓园、陈武：《我国县域经济包容性增长评价及启示——基于苏赣陕三
省的数据分析》，《江西社会科学》2014 年第 9 期。

李燕萍、陈武、陈建安：《创客导向型平台组织的生态网络要素及能力生
成研究》，《经济管理》2017 年第 6 期。

李燕萍、陈武、李正海：《驱动中国创新发展的创客与众创空间培育：理
论与实践》，《科技进步与对策》2016 年第 20 期。

李燕萍、陈武：《基于扎根理论的众创空间发展质量评价结构维度与指标
体系开发研究》，《科技进步与对策》2017 年第 24 期。

李燕萍、陈武：《中国众创空间研究现状与展望》，《中国科技论坛》2017
年第 5 期。

李振华、任叶瑶：《双创情境下创客空间社会资本形成与影响机理》，《科
学学研究》2018 年第 8 期。

李政刚：《基于区域聚类分析法的重庆科技类众创空间发展评价研究》，
《经济论坛》2018 年第 1 期。

李治文、仲伟俊、熊强：《B2B 平台间接网络外部性维度及竞争策略分
析》，《系统工程学报》2014 年第 4 期。

梁晗、费少卿：《基于非价格策略的平台组织治理模式探究——以阿里巴
巴电子商务平台为例》，《中国人力资源开发》2017 年第 8 期。

林祥、高山、刘晓玲：《创客空间的基本类型、商业模式与理论价值》，
《科学学研究》2016 年第 6 期。

刘佳薇、徐光宜、郑淑洁:《众创空间塑造创新创业新生态》,《中国经济报告》2015 年第 9 期。

刘亮、吴笙:《众创空间集群与区域产业结构转型升级》,《科研管理》2017 年第 8 期。

刘林青、谭畅、江诗松等:《平台领导权获取的方向盘模型——基于利丰公司的案例研究》,《中国工业经济》2015 年第 1 期。

刘启、李明志:《非对称条件下双边市场的定价模式》,《清华大学学报》(自然科学版) 2009 年第 6 期。

刘善仕、彭娟、段丽娜:《人力资源实践、组织吸引力与工作绩效的关系研究》,《科学学与科学技术管理》2012 年第 6 期。

刘志迎、陈青祥、徐毅:《众创的概念模型及其理论解析》,《科学学与科学技术管理》2015 年第 2 期。

卢远瞩、张旭:《电视平台竞争:从免费模式到付费模式》,《经济学(季刊)》2015 年第 2 期。

吕力、李倩、方竹青等:《众创、众创空间与创业过程》,《科技创业月刊》2015 年第 10 期。

吕正英、顾锋、李毅等:《双边规模不对称情形下平台型企业竞争策略研究》,《软科学》2016 年第 7 期。

毛基业、张霞:《案例研究方法的规范性及现状评估——中国企业管理案例论坛(2007)综述》,《管理世界》2008 年第 4 期。

牛玉颖、肖建华:《智力资本视角下的科技企业孵化器绩效评价指标研究》,《科技进步与对策》2013 年第 3 期。

裴蕾、王金杰:《众创空间嵌入的多层次创新生态系统:概念模型与创新机制》,《科技进步与对策》2018 年第 1 期。

秦佳良、张玉臣:《草根创新可持续驱动模式探析——来自农民"创客"的依据》,《科学学研究》2018 年第 8 期。

任华亮、杨东涛、李群:《工作价值观和工作投入的关系——基于工作监督的调节效应》,《经济管理》2014 年第 6 期。

芮正云、蒋豪:《基于双螺旋模型的高校创客空间构建及其生态系统耗散结构分析》,《情报杂志》2017 年第 10 期。

史普润、江可申:《平台经济分析框架下垄断机场定价策略分析》,《管理评论》2014 年第 6 期。

苏瑞波:《基于共词分析的广东与江苏、浙江、北京、上海支持众创空间政策的对比分析》,《科技管理研究》2017 年第 13 期。

孙立平:《"关系"、社会关系与社会结构》,《社会学研究》1996 年第 5 期。

汤小芳:《厦门市众创空间发展调查分析》,《厦门特区党校学报》2015 年第 6 期。

汪旭晖、张其林:《平台型电商声誉的构建:平台企业和平台卖家价值共创视角》,《中国工业经济》2017 年第 11 期。

王成城、刘洪、李晋:《组织身份及其衍生构念实证研究述评》,《外国经济与管理》2010 年第 1 期。

王凤彬、王骁鹏、张驰:《超模块平台组织结构与客制化创业支持——基于海尔向平台组织转型的嵌入式案例研究》,《管理世界》2019 年第 2 期。

王节祥、田丰、盛亚:《众创空间平台定位及其发展策略演进逻辑研究——以阿里百川为例》,《科技进步与对策》2016 年第 11 期。

王路昊、王程韡:《孵化器的概念及其角色演变——基于〈人民日报〉数据库的扎根理论分析》,《科学学研究》2014 年第 4 期。

王佑镁、叶爱敏:《从创客空间到众创空间:基于创新 2.0 的功能模型与服务路径》,《电化教育研究》2015 年第 11 期。

王再进、徐治立、田德录:《中国科技创新政策价值取向与评估框架》,《中国科技论坛》2017 年第 3 期。

王志强:《从"科层结构"走向"平台组织":高校创新创业教育的组织变革》,《中国高教研究》2022 年第 4 期。

魏巍、刘仲林:《跨学科研究的社会网络分析方法》,《科学学与科学技术管理》2009 年第 7 期。

温美荣、马若熙:《构建公共政策评估的关键绩效指标体系探析——以 X 市试行众创空间绩效考评制为例》,《行政论坛》2017 年第 3 期。

翁清雄、吴松:《组织吸引力的影响因素元分析:基于过去 25 年研究的回顾》,《预测》2015 年第 1 期。

项蕴华:《身份建构研究综述》,《社会科学研究》2009 年第 5 期。

肖志雄:《众创空间知识生态环境与知识共享机制研究》,《图书馆学研究》2016 年第 21 期。

谢康、吴瑶、肖静华等:《组织变革中的战略风险控制——基于企业互联网转型的多案例研究》,《管理世界》2016 年第 2 期。

熊艳、李常青、魏志华:《恶性竞争的触发及约束机制研究》,《经济管理》2017 年第 8 期。

徐思彦、李正风:《公众参与创新的社会网络:创客运动与创客空间》,《科学学研究》2014 年第 12 期。

许庆瑞、吴志岩、陈力田:《转型经济中企业自主创新能力演化路径及驱动因素分析》,《管理世界》2013 年第 4 期。

杨东、金钊、黎樱等:《汉族社区少数民族的文化疏离感研究》,《社会学研究》2009 年第 3 期。

杨绪辉、沈书生:《创客空间的内涵特征、教育价值与构建路径》,《教育研究》2016 年第 3 期。

姚小涛、席酉民:《社会网络理论及其在企业研究中的应用》,《西安交通大学学报》(社会科学版)2003 年第 3 期。

于永海、吕福新、唐春晖:《浙商企业网络的生态重构》,《华东经济管理》2014 年第 5 期。

银昕:《孔雀机构倒闭:一个明星创业孵化器是怎么倒掉的?》,《中国经济周刊》2016 年第 25 期。

臧维、李甜甜、徐磊:《北京市众创空间扶持政策工具挖掘及量化评价研究》,《软科学》2018 年第 9 期。

张宝建、胡海青、张道宏:《企业创新网络的生成与进化——基于社会网络理论的视角》,《中国工业经济》2011 年第 4 期。

张丹宁、付小赟、易平涛:《沈阳市众创空间产业集群发展路径研究——基于运营效率测度》,《东北大学学报》(社会科学版)2017 年第 1 期。

张敬博、席酉民、孙悦:《张力视角下的平台组织治理规则——基于海尔平台的案例研究》,《西安交通大学学报》(社会科学版)2022 年第 1 期。

张磊:《数字广告:从搜索时代到社交时代》,《北大商业评论》2015 年第 8 期。

张力、周勇涛、戚汝庆：《基于在孵企业面板数据的孵化器绩效分析》，《软科学》2016 年第 11 期。

张肃、靖舒婷：《众创空间知识生态系统模型构建及知识共享机制研究》，《情报科学》2017 年第 11 期。

张永安、郄海拓：《"大众创业、万众创新"政策量化评价研究——以 2017 的 10 项双创政策情报为例》，《情报杂志》2018 年第 3 期。

张玉利、白峰：《基于耗散理论的众创空间演进与优化研究》，《科学学与科学技术管理》2017 年第 1 期。

张玉利、陈立新：《破坏性创新战略与资源承诺》，《经济管理》2005 年第 23 期。

赵雷、柴国荣、宗胜亮：《企业与创客空间创新合作网络发展演进研究》，《科学学研究》2017 年第 2 期。

赵玉亮：《那些关于"平台"的误解》，《中欧商业评论》2016 年第 5 期。

郑春梅、陈志超、赵晓男：《双边市场下软件平台企业竞争策略研究》，《经济问题》2016 年第 10 期。

周德良、杨雪：《平台组织：产生动因与最优规模研究》，《管理学刊》2015 年第 6 期。

周冬梅、赵闻文、何东花等：《众筹平台上内部社会资本对新创企业资源获取的影响研究》，《管理评论》2018 年第 4 期。

冯凯、江建业、李博古等：《众创空间发展的"结"与"解"》，《宁波日报》2016 年 3 月 17 日第 14 版。

刘东、陆海晴：《众创空间：遍地扶持下的"过剩"隐忧》，《21 世纪经济报道》2015 年 10 月 1 日第 7 版。

刘志阳：《优化创新创业生态环境——全国众创空间发展状况调查报告》，《光明日报》2016 年 12 月 7 日第 11 版。

钱卓：《新建"众创空间"最高补助 500 万元》，《青岛日报》2015 年 12 月 29 日第 1 版。

秦志刚：《BCG：平台化组织引领变革新实践》，《国际商报》2016 年 12 月 26 日第 A07 版。

王子威：《众创空间的核心价值在于提供辅助创业服务》，《中国经济导报》2015 年 6 月 11 日第 B07 版。

解鸿震:《"众创空间"将享补贴》,《楚天金报》2015 年 5 月 9 日第
　2 版。

许素菲:《长三角"众创空间"调研报告发布》,《浦东时报》2015 年 7
　月 8 日第 3 版。

喻思娈:《这家众创空间有点不一样》,《人民日报》2017 年 5 月 8 日第
　20 版。

符运能:《管理学理论与应用》,中国纺织出版社 2015 年版。

科学技术部火炬高技术产业开发中心:《中国火炬统计年鉴 2021》,中国
　统计出版社 2021 年版。

科学技术部火炬高技术产业开发中心:《中国创业孵化发展报告 2019》,
　科学技术文献出版社 2019 年版。

科技部火炬高技术产业开发中心:《中国火炬统计年鉴 2017》,中国统计
　出版社 2017 年版。

马化腾、张孝荣、孙怡等:《分享经济:供给侧改革的新经济方案》,中
　信出版社 2016 年版。

王建国:《1P 理论:第三方买单的商业模式与模式营销》,北京大学出版
　社 2016 年版。

Candelon, F. , Kaufman, E. , Morieux, Y. 等:《未来平台化组织研究报
　告——平台化组织:组织变革前沿的"前言"》,波士顿咨询公司、阿
　里研究院,2016 年 9 月。

Adner, R. and Kapoor, R. , "Value creation in innovation ecosystems: How the
　structure of technological interdependence affects firm performance in new tech-
　nology generations", *Strategic Management Journal*, Vol. 31, No. 3, 2010.

Afuah, A. , "Are network effects really all about size? The role of structure and
　conduct", *Strategic Management Journal*, Vol. 34, No. 3, 2013.

Ahuja, G. and Lampert, C. M. , "Entrepreneurship in the large corporation: A
　longitudinal study of how established firms create breakthrough inventions",
　Strategic Management Journal, Vol. 22, No. 6 - 7, 2001.

Armstrong, M. and Wright, J. , "Two - sided markets, competitive bottlenecks
　and exclusive contracts", *Economic Theory*, Vol. 32, No. 2, 2007.

Armstrong, M. , "Competition in two - sided markets", *The Rand Journal of*

Economics, Vol. 37, No. 3, 2006.

Arthur, W. B. , "Competing technologies, increasing returns, and lock – in by historical events", *The Economic Journal*, Vol. 99, No. 394, 1989.

Ashby, F. G. and Maddox, W. T. , "Human category learning", *Annual Review of Psychology*, Vol. 56, No. 1, 2005.

Aslam, S. , Mason, C. and Zakria, A. , et al. , "Gender perceptions: Employer branding through attractiveness, job characteristics and organizational attributes", *American Journal of Trade and Policy*, Vol. 2, No. 3, 2016.

Ayranci, E. and Semercioz, F. , "The relationship between spiritual leadership and issues of spirituality and religiosity: A study of top Turkish managers", *International Journal of Business and Management*, Vol. 6, No. 4, 2011.

Baldwin, C. and Von Hippel, E. , "Modeling a paradigm shift: From producer innovation to user and open collaborative innovation", *Organization Science*, Vol. 22, No. 6, 2011.

Banker, R. D. , Charnes, A. and Cooper, W. W. , "Some models for estimating technical and scale inefficiencies in data envelopment analysis", *Management Science*, Vol. 30, No. 9, 1984.

Banker, R. D. , Charnes, A. and Cooper, W. W. , et al. , "An introduction to data envelopment analysis with some of its models and their uses", *Research in Governmental and Nonprofit Accounting*, Vol. 5, No. 2, 1989.

Barbero, J. L. , Casillas, J. C. and Ramos, A. , et al. , "Revisiting incubation performance: How incubator typology affects results", *Technological Forecasting & Social Change*, Vol. 79, No. 5, 2012.

Baum, J. A. , Cowan, R. and Jonard, N. , "Network – independent partner selection and the evolution of innovation networks", *Management Science*, Vol. 56, No. 11, 2010.

Benjamin, B. A. and Podolny, J. M. , "Status, quality, and social order in the California wine industry", *Administrative Science Quarterly*, Vol. 44, No. 3, 1999.

Bennett, R. J. and Robinson, S. L. , "Development of a measure of workplace deviance", *Journal of Applied Psychology*, Vol. 85, No. 3, 2000.

Berthon, P. , Ewing, M. and Li, L. H. , "Captivating company: Dimensions of attractiveness in employer branding", *International Journal of Advertising the Review of Marketing Communications*, Vol. 24, No. 2, 2005.

Björk, J. and Magnusson, M. , "Where do good innovation ideas come from? Exploring the influence of network connectivity on innovation idea quality", *Journal of Product Innovation Management*, Vol. 26, No. 6, 2010.

Bolt, W. and Tieman, A. F. , "Heavily skewed pricing in two – sided markets", *International Journal of Industrial Organization*, Vol. 26, No. 5, 2008.

Borgatti, S. P. , Mehra, A. and Brass, D. J. , et al. , "Network analysis in the social sciences", *Science*, Vol. 323, No. 5916, 2009.

Boudreau, K. J. and Jeppesen, L. B. , "Unpaid crowd complementors: The platform network effect mirage", *Strategic Management Journal*, Vol. 36, No. 12, 2015.

Boudreau, K. , "Open platform strategies and innovation: Granting access vs. devolving control", *Management Science*, Vol. 56, No. 10, 2010.

Bourgeois III, L. J. and Eisenhardt, K. M. , "Strategic decision processes in high velocity environments: Four cases in the microcomputer industry", *Management Science*, Vol. 34, No. 7, 1988.

Brass, D. J. , Galaskiewicz, J. and Greve, H. R. , et al. , "Taking stock of networks and organizations: A multilevel perspective", *Academy of Management Journal*, Vol. 47, No. 6, 2004.

Bravo, R. , Matute, J. and Pina, J. M. , "Corporate identity management in the banking sector: Effects on employees' identification, identity attractiveness, and job satisfaction", *Service Business*, Vol. 10, No. 4, 2016.

Bresnahan, T. F. and Greenstein, S. , "Technological competition and the structure of the computer industry", *The Journal of Industrial Economics*, Vol. 47, No. 1, 1999.

Burt, R. S. and Burzynska, K. , "Chinese entrepreneurs, social networks, and guanxi", *Management and Organization Review*, Vol. 13, No. 2, 2017.

Caillaud, B. and Jullien, B. , "Chicken & egg: Competition among intermediation service providers", *The Rand Journal of Economics*, Vol. 34, No. 2, 2003.

Cappelli, P. and Crocker – Hefter, A., "Distinctive human resources are firms' core competencies", *Organizational Dynamics*, Vol. 24, No. 3, 1996.

Carayannis, E. G. and Zedtwitz, M. V., "Architecting gloCal (global – local), real – virtual incubator networks (G – RVINs) as catalysts and accelerators of entrepreneurship in transitioning and developing economies: lessons learned and best practices from current development and business incubation", *Technovation*, Vol. 25, No. 2, 2005.

Ceccagnoli, M., Forman, C. and Huang, P., et al., "Co – creation of value in a platform ecosystem: The case of enterprise software", *MIS Quarterly*, Vol. 36, No. 1, 2012.

Cennamo, C. and Santalo, J., "Platform competition: Strategic trade – offs in platform markets", *Strategic Management Journal*, Vol. 34, No. 34, 2013.

Chao, Y. and Derdenger, T., "Mixed bundling in two – sided markets in the presence of installed base effects", *Management Science*, Vol. 59, No. 8, 2013.

Charnes, A., Cooper, W. W. and Rhodes, E., "Measuring the efficiency of decision making units", *European Journal of Operational Research*, Vol. 2, No. 6, 1978.

Chintakananda, A. and Mcintyre, D. P., "Market entry in the presence of network effects: A real options perspective", *Journal of Management*, Vol. 40, No. 6, 2014.

Ciborra, C. U., "The platform organization: Recombining strategies, structures, and surprises", *Organization Science*, Vol. 7, No. 2, 1996.

Clements, M. T. and Ohashi, H., "Indirect network effects and the product cycle: U. S. video games, 1994 – 2002", *Journal of Industrial Economics*, Vol. 53, No. 4, 2005.

Coleman, J. S., "Social capital in the creation of human capital", *American Journal of Sociology*, Vol. 94, No. S95 – S121, 1988.

Cook, W. D., Tone, K. and Zhu, J., "Data envelopment analysis: Prior to choosing a model", *Omega*, Vol. 44, No. 2, 2014.

Cowan, R., "Nuclear power reactors: a study in technological lock – in", *The Journal of Economic History*, Vol. 50, No. 3, 1990.

Cozzarelli, C. and Karafa, J. A., "Cultural estrangement and terror management theory", *Personality and Social Psychology Bulletin*, Vol. 24, No. 3, 1998.

Cross, S. E., "Strategic considerations in leading an innovation ecosystem", *GSTF Journal on Business Review (GBR)*, Vol. 2, No. 3, 2013.

Cusumano, M. A. and Gawer, A., "The elements of platform leadership", *MIT Sloan Management Review*, Vol. 43, No. 3, 2002.

Dunning, J. H., "Multinational enterprises and the growth of services: Some conceptual and theoretical issues", *Service Industries Journal*, Vol. 9, No. 1, 1989.

Eisenmann, T. R., Parker, G. and Van Alstyne, M. W., "Platform envelopment", *Strategic Management Journal*, Vol. 32, No. 12, 2011.

Eisenmann, T., Parker, G. and Van Alstyne, M. W., "Strategies for two – sided markets", *Harvard Business Review*, Vol. 84, No. 10, 2006.

Evans, D. S. and Schmalensee, R., "The industrial organization of markets with two – sided platforms", *Competition Policy International*, Vol. 3, No. 1, 2007.

Evans, D. and Schmalensee, R., "Markets with two – sided platforms", *Competition Law and Policy*, Vol. 28, No. 1, 2008.

Evans, D. S., "Some empirical aspects of multi – sided platform industries", *Review of Network Economics*, Vol. 2, No. 3, 2003.

Farh, J. L., Earley, P. C. and Lin, S. C., "Impetus for action: A cultural analysis of justice and organizational citizenship behavior in Chinese society", *Administrative Science Quarterly*, Vol. 42, No. 3, 1997.

Farh, J. L., Zhong, C. B. and Organ, D. W., "Organizational citizenship behavior in the People's Republic of China", *Organization Science*, Vol. 15, No. 2, 2004.

Farrell, J. and Saloner, G., "Standardization, compatibility, and innovation",

The Rand Journal of Economics, Vol. 16, No. 1, 1985.

Fasaei, H., Tempelaar, M. P. and Jansen, J. J., "Firm reputation and investment decisions: The contingency role of analysts' recommendations", *Long Range Planning*, Vol. 51, No. 5, 2018.

Fassinger, R. E., "Paradigms, praxis, problems, and promise: Grounded theory in counseling psychology research", *Journal of Counseling Psychology*, Vol. 52, No. 2, 2005.

Fawcett, S. E., Fawcett, A. M. and Watson, B. J., et al., "Peeking inside the black box: Toward an understanding of supply chain collaboration dynamics", *Journal of Supply Chain Management*, Vol. 48, No. 1, 2012.

Franke, N. and Shah, S., "How communities support innovative activities: An exploration of assistance and sharing among end – users", *Research Policy*, Vol. 32, No. 1, 2003.

Fudenberg, D. and Tirole, J., "Customer poaching and brand switching", *Rand Journal of Economics*, Vol. 31, No. 4, 2000.

Fuentelsaz, L., Garrido, E. and Maicas, J. P., "A strategic approach to network value in network industries", *Journal of Management*, Vol. 41, No. 3, 2015.

Gabszewicz, J. J. and Wauthy, X. Y., "Vertical product differentiation and two – sided markets", *Economics Letters*, Vol. 123, No. 1, 2014.

Galbraith, C. S. and Stiles, C. H., "Merger strategies as a response to bilateral market power", *Academy of Management Journal*, Vol. 27, No. 3, 1984.

Gallagher, S. and Park, S. H., "Innovation and competition in standard – based industries: a historical analysis of the US home video game market", *IEEE Transactions On Engineering Management*, Vol. 49, No. 1, 2002.

Gans, J. and Ryall, M. D., "Value capture theory: A strategic management review", *Strategic Management Journal*, Vol. 38, No. 1, 2017.

Gawer, A. and Cusumano, M. A., "How companies become platform leaders", *MIT Sloan Management Review*, Vol. 49, No. 2, 2008.

Gawer, A. and Cusumano, M. A., "Industry platforms and ecosystem innovation", *Journal of Product Innovation Management*, Vol. 31, No. 3, 2014.

Gawer, A. and Henderson, R. , "Platform owner entry and innovation in complementary markets: Evidence from Intel", *Journal of Economics & Management Strategy*, Vol. 16, No. 1, 2007.

Gawer, A. , "Bridging differing perspectives on technological platforms: Toward an integrative framework", *Research Policy*, Vol. 43, No. 7, 2014.

Golany, B. and Roll, Y. , "An application procedure for DEA", *Omega*, Vol. 17, No. 3, 1989.

Granovetter, M. , "Economic action and social structure: The problem of embeddedness", *American Journal of Sociology*, Vol. 91, No. 3, 1985.

Grönroos, C. , "Internationalization strategies for services", *Journal of Services Marketing*, Vol. 13, No. 4 – 5, 1999.

Grönroos, C. , "Service logic revisited: who creates value? And who co – creates?", *European Business Review*, Vol. 20, No. 4, 2008.

Gulati, R. and Gargiulo, M. , "Where do interorganizational networks come from?", *American Journal of Sociology*, Vol. 104, No. 5, 1999.

Gulati, R. , "Alliances and networks", *Strategic Management Journal*, Vol. 19, No. 4, 1998.

Gulati, R. , Nohria, N. and Zaheer, A. , "Strategic networks", *Strategic Management Journal*, Vol. 21, No. 3, 2015.

Gupta, S. , Jain, D. C. and Sawhney, M. S. , "Modeling the evolution of markets with indirect network externalities: An application to digital television", *Marketing Science*, Vol. 18, No. 3, 1999.

Hagiu, A. and Wright, J. , "Multi – sided platforms", *International Journal of Industrial Organization*, Vol. 43, No. 11, 2015.

Hagiu, A. , "Strategic decisions for multisided platforms", *MIT Sloan Management Review*, Vol. 55, No. 2, 2014.

Haleblian, J. , Devers, C. E. and McNamara, G. , et al. , "Taking stock of what we know about mergers and acquisitions: A review and research agenda", *Journal of Management*, Vol. 35, No. 3, 2009.

Han, S. Y. , Yoo, J. and Zo, H. , et al. , "Understanding makerspace continuance: A self – determination perspective", *Telematics & Informatics*,

Vol. 34, No. 4, 2017.

Hannan, M. T. and Freeman, J., "The population ecology of organizations", *American Journal of Sociology*, Vol. 82, No. 5, 1977.

Haveman, H. A., Jia, N. and Shi, J., et al., "The dynamics of political embeddedness in China", *Administrative Science Quarterly*, Vol. 62, No. 1, 2017.

Haynie, J. J., Mossholder, K. W. and Harris, S. G., "Justice and job engagement: The role of senior management trust", *Journal of Organizational Behavior*, Vol. 37, No. 6, 2016.

He, Q., "Knowledge discovery through co – word analysis", *Library Trends*, Vol. 48, No. 1, 1999.

Hillman, A. J., Withers, M. C. and Collins, B. J., "Resource dependence theory: A review", *Journal of Management*, Vol. 35, No. 6, 2009.

Hoopes, D. G., Madsen, T. L. and Walker, G., "Why is there a resource-based view? Toward a theory of competitive heterogeneity. Guest editors' introduction to the special issue", *Strategic Management Journal*, Vol. 24, No. 10, 2003.

Jack, R., As – Saber, S. and Edwards, R., et al., "The role of service embeddedness in the internationalisation process of manufacturing firms", *International Business Review*, Vol. 17, No. 4, 2008.

Kanungo, R. N., "Measurement of job and work involvement", *Journal of Applied Psychology*, Vol. 67, No. 3, 1982.

Kashive, N. and Khanna, V. T., "Building employee brand equity to influence organization attractiveness and firm performance", *International Journal of Business and Management*, Vol. 12, No. 2, 2017.

Katz, M. L. and Shapiro, C., "Systems competition and network effects", *The Journal of Economic Perspectives*, Vol. 8, No. 2, 1994.

Kay, N. M., "Rerun the tape of history and QWERTY always wins", *Research Policy*, Vol. 42, No. 6, 2013.

Krackhardt, D., "Assessing the political landscape: Structure, cognition, and power in organizations", *Administrative Science Quarterly*, Vol. 35,

No. 2, 1990.

Kreiner, G. E. and Ashforth, B. E., "Evidence toward an expanded model of organizational identification", *Journal of Organizational Behavior*, Vol. 25, No. 1, 2004.

Kude, T., Dibbern, J. and Heinzl, A., "Why do complementors participate? An analysis of partnership networks in the enterprise software industry", *IEEE Transactions On Engineering Management*, Vol. 59, No. 2, 2012.

Kujala, J., Lehtimäki, H. and Pučėtaitė, R., "Trust and distrust constructing unity and fragmentation of organisational culture", *Journal of Business Ethics*, Vol. 139, No. 4, 2016.

Langlois, R. N., "Modularity in technology and organization", *Journal of Economic Behavior & Organization*, Vol. 49, No. 1, 2002.

Le Deist, F. D. and Winterton, J., "What is competence?", *Human Resource Development International*, Vol. 8, No. 1, 2005.

Lee, D. and Mendelson, H., "Divide and conquer: Competing with free technology under network effects", *Production and Operations Management*, Vol. 17, No. 1, 2008.

Lee, E., Lee, J. and Lee, J., "Reconsideration of the winner – take – all hypothesis: Complex networks and local bias", *Management Science*, Vol. 52, No. 12, 2006.

Li, H. and Zhang, Y., "The role of managers' political networking and functional experience in new venture performance: Evidence from China's transition economy", *Strategic Management Journal*, Vol. 28, No. 8, 2007.

Liebowitz, S. J. and Margolis, S. E., "Network externality: An uncommon tragedy", *The Journal of Economic Perspectives*, Vol. 8, No. 2, 1994.

Liebowitz, S. J. and Margolis, S. E., "Path dependence, lock – in, and history". *Journal of Law, Economics, and Organization*, Vol. 11, No. 1, 1995.

Lievens, F. and Highhouse, S., "The relation of instrumental and symbolic attributes to a company's attractiveness as an employer", *Personnel Psychology*, Vol. 56, No. 1, 2003.

Lin, M., Li, S. and Whinston, A. B., "Innovation and price competition in a two – sided market", *Journal of Management Information Systems*, Vol. 28, No. 2, 2011.

Löfsten, H. and Lindelöf, P. , "R&D networks and product innovation patterns—academic and non – academic new technology – based firms onscience parks", *Technovation*, Vol. 25, No. 9, 2005.

Macrae, C. N. and Bodenhausen, G. V. , "Social cognition: Thinking categorically about others", *Annual Review of Psychology*, Vol. 51, No. 1, 2000.

McIntyre, D. P. and Srinivasan, A. , "Networks, platforms, and strategy: Emerging views and next steps", *Strategic Management Journal*, Vol. 38, No. 1, 2017.

McIntyre, D. P. and Subramaniam, M. , "Strategy in network industries: A review and research agenda", *Journal of Management*, Vol. 35, No. 6, 2009.

Mcintyre, D. P. , "In a network industry, does product quality matter?", *Journal of Product Innovation Management*, Vol. 28, No. 1, 2011.

Messeghem, K. , Bakkali, C. and Sammut, S. , et al, "Measuring nonprofit incubator performance: Toward an adapted balanced scorecard approach", *Journal of Small Business Management*, Vol. 56, No. 4, 2018.

Meyer, K. E. and Thaijongrak, O. , "The dynamics of emerging economy MNEs: How the internationalization process model can guide future research", *Asia Pacific Journal of Management*, Vol. 30, No. 4, 2013.

Mian, S. A. , "Assessing value – added contributions of university technology business incubators to tenant firms", *Research Policy*, Vol. 25, No. 3, 1996.

Milanov, H. and Shepherd, D. A. , "The importance of the first relationship: The ongoing influence of initial network on future status", *Strategic Management Journal*, Vol. 34, No. 6, 2013.

Moore, J. F. , "Predators and prey: A new ecology of competition", *Harvard Business Review*, Vol. 71, No. 3, 1993.

Moorman, C. , Zaltman, G. and Deshpande, R. , "Relationships between providers and users of market research: The dynamics of trust within and between organizations", *Journal of Marketing Research*, Vol. 29, No. 3, 1992.

Morgeson, F. P. , Mitchell, T. R. and Liu, D. , "Event system theory: An event – oriented approach to the organizational sciences", *Academy of Management Review*, Vol. 40, No. 4, 2015.

Mosley, R. W., "Customer experience, organisational culture and the employer brand", *Journal of Brand Management*, Vol. 15, No. 2, 2007.

Mujib, H., "Organizational Identity: An ambiguous concept in practical terms", *Administrative Sciences*, Vol. 7, No. 3, 2017.

Nelson, R. R. and Winter, S. G., "Evolutionary theorizing in economics", *Journal of Economic Perspectives*, Vol. 16, No. 2, 2002.

Niaros, V., Kostakis, V. and Drechsler, W., "Making (in) the smart city: The emergence of makerspaces", *Telematics and Informatics*, Vol. 34, No. 7, 2017.

Oliver, K. M., "Professional development considerations for makerspace leaders, part one: Addressing 'what?' and 'why?'", *Techtrends*, Vol. 60, No. 2, 2016.

Osgood, C. E. and Tannenbaum, P. H., "The principle of congruity in the prediction of attitude change", *Psychological Review*, Vol. 62, No. 1, 1955.

Owens, B. P., Baker, W. E. and Sumpter, D. M., et al., "Relational energy at work: Implications for job engagement and job performance", *Journal of Applied Psychology*, Vol. 101, No. 1, 2016.

Palmer, D., Barber, B. M. and Zhou, X., et al., "The friendly and predatory acquisition of large US corporations in the 1960s: The other contested terrain", *American Sociological Review*, Vol. 60, No. 4, 1995.

Pandey, S., "Impact of spiritual capital on work motivation among employees: An exploratory study", *International Journal of Science and Consciousness*, Vol. 2, No. 3, 2016.

Parker, G. G. and Van Alstyne, M. W., "Two – sided network effects: A theory of information product design", *Management Science*, Vol. 51, No. 10, 2005.

Parkhe, A., Wasserman, S. and Ralston, D. A., "New frontiers in network theory development", *Academy of Management Review*, Vol. 31, No. 3, 2006.

Peppler, K. and Bender, S. , "Maker movement spreads innovation one project at a time", *Phi Delta Kappan*, Vol. 95, No. 3, 2013.

Pfeffer, J. , "Beyond management and the worker: The institutional function of management", *Academy of Management Review*, Vol. 1, No. 2, 1976.

Portes, A. and Sensenbrenner, J. , "Embeddedness and immigration: Notes on the social determinants of economic action", *American Journal of Sociology*, Vol. 98, No. 6, 1993.

Qian, R. , Li, Z. and Qian, Z. , "Analysis on evolution game of relationship between platform's leadership and complement product supplier", *World Sci – Tech R&D*, Vol. 38, No. 1, 2016.

Ramaswamy, V. and Ozcan, K. , "Strategy and co – creation thinking", *Strategy & Leadership*, Vol. 41, No. 6, 2013.

Ren, S. , Shu, R. and Bao, Y. , et al. , "Linking network ties to entrepreneurial opportunity discovery and exploitation: the role of affective and cognitive trust", *International Entrepreneurship and Management Journal*, Vol. 12, No. 2, 2016.

Rich, B. L. , Lepine, J. A. and Crawford, E. R. , " Job engagement: Antecedents and effects on job performance", *Academy of Management Journal*, Vol. 53, No. 3, 2010.

Robert, H. , Gautam, V. and Walsh. , S. T. , et al. , "The role of economic cluster perspectives in regional economic development", *World Technopolis Review*, Vol. 3, No. 1, 2014.

Rochet, J. C. and Tirole, J. , "Platform competition in two – sided markets", *Journal of the European Economic Association*, Vol. 1, No. 4, 2003.

Rochet, J. C. and Tirole, J. , "Two – sided markets: A progress report", *The Rand Journal of Economics*, Vol. 37, No. 3, 2006.

Romanelli, E. , "The evolution of new organizational forms", *Annual Review of Sociology*, Vol. 17, 1991.

Ruyter, K. D. , Birgelen, M. V. and Wetzels, M. , "Consumer ethnocentrism in international services marketing", *International Business Review*, Vol. 7, No. 2, 1998.

Rysman, M. , "The economics of two – sided markets", *Journal of Economic Perspectives*, *Vol.* 23, No. 3, 2009.

Schaufeli, W. B. , Salanova, M. and Gonzálezromá, V. , et al. , "The measurement of engagement and burnout: A two sample confirmatory factor analytic approach", *Journal of Happiness Studies*, Vol. 3, No. 1, 2002.

Schilling, "Technology success and failure in winner – take – all markets: The impact of learning orientation, timing, and network externalities", *Academy of Management Journal*, Vol. 45, No. 2, 2002.

Schriesheim, C. A. and Hinkin, T. R. , "Influence tactics used by subordinates: A theoretical and empirical analysis and refinement of the Kipnis, Schmidt, and Wilkinson subscales", *Journal of Applied Psychology*, Vol. 75, No. 3, 1990.

Schultz, T. W. , "Investment in human capital", *The American Economic Review*, Vol. 51, No. 1, 1961.

Schwartz, M. , "A control group study of incubators' impact to promote firm survival", *The Journal of Technology Transfer*, Vol. 38, No. 3, 2013.

Shankar, V. and Bayus, B. L. , "Network effects and competition: An empirical analysis of the home video game industry", *Strategic Management Journal*, Vol. 24, No. 4, 2003.

Shapiro, C. and Varian, H. R. , "The art of standards wars", *California Management Review*, Vol. 41, No. 2, 1999.

Sheremata, W. A. , "Competing through innovation in network markets: Strategies for challengers", *Academy of Management Review*, Vol. 29, No. 3, 2004.

Solberg, C. A. and Durrieu, F. , "Access to networks and commitment to internationalisation as precursors to marketing strategies in international markets", *Management International Review*, Vol. 46, No. 1, 2006.

Srinivasan, A. and Venkatraman, N. , "Indirect network effects and platform dominance in the video game industry: A network perspective", *IEEE Transactions On Engineering Management*, Vol. 57, No. 4, 2010.

Suarez, F. F. , "Network effects revisited: The role of strong ties in technology selection", *Academy of Management Journal*, Vol. 48, No. 4, 2005.

Suarez, F. F. , Grodal, S. and Gotsopoulos, A. , "Perfect timing? Dominant category, dominant design, and the window of opportunity for firm entry", *Strategic Management Journal*, Vol. 36, No. 3, 2015.

Svensson, P. O. and Hartmann, R. K. , "Policies to promote user innovation: makerspaces and clinician innovation in Swedish hospitals", *Research Policy*, Vol. 47, No. 1, 2018.

Tarrant, M. , North, A. C. and Hargreaves, D. J. , "Social categorization, self – esteem, and the estimated musical preferences of male adolescents", *The Journal of Social Psychology*, Vol. 141, No. 5, 2001.

Teece, D. J. , Pisano, G. and Shuen, A. , "Dynamic capabilities and strategic management", *Strategic Management Journal*, Vol. 18, No. 7, 1997.

Tellis, G. J. , Yin, E. and Niraj, R. , "Does quality win? Network effects versus quality in high – tech markets", *Journal of Marketing Research*, Vol. 46, No. 2, 2009.

Tiwana, A. , Konsynski, B. and Bush, A. A. , "Research commentary – platform evolution: Coevolution of platform architecture, governance, and environmental dynamics", *Information Systems Research*, Vol. 21, No. 4, 2010.

Unterfrauner, E. and Voigt, C. , "Makers' ambitions to do socially valuable things", *The Design Journal*, Vol. 20, No. sup1, 2017.

Uzzi, B. , "Social structure and competition in interfirm networks: The paradox of embeddedness", *Administrative Science Quarterly*, Vol. 42, No. 1, 1997.

VanAngeren, J. , Alves, C. and Jansen, S. , "Can we ask you to collaborate? Analyzing app developer relationships in commercial platform ecosystems", *Journal of Systems and Software*, Vol. 113, No. 3, 2016.

VanHolm, E. J. , "Makerspaces and local economic development", *Economic Development Quarterly*, Vol. 31, No. 2, 2017.

VanHolm, E. J. , "Makerspaces and contributions to entrepreneurship", *Procedia – Social and Behavioral Sciences*, Vol. 195, No. 2015, 2015.

Vanacker, T. and Forbes, D. P. , "Disentangling the multiple effects of affiliate reputation on resource attraction in new firms", *Organization Science*, Vol. 27, No. 6, 2016.

Vargo, S. L. and Lusch, R. F. , "Institutions and axioms: An extension and update of service - dominant logic", *Journal of the Academy of Marketing Science*, Vol. 44, No. 1, 2016.

Venkatraman, N. and Lee, C. , "Preferential linkage and network evolution: A conceptual model and empirical test in the U. S. video game sector", *Academy of Management Journal*, Vol. 47, No. 6, 2004.

Wade, J. , "Dynamics of organizational communities and technological bandwagons: An empirical investigation of community evolution in the microprocessor market", *Strategic Management Journal*, Vol. 16, No. S1, 1995.

Webber, S. S. , "Development of cognitive and affective trust in teams: A longitudinal study", *Small Group Research*, Vol. 39, No. 6, 2008.

Weeds, H. , "TV wars: Exclusive content and platform competition in pay TV", *The Economic Journal*, Vol. 126, No. 594, 2016.

Weiblen, T. , "The open business model: Understanding an emerging concept", *Journal of Multi Business Model Innovation and Technology*, Vol. 2, No. 1, 2014.

Weyl, E. G. , "A price theory of multi - sided platforms", *The American Economic Review*, Vol. 100, No. 4, 2010.

Weyl, E. G. , "The price theory of two - sided markets", *Social Science Electronic Publishing*, Vol. 9, No. 3, 2009.

Wu, X. , Wu, X. and Wang, W. , "How do cognitive and affective trust impact process? Outcome interaction?", *Social Behavior & Personality*, Vol. 44, No. 8, 2016.

Xia, J. , "Mutual dependence, partner substitutability, and repeated partnership: The survival of cross - border alliances", *Strategic Management Journal*, Vol. 32, No. 3, 2011.

Zahra, S. A. and Nambisan, S. , "Entrepreneurship in global innovation ecosystems", *AMS Review*, Vol. 1, No. 1, 2011.

Zennyo, Y. , "Competition between vertically differentiated platforms", *Journal of Industry, Competition and Trade*, Vol. 16, No. 3, 2016.

Zhu, F. and Iansiti, M. , "Entry into platform - based markets", *Strategic*

Management Journal, Vol. 33, No. 1, 2012.

Chen, W., Yang, T. and Lai, L., Research on Maker Space Policy Expression Based on Co – Word Analysis. *IEEE Conference on Telecommunications*, *Optics and Computer Science (TOCS)*, Shenyang, China, December 11 – 13, 2020.

Grip, C., Sandström, E., Gebart, R. and Karlsson, J. Industrial ecology in northern areas: Practical experience and development. *4th International Seminar on Society & Materials*, SAM4, Nancy, April 28 – 29, 2010.

Wang, D., Dunn, N. and Coulton, P., Grassroots maker spaces: A recipe for innovation. *11th European Academy of Design Conference*, Paris, Boulogne, Billancourt, April 22 – 24, 2015.

Saunders, T. and Kingsley, J., *Made in China: Makerspaces and the Search for Mass Innovation*. London, British Council, Nesta, https: //media. nesta. org. uk/documents/made_in_china – _makerspaces_ report, 2016.

Anderson, C., *Makers: The New Industrial Revolution*. New York: Crown Business, 2012.

Auster, E. R., *Macro and Strategic Perspectives on Interorganizational Linkages: A Comparative Analysis and Review with Suggestions for Reorientation*. In Shrivastava, P., Huff, A. S. and Dutton, J. E. (Eds.), *Advances in Strategic Management*: 3 – 40. Greenwich, CT: JAI Press, 1994.

Baldwin, C. Y. and Clark, K. B., *Design Rules: The Power of Modularity*. Cambridge, MA: MIT Press, 2000.

Baldwin, C. Y. and Woodard, C. J., *The Architecture of Platforms: A Unified View*. Cheltenham, UK and Northampton, MA, US: Edward Elgar Publishing, 2009.

Barnard, C. I., *Organization and Management: Selected Papers*. Cambridge, MA: Harvard University Press, 1948.

Becker, G. S., *Human Capital: A Theoretical and Empirical Analysis, with Special Reference to Education*. New York: Columbia University Press, 1975.

Boamah, E., *The Makerspace Librarian's Sourcebook*. Chicago: ALA, 2017.

Burt, R. S., *Structural Holes: The Social Structure of Competition.* Cambridge:

Harvard University Press, 2009.

Campbell, A. and Sommers Luchs, K., *Core Competency – Based Strategy.* London: Cengage Learning Business Press, 1997.

Cooper, W. W., Seiford, L. and Tone, K., *Data Envelopment Analysis: A Comprehensive Text with Models, Applications, References and DEA – Solver Software.* New York, NY: Springer, 2007.

Corbin, J. and Strauss, A., *Basics of Qualitative Research: Techniques and Procedures for Developing Grounded Theory (3Ed)* . London: Sage Publications, 2008.

DeVellis, R. F., *Scale Development: Theory and Applications.* Newbury Park, CA: Sage Publications, 1991.

Dickson, B., *Red Capitalists in China: The Party, Private Entrepreneurs, and Prospects for Political Change.* New York: Cambridge University Press, 2003.

Eisenman, T. R., *Managing Networked Businesses.* Brighton, MA: Harvard Business School Publishing, 2007.

Eisenmann, T. R., Parker, G. and Van Alstyne, M. W., *Opening platforms: how, when and why?* In Gawer, A. (Eds.), *Platforms, Markets and Innovation:* 131 – 162. Cheltenham, UK and Northampton, MA, US: Edward Elgar Publishing, 2009.

Fischer, K. W., Rotenberg, E. J. and Bullock, D. H., et al., *The Dynamics of Competence: How Context Contributes Directly to Skill.* In Wozniak, R. H. and Fischer, K. W. (Eds.), *Development in Context: Acting and Thinking in Specific Environments:* 93 – 117. Hillsdale, NJ: Erlbaum, 1993.

Florida, R. L. and Television, I. P., *The Flight of the Creative Class.* New York: Harper Business, 2005.

Florida, R., *The Rise of the Creative Class—Revisited: Revised and Expanded.* New York, NY: Basic Books, 2014.

Florida, R., *Who's your city?: How the creative economy is making where to live the most important decision of your life.* Canada: Random House, Inc., 2010.

Foss, N. J. and Knudsen, C., *Towards a Competence Theory of the Firm.* London: Routledge, 1996.

Granovetter, M. , *Problems of Explanation in Economic Sociology*, In Nohria, N. , and Eccles, R. (Eds.), *Networks and Organizations: Structure, Form and Action*: 25 – 56. Boston, MA: Harvard Business School Press, 1992.

Hannan, M. T. and Freeman, J. , *Organizational ecology.* Cambridge, MA: Harvard University Press, 1993.

Hatch, M. , *The maker movement manifesto: rules for innovation in the new world of crafters, hackers, and tinkerers.* New York: McGraw – Hill Education, 2014.

Jackson, D. J. , *What is an innovation ecosystem.* Arlington, VA: National Science Foundation, 2011.

Miles, M. B. , Huberman, A. M. and Saldana, J. , *Qualitative Data Analysis.* Thousand Oaks, CA: Sage Publications, 2013.

Nee, V. and Ingram, P. , *Embeddedness and Beyond: Institutions, Exchange, and Social Structure.* California: Stanford University Press, 1998.

Pfeffer, J. and Salancik, G. R. , *The External Control of Organizations: A Resource Dependence Perspective.* New York: Harper & Row, 1978.

Pfeffer, J. , *A resource dependence perspective on interorganizational relations*, In Mizruchi Mark S. , Michael, S. (Eds.), *Intercorporate Relations: The Structural Analysis of Business*: 22 – 55, UK, Cambridge, Cambridge University Press, 1987.

Prahalad, C. K. and Hamel, G. , *The Core Competence of the Corporation.* Berlin, Heidelberg: Springer, 2006.

Rifkin, J. , *The zero marginal cost society: the internet of things, the collaborative commons, and the eclipse of capitalism.* New York, NY: St. Martin's Press, 2014.

Rothwell, R. and Zegveld, W. , *Reindustrialization and Technology.* London: Longman Group Limited, 1985.

Scott, W. R. and Davis, G. F. , *Organizations and organizing: Rational, natural and open systems perspectives.* London: Routledge, 2015.

Sehumpeter, J. A. , *Capitalism, Socialism and Democracy.* New York: Harper Collins, 1950.

Shapiro, C. and Varian, H. R. , *Information Rules: A Strategic Guide to the Network Economy*. Cambridge, MA: Harvard Business Press, 1998.

Simon, H. A. , *The Architecture of Complexity Facets of Systems Science*. Boston, MA: Springer 1991.

Strauss, A. and Corbin, J. , *Basics of Qualitative Research: Techniques and Procedures for Developing Grounded Theory*. Newbury Park: Sage Publications, Inc. , 1998.

Wellman, B. and Berkowitz, S. D. , *Social structures: A network approach*. UK, Cambridge: Cambridge University Press, 1988.

Yin, R. K. , *Case Study Research: Design and Methods*. Thousand Oaks, CA: Sage Publications Inc. , 1994.

Zohar, D. and Marshall, I. , *Spiritual capital: wealth we can live by*. USA, CA: Berrett – Koehler Publishers, Inc. , 2004.

Zukin, S. and DiMaggio, P. , *Structures of Capital: The Social Organization of the Economy*. New York: Cambridge University Press, 1990.